FRONTIERS OF CULTURAL
AND CREATIVE INDUSTRIES

【文化创意产业与新媒体论丛
CULTURAL AND CREATIVE INDUSTRIES AND NEW MEDIA FORUM】

厉无畏◎顾问
唐立军◎总编

文化创意产业前沿

第四辑

郭万超◎主编

经济日报出版社

图书在版编目（CIP）数据

文化创意产业前沿．第四辑／郭万超主编．--北京：经济日报出版社，2019.1

（文化创意产业与新媒体论丛）

ISBN 978-7-5196-0481-3

Ⅰ．①文… Ⅱ．①郭… Ⅲ．①文化产业-研究-中国 Ⅳ．①G124

中国版本图书馆CIP数据核字（2019）第019904号

文化创意产业前沿．第四辑

主　　编	郭万超
责任编辑	杨　岨
校　　对	薛银涛
出版发行	经济日报出版社
社　　址	北京市西城区白纸坊东街2号A座综合楼710
邮政编码	100054
电　　话	010-63567684（总编室）
	010-63538621　63567692（发行部）
网　　址	www.edpbook.com.cn
E-mail	edpbook@sina.com
经　　销	全国新华书店
印　　刷	北京九州迅驰传媒文化有限公司
开　　本	710×1000 mm　1/16
印　　张	15.875
字　　数	250千字
版　　次	2019年2月第一版
印　　次	2019年2月第一次印刷
书　　号	ISBN 978-7-5196-0481-3
定　　价	46.00元

编委会

编委会委员简介

（按照姓氏首字母顺序排序）

目 录

一、综合研究

二、数字文创

三、一带一路

四、传媒影视

五、文化资本

六、文化园区

七、文化消费

八、北京文创

一、综合研究

联合国创意城市网络的成功经验对北京市打造创意城市的启示

苏乾飞[①]

城市是政治、经济、文化的集中展示窗口，是经济发展的重要平台。在城镇化进程的深入推进的背景下，我国城市大城市无论是在规模上还是在数量上都达到了空前的程度。近 70 年来，我国城市化率自 1949 年的 10.64% 增长至 2016 年的 57.35%。截至 2017 年年初，北京市城镇化率达到 86.5%，位居全国第二。

随着城市化率的提高，北京市城市发展所面临的问题也发生了深刻的变化，新旧交织、内外部困扰并存。一方面是经济全球化、气候自然灾害、人才争夺等带来的外部冲击；另一方面，是同质化、生态环境恶化、交通拥挤等内部问题的困扰。这些因素影响着城市系统的平稳运行和市民生活质量的持续提高，制约着城市的可持续发展。

随着生产力和经济发展水平的提高，我国主要城市逐渐从工业社会向后工业社会，人们的消费观念也逐渐从物质型消费向消费型消费转变，在这一过程中，城市发展范式正在经历一场“文化转向”。自 20 世纪末，文化逐渐从政治、经济的附属地位中解放出来，开始作为一种新的生产要素，参与到社会经济生活当中。创意经济作为新的经济增长点逐渐登上历史舞台，其影响力已日益渗透到城市发展目标、城市品牌、综合竞争力和未来发展趋势等各个环节。在此基础上，伴随着城市更新进程的深入推进，创意城市作为一种新的城市形态和发展模式逐渐进入公众的视野。

同传统城市发展模式不同，创意城市更加注重以创意思维来统筹政治、经济、文化、社会的融合发展，通过发挥创意、创意经济和创意阶层的作

---

① 苏乾飞：中国传媒大学文化发展研究院硕士研究生。

用，来应对城市发展和建设问题，从而增强城市生命力、竞争力和自我再生能力，实现可持续发展。创意城市，不仅成为北京市实现可持续发展的一项重要战略选择，同时也是北京市打造世界城市的战略延伸。

一、联合国创意城市网络

联合国教科文组织创意城市网络（UNESCO Creative Cities Network，UCCN）始于2004年，汇集全球以创意为策略推动可持续发展的诸多城市，旨在促进创意城市在“文化与发展”和“可持续发展”框架下建立共同发展的伙伴关系，推动全球创意城市之间的交流与合作，加速全球范围内经济复苏进程。同时，提升创意产业发展的发展水平，发挥创意产业对经济和社会发展的推动作用，促进文化多样性的传承与保护。创意城市网络涵盖手工艺与民间艺术（crafts & folk art）、设计（design）、电影（film）、美食（gastronomy）、文学（literature）、音乐（music）和媒体艺术（media arts）7个类别。加入创意城市网络，不仅可以促进城市创意产业发展，还可以同其他创意城市共享成功经验和发展成果。目前，已经有72个国家和地区的180座城市入选。自2008年至今，我国已有12座城市分五批先后入选。其中，北京市作为“设计之城”于2012年加入创意城市网络。

表1　入选创意城市网络的中国城市

城市名称	类别	入选年份	备注
深圳	设计	2008	第一个加入“创意城市网络”的中国城市
上海	设计	2010	
成都	美食	2010	第一个获此称号的亚洲城市
杭州	手工艺与民间艺术	2012	中国首个获此称号的城市
北京	设计	2012	
景德镇	手工艺与民间艺术	2014	
苏州	手工艺与民间艺术	2014	
顺德	美食	2014	
长沙	媒体艺术	2017	中国首个获此称号的城市
澳门	美食	2017	
青岛	电影	2017	中国首个获此称号的城市
武汉	设计	2017	

数据来源：网络资料整理

二、北京市创意城市发展现状

（一）发展特点

1. 以文化资源为基础

文化资源是创意城市发展的基础，它不仅能在城市发展过程中通过创造性开发转变为经济效益，还能够作为城市文脉增强当地居民的认同感、自豪感和归属感。北京市作为全国文化中心，城市发展过程中，以丰富多样的文化资源为依托，利用深厚而独特的资源优势，强调发现、挖掘和保护城市文化资源，并且通过创意活动加强宣传和推广。北京市自西周周武王封召公于燕（今北京市房山区琉璃河镇）以来，已有3000多年建城史和800多年建都史，历史积淀漫长而悠久，拥有丰富的历史文化资源。北京市拥有7项世界文化遗产，是全球世界文化遗产数量最多的城市之一，还拥有1400多处文物保护单位，7000多处各朝文物古迹。灿烂而丰富的古都文化为北京市发展创意城市奠定了文化基石。以胡同文化为特色的南锣鼓巷，已经成为人们休闲娱乐的重要场所。

2. 以科技创新为动力

强大的技术创新能力能够为城市发展提供不竭的新产品、服务和新工艺，是创意城市可持续发展的不竭动力。北京市作为全国科技创新中心，具有宽松包容、充满创新精神的城市氛围和良好的竞争环境。北京市往往是技术革新的“试验场”或新技术的诞生地，已经形成以中关村科学城、怀柔科学城、未来科学城、亦庄经济技术开发区为主体的“三城一区”发展格局。按照2016年《北京加强全国科技创新中心建设总体方案》，北京市分“三步走”，积极将自身打造成全球科技创新引领城市、高端经济增长极、创新人才首选地、文化创新先行区和生态建设示范城市。2016年，北京市研发经费支出达1479.8亿元，每万人发明专利拥有量达76.8件，PCT国际专利申请量6589件，技术合同成交额达3940.8亿元。同时，北京市实施《中国制造2025》北京行动规划纲要，出台一系列关于财政、土地和人才等领域的先行先试政策法规，形成了全市上下推动高精尖产业发展的良好氛围。

3. 以创意人才为支撑

创意城市归根结底是“人”的城市，北京市作为全国政治中心、文化中心、科技创新中心和国际交流中心，对于人才尤其是创意人才集聚具有较强吸引力。北京市在创意人才拥有量、人才层次和人才培养方面都具有较强的优势。2016 年，北京市文化创意产业从业人员 198.1 万人，规模以上文化创意产业法人单位从业人员 125.7 万人。其中软件和信息技术服务业从业人员 67 万人，占全市规模以上文化创意产业的 53.3%。人才高端化是北京市创意人才集聚的另一个重要特点。截至 2016 年，北京市拥有 700 多名两院院士、130 多名“千人计划”入选学者、70 多名国家杰出青年科学基金入选者、4000 多名享受国务院政府特殊津贴的专家。① 此外，北京市拥有北京大学、清华大学等众多高等院校，为创意人才培养提供了沃土。

图 1　2018 年 1–3 月规模以上文化创意产业情况

项目	收入合计（亿元）		从业人员平均人数 CTA）	
	2018 年 1–3 月	同比增长（%）	2018 年 1–3 月	同比增长（%）
合计	3810.1	17.1	129.9	2
文化艺术服务	107.6	4.7	6.0	0.9
新闻出版及发行服务	164.3	2.3	8.1	0.5
广播电视电影服务	212.4	20.1	5.7	0.7
软件和信息技术服务	1624.5	23.8	72.8	3.2
广告和会展服务	499.1	22.8	6.8	–6.7
艺术品生产与销售服务	345.0	16.9	2.0	12
设计服务	75.9	9.8	8.7	9.9
文化休闲娱乐服务	225.7	5.9	8.5	1
文化用品设备生产销售及其他辅助	555.5	1.3	11.3	–3.9

注：各领域数据按 2011 年国民经济行业分类（GB/T4754–20ll）标准汇总。

图片来源：北京市政府信息公开专栏

① 倪君，北京市创意城市发展评估及将建设路径研究［D］，首都经济贸易大学，2016

4. 以特色城市品牌为依托

城市品牌代表着城市形象，是城市核心竞争力的集中体现，符合当地居民对于未来一定时间内城市发展目标的心理预期。城市品牌的塑造是一个复杂而漫长的过程，北京市依托于当地的生态环境、历史文化积淀、经济基础、城市特色和价值观念等优势自然资源和人文资源，并且依据城市发展定位、战略规划和自身特色，明确自身的核心竞争优势，进一步整合各种优势资源，塑造“设计之城”这一差异化城市品牌。在全球化背景下，北京市发展创意城市，注重顶层设计、总体规划和整体运营，制定并出台了《北京“设计之都”建设发展规划纲要》，将文化创意理念和美誉和谐原则融入其中。塑造特色城市品牌，为北京市带来了巨大的凝聚力和向心力，吸引着信息、资本、人才和资源向创意城市集中。同时，它还具有独一无二的文化内涵和专属特色，生动形象地体现了北京城市发展个性，以差异化提升城市整体竞争力。

（二）发展现状

自 2012 年至今，北京市围绕全国政治中心、文化中心、国际交往中心和科技创新中心的城市战略定位，加快推进非首都核心功能疏解、转变发展方式和发展理念，改善文化创意环境，补短板、促协同、惠民生，积极推动创意城市建设，推进京津冀协同发展，打造世界“设计之城”。

1. 创意环境明显改善

首先是文化创意产业发展的政策支持体系日趋完善。为促进文化创意产业的健康可持续发展，北京市逐步建立健全公共文化服务体系、文化市场体系、投融资体制和创意人才培养体系等领域的法律法规。例如《北京市文化创意产业投资指导目录》《关于深化北京市文化体制改革的实施方案》和《北京市促进文化创意产业发展的若干政策》等。其次，创意产业人才培养产学研一体化趋势明显。北京大学、清华大学、中国传媒大学等众多高校相继开设了本科和研究生阶段的文化创意产业及相关专业课程，并与科研机构、文化产业园区、文化企业和社会专家学者开展合作，整合教育资源，创新培养复合型人才培养方式。最后，创意产业投融资瓶颈有所突破。自 2009 年《文化产业振兴规划》颁布以来，北京市不断完善文化产业投融资体系，在版权质押、中小企业联保联贷、融资租赁等方面取得重大进展，并且先后推出文化创意产业发展专项资金、惠民文化消费券和原创动漫形象作品专项扶持资金等在内的众多资金扶持项目。

2. 京津冀协同发展成效显著

随着我国经济社会发展进入“新常态”，区域协同发展成为国家重要发展战略，自 2014 年京津冀协同发展战略正式提出以来，北京市为区域经济增长极积极发挥主导作用，辐射和带动区域经济增长，以点带面提升区域总体发展水平。同时，积极与天津市和河北省共同打造“双赢”或“多赢”区域协同机制，搭建区域合作平台，打破行政壁垒和区域界限，推动资源、信息的跨区域流动。2014 年 8 月，北京市、天津市和河北省三地签署了《京津冀三地文化领域协同发展战略框架协议》，就公共文化、演艺交流和产业协作等领域开展全方位合作。2015 年，《京津冀协同发展规划纲要》颁布，核心在于疏解北京非首都功能，同时要在交通一体化、生态环境保护、产业转移等领域实现重点突破。2017 年，三地共同举办了“第五届京津冀文化创意产业合作暨项目推介会”，促进三地合作项目对接，实现项目资源、技术、人才、资金的互利共享与合作共赢。

3. 对外文化交流持续推进

进入 21 世纪以后，创意城市已经成为一个全球概念。在经济领域内，全球化带来了市场扩张和劳动分工的进一步深化，进一步在世界范围内加速了既互补又竞争的城市群的形成。如今，北京市创意城市的内部空间结构和功能问题得到了很大改善，发展创意城市把更多的注意力放在处理和改善城市间关系问题上，尤其是处理好全球化背景下国际城市关系方面。北京市将打造国际交流中心作为城市发展战略定位之一，拓展对外交流的深度与广度，不断优化软硬件环境服务国际交流，建立了包括重大外交外事活动区、国际会议会展区、国际体育文化交流区、国际交通枢纽、外国驻华使馆区、国际商务金融功能区、国际科技文化交流区、国际旅游区和国际组织集聚区在内的九大功能区。北京市还积极承担重大外交外事活动和民间交流活动，致力于打造国际交往活跃、国际影响力凸显和国际化服务完善的重大国际活动聚集城市。

为推动北京设计走向世界，北京市全面接轨创意城市网络，积极搭建高端对话平台，鼓励、引导和组织设计企业参与创意城市网络的各项活动，举办全球创意城市北京峰会、开展国际性的设计论坛和交易活动，加强同国际设计业的交流合作。北京市还致力于加强亚太地区设计合作，发起创意城市网络亚太设计联盟，鼓励全市设计企业开拓亚太市场。同时，北京市积极参与UNESCO非洲发展活动，构建中非战略合作关系，建设北京—内罗毕创意设计研究中心，鼓励有能力的设计企业承接国际订单、参与国际标准制定，实现国际化发展和经营。

三、创意城市网络的成功经验及启示

创意城市网络对于如何发展创意城市进行了积极的探索，积累了众多成功经验，具有普遍性、共通性，也具有差异性。本节总结了创意城市的成功经验和启示，并选取了几个具有代表性的典型城市展开阐述。

（一）发展创意经济，提升城市发展新动能

后工业时代以及知识经济的发展使得经济生产活动对于物质资源的依赖程度逐渐降低，世界生产活动的“脱物化”趋势日益明显。同时，在新型数字技术和互联网（包括移动互联网）推动下，全球经济增长方式发生了深刻变化，从总量增长型向效益增长型转变。一方面，知识资本、技术要素在经济增长中所占的比重越来越高；另一方面，创意产业以及其他知识密集型新兴产业发展迅速，对GDP增长和城市发展的贡献度迅速提高。综观创意城市网络成员，无一不拥有最发达、最活跃的创意经济和发达的文化创意产业。创意产业激发了城市的内在活力，成为后工业时代城市经济发展新的增长极，并日益推动城市社会文化结构与经济发展形态和社会运作方式的变革。

创意产业是个巨大的产业集群，包括智慧劳动、创造性经营管理、知识/信息服务和艺术创作等。创意城市的经济活力、生产力和创造力的提高越来越依靠富有创造力的创意产业。一方面，文化经济化、创意商业化使得城市能够源源不断地创造和传播新的时尚艺术、消费观念和生活方式；另一方面，城市作为信息、技术和文化知识的展示窗口，发生在城市内部的集聚效应推动了创意活动的开展、传播和商业化。同时，创意生产及活动所产生的创意成果往往作为新的生产要素投入其他产业，推动相关产业实现价值创

新，降低生产经营成本，提高产业竞争力，开拓产业新“蓝海”。

柏林作为“设计之城”于2005年加入创意城市网络。21世纪初，为了应对经济结构调整所带来的就业问题，同时也受到关于创意经济对城市发展作用的学术讨论的影响，柏林开始将创意经济的发展提上政府工作日程。2004年和2008年柏林政府先后发布了两份创意经济报告，前者对创意经济的范围进行了界定，标志着政府开始采取措施推动创意经济的发展；后者则记录了柏林政府四年来发展创意经济的工作进展，并对指明了未来发展道路。截至到2008年，柏林创意经济的规模达到了约1215亿元人民币，创造了15万个以上的工作岗位，这刺激着政府和利益相关者为发展创意经济制定新的战略和政策。此后一系列发展创意经济的行动倡议得以实施，包括创意城市柏林网站、柏林音乐委员会、创意指导中心、国际设计节、时装设计大赛和互动柏林平台等。

（二）吸引创意阶层，激发城市创造力

随着创意阶层的崛起，人才，尤其是创意人才，无论在怎样的城市发展模式中都日益成为经济发展中最主要的生产要素和城市竞争力的关键来源。相较于传统概念上的人才，创意阶层更加具有创新精神，也更加注重自主性和独创性，在工作中强调个人意愿的表达以及对创新的不断追求。成功的创意城市通过吸引创意团队来达到吸引投资的目的，这些人才分布在科学和工程学、建筑与设计、教育、艺术、音乐和休闲等领域。①同时，创意阶层还包括“更广泛的群体，即在商业和金融、法律、保健以及相关领域的创意专业人才，这些人是解决复杂问题的关键人物”②从创意城市网络发展实践来看，无论是创意产业的发展还是创意城市的形成，都离不开创意人才。创意人才越来越成为影响创意产业乃至创意城市发展的决定性因素。创意人才具有很强的流动性，创意城市的核心竞争力在一定程度上体现为吸引全球创意人才的能力。作为“全球人才磁石”，世界一流的创意城市无一不集聚了大量的创

① 减华，陈香．文化政策主导下的创意城市建设［J］．城市问题，20 07（12）

② 理查·佛罗里达．创意阶层的崛起——关于一个新阶层和城市的未来［M］．司徒爱勤．译．北京：中信出版社．2010

意人才。[①]

日本金泽市作为“民间手工艺之城”于2009年加入创意城市网络，历史上以丝织业和纺织机械制造业为主导产业。20世纪60年代，日本经历了“经济奇迹”时期，金泽市政府决定大力发展文化和知识产业，以协调传统产业与经济发展之间的矛盾。在这一过程中，金泽市政府尤其重视并鼓励创意阶层和普通民众的广泛参与。首先，金泽市颁布了一系列条例和财政激励政策来打造创意空间，包括金泽美术工艺大学、金泽市民艺术村、21世纪当代博物馆等，为创意阶层和普通民众提供教育机会。其次，颁布“21世纪金泽的未来”发展规划，协调发展和居住环境的矛盾，旨在建设以市民主动参与为基础的国际性文化创意城市。最后，金泽市实行了对历史城镇景观、河道、寺社景观、夜景和街道在内的一系列管控条例，以保护城市景观，提升城市独特性，从而“通过保护、开发传统环境，建设现代城镇景观，创造原汁原味的美丽景色并将之流传给下一代”。

（三）改善支撑条件，优化发展环境

创意城市的发展需要具备良好的支撑条件，包括但不限于经济基础、政策制度、资金和技术。首先，创意城市往往都具有良好的经济基础，集中体现在发达的创意产业。近年来全球创意产业发展迅猛，发展总量和质量都得到了很大的提高，这为创意城市的发展奠定了良好的物质基础。其次，创意城市是强调独特个性的城市，强调创意投入对于经济社会发展的重要性，创意城市网络成员根据各地经济基础、产业布局和人才结构因地制宜地采取不同的支持手段并建立健全相关政策法规。再次，创意城市的本质不在于城市“重建”，而在于“更新”，即借助城市的存量有形资源进行城市更新，以解决城市发展问题，如旧厂房、仓库、工地的更新改造。最后，良好的经济基础有力地支持了创意城市的建设和发展以及各种活动的开展。在创意城市中，不仅有政府提供的鼓励文化创意发展的各类专项基金，还有许多民间公益基金，除此之外金融机构提供银行信贷、风险投资等金融产品和服务。此外，创意城市本身就是文化、科技、产业和市场结合的试验场和展示窗口，

---

① 刘平，国外创意城市的实践与经验启示［J］，社会科学，2010，(11)

在信息时代和互联网时代，创意城市的发展与高新技术的联系越来越密切。

韩国光州市作为“媒体艺术之都”于2014年加入创意城市网络。为了发展创意经济，建设创意城市，光州市政府积极鼓励并支持文化产业基础设施建设，加强国际交流平台建设，提高文化产业尤其是设计和信息产业竞争力。第一，加强文化产业基础设施建设，引导文化产业发展成为光州支柱性产业。为此，光州市建立了产业支援中心、创业服务中心、文化产业投资促进区、世界级CGI中心、数字文化工业中心，优化文化企业发展环境，为其提供从创意孵化、投融资、技术支持、配套服务于一体的综合服务。第二，光州市推出了一系列项目来提高文化产业，尤其是设计和信息产业竞争力，包括以CG为导向的生产支持项目、文化策划/创作工作室项目、文化专业化品牌项目、文化创意和就业的专业人力资源支援项目，通过培育明星企业和龙头企业，培养和挖掘年轻且具有创造力的创意人才，打造文化产业优秀品牌。第三，为促进文化产业光州市2010年举办了国际文化创意产业博览会，同日本以及中国大陆、香港和澳门搭建文化交流平台，就动画、影视、动漫、玩具等有关产业内容展开交流与合作，提高文化产业国际竞争力。

（四）营造文化氛围，打造创意空间

创意城市具有多样、开放与包容的文化环境，能够为不同的群体提供释放创意的机会，这也为创意城市吸引来更多的创意人才和企业，催生出更大范围的创新。同时，任何产业的发展都需要一定的受众基础，因此具有一定数量和较高水平的受众对于促进城市发展至关重要。对创意产业而言，其受众已不仅仅是被动的消费者，而是逐渐参与创意到生产过程中来，并通过与生产者互动来引导产品和服务创新。包容性对创意城市的意义在于能够吸引创意人才并能容忍各种奇思妙想，而多样化的文化交流更有利于创新。[①]由于经济社会的发展，教育水平的提高，人们的文化水平提高、文化消费需求日益高涨，文化产业和文化事业的发展带动了新一轮的观念更新，各行各业不时闪亮创意的火花。

创意空间是创意城市发展的主要载体，城市中的创意经济或创意活动在

---

① 白晋虎.马竣敏.边素庭.对创意产业发展的观察与思考（二）[M]，科技创新与生产力.201（05））

空间上总是聚集在某些特定的地段或区域，主要是工业建筑遗产、文化历史街区、高校与科研院所周边。①创意设计融入城市更新、工业遗产和历史建筑改造和新项目建设，成为创意城市复兴、焕发新生的驱动力。

西班牙毕尔巴鄂市作为“设计之城”于2014年加入创意城市网络，位于西班牙西北部，历史上以钢铁、造船和商贸为主导产业。毕尔巴鄂从传统重工业城市成功转型成为创意城市以古根海姆博物馆的建立为起点，通过这一重大内城更新旗舰项目的带动，促进了城市经济复兴，提升了城市形象，提振了城市信心。古根海姆博物馆不仅发展成为一处新的旅游胜地，而且还成为城市创新精神的象征和城市规划的成功范例。毕尔巴鄂的创意空间营造在一定程度上是由古根海姆博物馆及与其相关的公共部门、社会机构、私人、相关政策下所推动的。毕尔巴鄂拥有三所大学，包括巴斯克郡大学艺术学院、私立德乌斯比大学和蒙德拉贡大学，古根海姆博物馆的建成，在一定程度上扩大了三所大学的招生规模，并推动三所高校进行“博洛尼亚改革”，调整课程设置并增设创意设计、传媒与新闻等相关课程。此外，毕尔巴鄂的城市创意空间布局也发生了深刻变革，博物馆、美术馆、艺术设施和有关企业的数量都有了显著增长，并形成了两个不同的集聚中心：一方面，在阿班多尔巴拉地形成了商业艺术开发和艺术品消费中心，包括美术馆、古玩店和艺术品保护与修复企业等；另一方面，在老城区形成了先锋派艺术聚集地，包括毕尔巴鄂艺术馆、复制艺术品博物馆和不断涌现的新画廊。②

（五）提炼城市主题，推动城市综合发展

创意城市在其申报的类别内获得了长足的发展，同时还促进了相关领域的进一步发展。入选创意城市网络不仅为这些城市带来了更多的发展机会，同时也借此传播了当地的特色文化，促进了旅游业的可持续发展，提高了城市的知名度和总体发展水平。对于创意城市开拓新的发展空间，探索新的发展模式，以创意作为积极因子推动城市可持续发展，培育新的经济增长点，带动创意城市向着丰富多彩、富有特色、充满活力的新形象迈进。

---

① 马仁峰，城市观念善变与创意城市空间构建：核心内容与研究框架，城市规划学刊［J］，2010（06）

② 唐燕，［德］克劳斯·昆兹曼等，创意城市实践———欧洲和亚洲的视角，北京：清华大学出版社，2013

美国圣达菲市作为“民间手工艺之城”于2014年入选创意城市网络，位于美国西南部新墨西哥州，具有浓厚的墨西哥风情和印第安人的文化特色。圣达菲的特色民间手工业以印第安人制陶、绘画等传统手工艺技术为基础，融入现代创意设计，来适应现代社会的需求。圣达菲对城市文脉和产业基础进行了主题提炼并开展了一系列整体推广营销活动，包括建设国际民间博物馆，开展圣达菲国际民间文化交易会、圣达菲设计周、国际民间艺术家训练营等年度常规活动，吸引着世界各地的艺术家、民间手工艺者、游客聚集于此，带动了设计业和旅游业等相关产业的发展。圣达菲旅游业根植于当地特色民间手工艺文化，在创意设计过程中，使游客具有了旅游体验者和旅游资源创造者的双重身份，解决了旅游资源开发和客源市场开拓的难题。通过但不限于以上措施，圣达菲政府致力于打造特色城市品牌，并塑造了“民间手工艺之城”的成功形象，提升了城市综合竞争力和国际影响力。

参考文献：

[1] 金元浦，创意城市的3.0版本：中外城市创意经济发展路径选择——金元浦对话查尔斯·兰德利（二）[J]，北京联合大学学报，2017,（01）

[2] 金元浦，中外城市创意经济发展的路径选择——金元浦对话查尔斯·兰德利（一）[J]，北京联合大学学报，2016,（03）

[3] 刘容，文化创意城市建设路径实证研究——以毕尔巴鄂、伦敦、圣达菲、纽约为例[J]，中古名城，2016,（05）

[4] 石红，创意城市形成机制及建设策略，江苏理工学院学报[J]，2015（05）

[5] 向勇，周城雄. 文化创意城市的概念和产生背景[J]，建筑与文化，2007（08）

[6] 刘平，国外创意城市的实践与经验启示[J]，社会科学，2010,（11）

[7] 佛罗里达，创意经济[M]，方海萍，魏清江，译. 北京：中国人民大学出版社，2006

[8] 刘容，国外文化创意城市经验及启示[J]，合作经济与科技，2016（08）

[9] 程小敏，詹一虹，创意城市视角下“美食之都”的建设实践与思考——以成都为例

[10] 洪丹阳，创意城市：台北城市意象的文化构建，泉州师范学院学报，2017（03）

[11] 陈能军，城市创意文化生态社区：创意街区升级转型的资本路径，深圳大学学报，2017,（06）

[12] 陈芳，褚劲风，王倩倩，邹琳，阿根廷布宜诺斯艾利斯的创意城市发展路径及其实践研究，现代城市研究，2013,（11）

[13] 锗劲风，香川贵，崔国，李梓，王倩倩，邹琳，创意城市网络下日本神户设计之都的规划与实践，世界地理研究，2011,（03）

[14] 唐燕，[德] 克劳斯·昆兹曼等，创意城市实践——欧洲和亚洲的视角，北京：清华大学出版社，2013
[15] [英] 查尔斯·兰德利：《创意城市：如何打造都市创生活圈》[M]，杨幼兰译，北京：清华大学出版社，2009
[16] 唐燕，[德] 克劳斯·昆兹曼等，文化、创意产业与城市更新 [M]，北京：清华大学出版社，2016
[17] 张婷婷，徐逸伦，我国创意城市发展理念之反思 [J]，现代城市研究，2017（12）
[18] [英] 查尔斯·兰德利，伦敦：文化创意城市 [M]，北京：社会科学文献出版社，2004

文化产业组织结构问题研究：基于 SCP 视角

陆小成[①]

摘要：国家提出文化大发展大繁荣战略，文化产业面临新的机遇与挑战。从 SCP 范式的视角分析我国文化产业组织结构问题及其对市场行为与市场绩效的深远影响。加强我国文化产业组织结构优化，要加快文化体制改革步伐，创新文化产业组织运行机制；加快文化企业集团整合，促进文化企业集群发展；强化文化市场公平竞争，创新文化投融资机制；提高自主创新能力，积极发展相关文化服务业；扩大文化消费内需，深化实施文化企业“走出去”和“互联网 +”战略，提升文化产业的市场绩效。

关键词：SCP 范式；文化产业；产业组织结构；市场绩效

党的十八大以来，以习近平为总书记的党中央在推进社会主义文化发展方面，形成了一套具有全局和长远指导意义的大智慧、大战略和大思路。习近平总书记指出，要弘扬社会主义先进文化，推动文化事业全面繁荣、文化产业快速发展。贯彻中央决策部署、文化产业作为以创意为核心的新兴朝阳产业可以扮演不可或缺的重要角色，发挥不可替代的独特作用[②]。文化产业作为朝阳产业、绿色产业，对于优化经济结构、提升发展质量、提升文化软实力、推进可持续发展具有独特优势。研究我国文化产业的组织结构问题，对于推动文化产业可持续发展，提高我国文化产业的国际竞争力，无疑具有重要的现实意义[③]。产业组织是指产业内企业与市场的合理组织，即在市场机制

---

① 陆小成（1978–），男，湖南耒阳人，北京市社会科学院市情调查研究中心副主任、研究员，博士后。主要研究方向：文化发展、产业经济。

② 聂辰席．金融危机背景下文化产业的发展路径［EB/OL］．http：//news.qianlong.com/28874/2009/04/08/3042@4938715.htm

③ 杨吉华．我国文化产业组织结构存在的问题及优化对策［J］．现代经济探讨，2006（7）：26–29.

作用下，既要使企业充满竞争活力，实现有效竞争，又要充分利用规模经济性，实现资源的优化配置，避免过度竞争带来的低效率[①]。产业组织主要研究市场结构，市场行为和市场绩效（SCP）等三个紧密相关的问题，即研究如何构建有效的产业组织政策法规，优化产业组织结构，规范产业组织行为，提升产业组织绩效和市场竞争力。本文主要从 SCP 范式的视角分析我国文化产业组织结构问题，进而提出文化产业组织结构优化对策。

1. 文化产业组织发展的优势与机遇

1.1 文化产业发展的优势。

国家提出文化大发展大繁荣战略，为我国文化产业发展营造了良好的政策环境和利好机遇。在此背景下，我国文化产业发展优势凸显，主要表现为：

（1）文化消费需求旺盛和发展潜力不断提升。文化产业包括为满足消费者各种文化消费需求的产业组织和部门，包括了消费者文化娱乐、装饰、自我肯定、社会展示等需要的所有部门[②]，如电影业、音乐、时尚、出版、设计业等，它们生产主观的或者是具有符号价值的产品和服务。对于文化产品服务而言，文化市场已经变得全球化和一体化，文化产品的国际贸易在世界经济中开始占据重要地位甚至引领作用[③]。中国作为人口大国，拥有巨大的文化消费市场潜力，随着人们生活水平的提升，人们更加追求多样化的文化消费需求日益旺盛。而中国文化产业发展的优势，就在于拥有如此丰富的文化资源和广阔的消费市场。

（2）吸纳劳动力能力强，利于扩大就业。文化产业既适合于大规模、现代化、拥有高新技术设备的企业，同时可以接纳个体化、小规模、依靠个人创作和传统技艺发展的市场主体，具有广泛吸纳各类社会劳动力的优势，有利于促进就业。

（3）强调创新创意，促进产业链延伸，有利于优化产业结构。据国家统计局数据显示，2016 年全国规模以上文化及相关产业 5 万家企业实现营业收

① 邬义钧 . 产业经济学［M］. 中国统计出版社，2001.

② Scott A J.The Cultural Economy of Cities［M］.Blackwell Publishers，1997：89.

③ 刘蔚 . 跨国公司于文化产业集群的互动模式研究［J］. 南昌大学学报，2007（3）：66-70.

入 80314 亿元，比 2015 年增长 7.5%，同比增速加快 0.6 个百分点，而 2017 年是我国文化产业进入深耕细作的一年，文化产业将继续保持快速增长势头，正迎来发展黄金期①。从内容上看，文化产业是最强调创新创意的产业；从形式和载体上看，文化产业本身会随着新技术的运用、新消费习惯的出现自发地创新求变。文化产业与信息技术、网络技术、数字技术对接，派生出新的文化业态，展现出旺盛的生命力和较强的创新能力。发展文化产业，可以促进经济发展由产业链的延伸向价值链的提升转化，推动经济发展增加文化含量和技术含量，有利于产业组织结构优化升级。

（4）提升国家软实力。David Throsby（1999）在传统经济学家区分三种形式的资本：物质资本，人力资本和自然资本的基础上提出了文化资本，认为文化资本体现了资产的内在文化价值，表现了文化与经济价值之间的关系，强调对经济概念的文化资本依赖②。习近平总书记指出，提高国家文化软实力关系“两个一百年”奋斗目标和中华民族伟大复兴中国梦的实现。文化产业作为一种新的资本要素，对打造国家核心竞争力以及对国家经济发展方式转变起到至关重要的作用。文化产业成为一个国家和地区软实力提升的重要组成部分，成为提升综合实力和核心竞争力的优势战略资源，成为推动经济社会发展的内在驱动力量。

1.2 文化产业组织发展的机遇分析。

（1）党和政府的高度重视和支持。党的十八大报告指出要促进文化和科技融合，发展新型文化业态，提高文化产业规模化、集约化、专业化水平。国家“十三五”规划指出，文化产业成为国民经济支柱性产业。

（2）投资者的广泛关注和文化需求的持续扩大。在全面建设小康社会的新的发展阶段，我国人民群众的生活水平不断提高，文化需求的总量不断扩大，文化需求的内容不断更新，对文化产品和文化服务的质量要求越来越高，这为我国文化产业的跨越式发展提供了难得的机遇。

（3）新技术的不断涌现和较为坚实的文化建设成果。优质 IP、二次元经济、网络直播、网红经济、移动电竞、资本追捧、VR/AR+ 文化、内容付

① 许岩 .2017 年我国文化产业将迎黄金期，文化消费或成新增长点［N］. 证券时报，2017-02-07.

② David Throsby.Cultural Capital［J］.Journal of Cultural Economics，1999，23（1-2）：3-12.

费等，成为当前我国文化产业的重要亮点。这些亮点均是依托现代信息技术和网络技术的发展而出现。新兴科技手段的运用，极大地拓展了文化节目传播的出口和通道，这为以内容创作生产为核心的文化产业提供了快速发展的机遇。同时，坚实的文化建设成果为文化产业发展奠定了物质基础。中国文化产业快速发展，高于国民经济发展速度，有望成为中国国民经济的支柱产业[①]。

（4）国际文化市场空间增加和中国文化的魅力彰显。随着中国“走出去”战略的实施与推进，中国企业进入海外文化市场参与资本整合迎来新的发展机遇。受世界金融危机等影响，许多境外文化公司和媒体机构市值已经较低，为我国文化企业海外并购提供机遇。部分地区的优惠政策也为中国文化企业产品出口或对外投资提供利好契机。

2. 基于SCP范式的我国文化产业组织结构问题剖析

我国文化产业发展具有较大优势和面临强大机遇的同时，其自身发展也存在许多的问题，构成文化产业组织结构优化的挑战和阻碍。“SCP”范式是由20世纪30年代形成的以梅森和贝恩为主要代表的哈佛学派提出来的。“SCP”框架，即市场结构（Market structure）、市场行为（Market conduct）与市场绩效（Market performance）之间的逻辑关系，是西方经济学提出的描绘和说明产业内企业与市场关系的方法。在“SCP”范式中，市场结构是第一位的，是决定市场行为和市场绩效的基础，其分析的基本程序是市场结构、市场行为、市场效果，但它们之间的关系又是双向作用。对文化产业而言，在中国文化产业市场需求和政府行为的大环境下，文化市场结构、市场行为、市场绩效之间存在着密切的关系，分析这些关系有利于深入系统地考察我国文化产业组织结构问题，进而为提出结构优化对策服务。

2.1 我国文化产业组织结构问题剖析。

文化产业组织结构实际上是由文化产业的核心层、外围层及相关层组成，包括了新闻服务、出版发行和版权服务、广播、电视、电影服务、文化

① 中国文化产业有望成为国民经济支柱产业［EB/OL］. http：//content.caixun.com/NE/00/a7/NE00a713.shtm

艺术服务、网络文化服务、文化休闲娱乐服务及相关文化服务等多个产业组成的文化产业体系。在我国，文化产业发端于传统文化事业改制而来，长期以来受计划经济时代的影响较多，在组织结构方面呈现出一种独特的市场结构特征，表现为行政性垄断与过度竞争并存的市场结构。具体而言，我国文化产业组织结构存在的问题主要表现在以下几个方面，如下表 1 所示：

表 1　我国文化产业组织结构问题

文化产业市场规模	产业结构不合理 投资结构单一
市场集中度	市场垄断严重，竞争力薄弱，区域不平衡
企业进出壁垒	进入壁垒高，没有形成必要退出机制
产品差异化	差异化程度低
管理体制	以行政管理为主的半计划、半市场体制

（1）产业集中度低，缺乏规模经济效应。我国的文化企业尽管发展势头很猛，增长很快，但是与西方国家的文化传媒巨头相比，存在着企业规模过小、产业集中度过低的问题。中国文化产业资源配置过于分散，集约化程度低，产业集中度低，在国际竞争中处于相对弱势地位。在 2012 年《财富》杂志评选的 2012 年“中国 500 强”中，娱乐与媒体行业只有中文天地出版传媒股份有限公司一家企业上榜，排名为第 458 位，营业收入为 68.91 亿元，资产为 75.86 亿元，雇佣人数为 5149 人。按照美元兑人民币汇率 1 美元 =6.5 元人民币计算，西方娱乐与传媒巨头的均值为中文天地出版传媒股份有限公司营业收入的 21 倍、资产的 39 倍、雇员人数的 14 倍[①]。此外，我国文化产业的发展存在着城乡差别、区域性差别、投资结构严重不合理等结构性问题，在我国文化产业投资中国有资产投资比重过大，而外资、社会资本比重过小，在目前一些涉及文化产业的法律法规上，社会力量尤其民营资本尚未真正调动起来。

（2）产品差异化程度低，同质化竞争严重。以报业为例，有学者对武汉报业研究指出，武汉两大报业集团共有四家市民报，竞争十分激烈。这虽对提高武汉报业水平有利，亦贻害无穷。武汉四家市民报的竞争已是恶性竞

① 武波．文化企业规模小、产业集中度低已成制约文化产业快速发展的瓶颈［EB/OL］．皮书数据库，http://www.pishu.cn/zggjaq/psgd/140928.shtml，2014-10-31

争，造成社会资源的巨大浪费，并使媚俗报道层出不穷，虚假广告屡禁不止。为了提高报纸发行量，争夺更大的读者群，扩大市场份额，从而获得更大的经济利益，各家报纸纷纷发力，不惜借用各种手段冲击竞争秩序和市场规则，出现了低价格倾销，广告竞相打折扣。报业市场愈演愈烈的同质化竞争现象：市场定位趋同、报道内容趋同、栏目设置趋同、经营手段趋同、广告客户趋同等①。

（3）文化产业进入和退出机制还不够完善。在我国，长期以来文化被认为是纯粹的公益和消费部门而由政府财政包办，这种体制使得投资渠道过于单一、狭窄，文化产业大多实行“出身”准入制。我国国有经营性文化产业混同于公益性文化事业，脱离市场，缺乏活力，在文化行业资产规模中，事业性资产比重太大，产业性资产比重较小②。部门出身、行业出身、地域出身和所有制出身变成文化市场准入的条件，由此导致民间资本的产业进入壁垒比较高，社会闲散资金难以向文化产业靠拢，外资由于在文化的市场准入方面受到限制，其资本的进入也受到一定的控制。除了所有制壁垒，还有行业壁垒、地区壁垒等。

（4）脱胎于计划经济管理体制的缺陷。改革开放以来，我国对传统的文化管理体制进行了改革，推动了文化事业向文化产业的转变。20 世纪 80 年代中后期以来，全国文化系统的纯事业单位实施了由统收统支到差额补贴再到自收自支的转型；文化经营单位实行了“事业单位，企业管理”的管理模式；政府与文化经营单位之间的责、权、利尚未理清，经营者难以形成真正的市场主体和法人实体，政府过多地干预文化经营管理。我国文化产业发展存在低水平供求关系与非对称性矛盾突出，组织集约化程度不高；传统的资源配制机制与市场化矛盾尖锐，资源潜力难以快速转化为产业优势。

2.2 文化产业组织结构问题对市场行为的影响。

市场结构决定企业行为。如下图 1 所示，文化产业组织结构对市场行为的影响主要表现在以下几个方面：

（1）低价倾销，恶性竞争严重。文化产业中小企业众多，产业集中度

---

① 余宽宏．武汉报业同质化的现状、利弊与对策［J］．新闻知识，2006（6）：52–54.

② 涨玲．文化产业发展中存在问题及其对策［J］．科技与产业，2006（2）：11–16.

低，产品差异性小，行业内缺乏具有足够影响力、对行业发展起领导地位的龙头企业。这种市场结构对企业竞争行为的直接影响就是：产业内竞争过度、竞争秩序混乱、竞争手段单一、价格竞争成为抢占市场的主要手段。价格竞争的另一种形式是垄断高价。

（2）创新动力不足，盗版现象严重。目前，我国的文化产业的科技创新机制尚未真正建立，文化产业科技投入不足，文化产业的技术创新能力和新产品开发能力比较弱[①]。尽管我国文化产业近些年来发展较为迅速，但与发达国家相比较，文化产业的质量、效益、规模还存在一定差距，特别是产业竞争力、文化品牌影响力、自主创新能力等方面存在不足，大量的丰富的传统文化资源并没有转化为具有国际竞争力的文化产业资源和文化品牌。

（3）企业并购困难。由于我国文化产业处在发展初期，集中化程度和规模效应相当低，而且由于市场主体的缺位，没有产权的清晰界定和资本市场的介入，因此很难发生兼并与收购现象。现在的兼并只能靠行政的干预，效果并不理想，而收购很难进行。

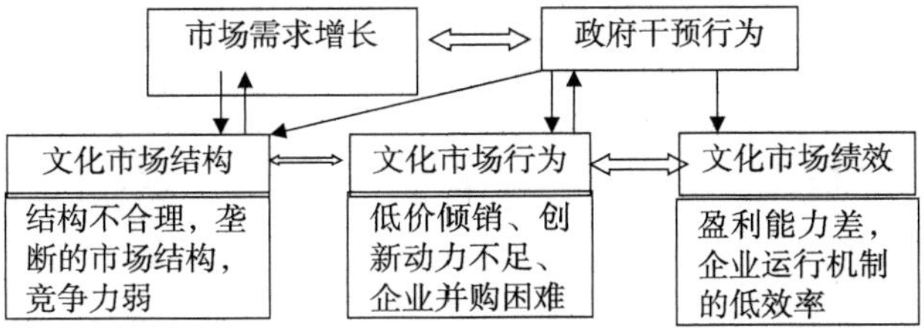

图 1　文化产业组织结构对产业行为及其绩效的影响

2.3 文化产业市场结构问题对市场绩效的影响。

市场结构决定企业行为模式，而企业行为又直接影响市场绩效和整个产业发展。

（1）无序竞争导致行业利润率大幅度下降，各项效益指标不断下滑，进而直接威胁整个产业的可持续发展。从利润增长率看，近几年情况开始恶化：图书品种急剧上升，平均印数急剧下降；图书发行折扣愈打愈大，图书退货率不断上升；图书库存金额直线上升，资金周转明显放缓；图书

① 张雪峰．我国文化产业的现状与发展策略选择［J］．现代财经，2002（8）：13-15.

贷款结算期愈来愈长，信用问题持续存在。这种状况，增加了文化企业生产经营困难，使得一些企业无法顺利实现扩大再生产，从长远看，必将损害整个产业可持续发展的基础。

（2）企业运行机制的低效率。由于政府统管文化，文化事业的行政化与非产业化，造成了运行机制的低效率。政府垄断文化事业，使文化单位成了没有竞争对手的事业主体，在文化领域几乎完全排斥了竞争机制。文化企业自身的创新意识不强，难以接受市场竞争与挑战。

3. 我国文化产业组织结构优化对策选择

基于国家提出文化大发展大繁荣的发展契机，对于文化产业而言，要抓住机遇、迎难而上，就一定能够有所作为、有所突破。基于SCP分析范式的视角，从市场结构、市场行为、市场绩效等层面提出我国文化产业组织结构的优化对策，如下图2所示：

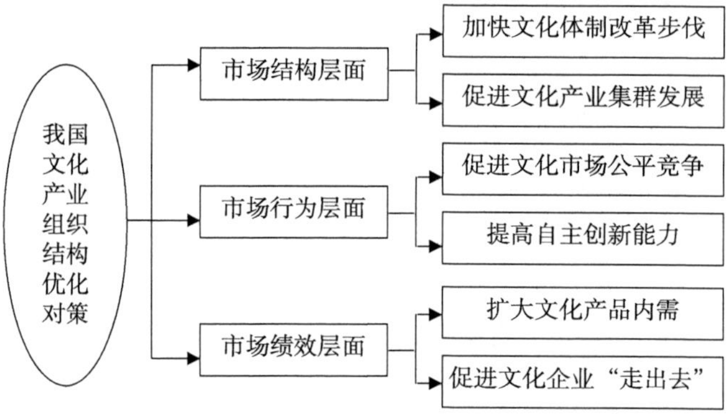

图2　基于SCP范式的我国文化产业组织结构优化对策

3.1 加快文化体制改革步伐，创新文化产业组织运行机制。

根据SCP分析范式，市场结构对企业行为及其绩效具有深远影响，因此解决文化产业组织结构问题，首先在于加快产业组织结构及其管理体制改革。为了提升我国文化产业的整体竞争力，必须对原有的文化体制进行改革，突破旧有观念的桎梏，大力推进体制和机制的创新[①]。主要表现为：

① 欧阳友权．文化产业概论［M］．湖南人民出版社，2007：39.

（1）加快文化体制改革步伐，解决政企分开、政事分开、管办分离的问题，政府应转变为以政策引导为主的间接管理方式，重点加强文化法规建设和执法监管、文化产业规划制订和宏观调控、文化公益事业发展和文化基础设施建设，加快文化行政管理部门职能转变，健全文化法律法规和政策体系。

（2）创新文化产业发展的激励机制、监督机制和保障机制。

（3）培育各类文化服务组织和产业协会。加快政府职能转变，将许多可以由社会组织承担的服务或职能转移给社会文化组织和产业协会，如推广产品技术、质量标准、行检、行评、行业信息交流等，重视发展和培育文化产业协会，形成文化产业发展的良好外部环境。

3.2 加快文化企业集团整合，促进文化企业集群发展。

形成以大型企业（企业集团）占支配地位的、大中小企业协调发展的格局，是优化我国文化产业组织结构的根本途径。

（1）加快文化领域结构调整，鼓励文化企业跨地区、跨行业联合、兼并、重组，培育文化领域战略投资者，促进大型文化企业和企业集团整合，提高产业集中度，实现规模经济，打造我国“文化产业航母”。

（2）采取有利于提高产业集中度的政策取向，以培育有竞争力的文化企业集团为重点，推动文化产业的兼并和重组，实现规模化经营，力求尽快做大、做强。应尽快改变现有文化企业集团单一经营模式，通过组建跨媒体、跨行业、跨地域的文化产业集团，培育骨干龙头文化企业。

（3）促进中小文化企业集群发展和产业链整合。积极扶持中小文化企业发展，引导中小文化企业走“专、尖、特、新”的道路，加强大企业集团与中小企业之间的联系，提高产业分工协作水平。

3.3 强化文化市场公平竞争，增加文化产业投入，创新文化发展多元化投融资机制。

（1）加强文化产品和要素市场建设，形成全国统一、开放、竞争、有序的现代文化市场体系。

（2）通过经济、行政、行业自律等综合手段，规范文化企业市场竞争行为，制止文化产业发展中的不正当和恶性竞争行为，坚决打击包括盗版在内的各种违法经营活动，维护市场秩序，为文化产业发展提供良好的市场环境。

（3）加大文化投入，加快推进文化产业项目建设，创新文化发展的多元化投融资机制。国家应加强文化投入，特别是要大力推进文化基础设施建设，还要创新文化产业的投融资机制，吸引社会资本进入文化领域，聚集生产要素、打造文化品牌、推动文化产业集群发展。

3.4 提高自主创新能力，积极发展相关文化服务业。

要树立创新发展理念，以创新为动力促进文化产业走特色发展之路。（1）要充分认识和深度挖掘中国传统文化资源的特色与优势，形成高度的文化自信和文化自觉，选择中国特色的文化产业发展道路。要深入比较国外文化产业发展的各种经验教训、重视自主创新战略的实施，运用“互联网+”、大数据、云计算等科技手段，提升自主创新和中国特色的效能。（2）紧抓新一轮世界科技革命机遇，运用现代科技成果和科技手段提升自主创新能力，促使文化与科技深度融合。（3）加强文化产业政策创新，增加文化产业研发投入。各级政府增加对文化产品和服务的研发投入，制定优惠政策鼓励企业自主创新，如为中小企业提供融资渠道和援助，设立创新奖励基金，对企业技术创新提供低息、无息或担保贷款等。要加强文化产业的技术创新与制度创新的协同推进。文化产业的发展需要制度创新的奠基和技术创新牵引与维系。快速发展的文化产业为制度与技术的持续创新提供了源源不断的基础与保障①。（4）以开放发展、融合发展为基本理念，积极发展相关文化服务业，完善公共文化服务体系，培育文化产业服务链，重视协同创新平台、信息集成平台、信息发布平台、在线交易和消费评价平台等诸多服务平台建设，不断完善文化产业的资源集聚和交易配对功能、企业孵化和产生培育功能、跨业融合和集成创新功能等，提升文化产业竞争力和市场绩效。

① 解学芳，盖小飞．技术创新、制度创新协同与文化产业发展：综述与研判［J］．科技管理研究，2017（4）：6-11.

3.5 扩大文化消费内需，深化实施文化企业“走出去”和“互联网 +”战略，提升文化产业的市场绩效。

要不断扩大和激活文化消费内需，深入推进和实施文化企业走出去战略和互联网战略。

（1）制定和实施文化产业的“互联网 +”" 战略，要依托互联网不断激发文化消费意愿，优化和整合文化领域产业链，加强文化产业的供给侧结构性改革，培育大众性文化消费市场①。积极顺应在当前形势下人们休闲时间增多、寻求精神慰藉的心理需要，加快培育壮大大众性文化消费市场，从而带动文化内需的增长。

（2）统筹城乡文化发展，加快推进农村文化建设。要进一步发挥城市文化产业对农村的辐射作用，拉动农村文化消费，做强农村文化消费经济。实施文化信息资源共享、文化科技卫生“三下乡”等文化惠民工程，形成覆盖全农村的公共文化服务网络。

（3）促进我国文化企业“走出去”。在国家“一带一路”战略背景下，要深入推进实施中华文化“走出去”战略，参与对外文化产品的生产和营销，利用民间机构、民间人士开展各种文化出口活动，支持有条件的文化企业到境外开展入股、并购等业务，扩大中国文化影响力和文化产业的市场绩效。

---

① 杨睿，苏玉珠．“互联网 +”视角下我国文化产业发展路径探究［J］. 改革与战略，2017（3）：136-138.

中国时尚产业发展现状及趋势展望

罗冰* 刘斌[1]

摘要：后工业时代，消费者对产品的精神文化层面和个性化服务需求日渐凸显。时尚产业作为特殊的产业链，其主要价值源泉更多地体现在个体的创意、技巧以及才华等无形创造力上，并在与服务业、制造业的结合中，凸显出定制化服务、个性化服务的高附加值。

关键词：时尚产业；创意文化；设计；趋势

自人类有美的觉醒以来，便有了对"时尚"的追求。时尚一词的含义指："一种外表行为模式的流传现象……属于人类行为的文化模式的范畴。"[2]由此可见，时尚一词的要义，是人们对社会某项事物的一时崇尚，包含着人类对生活的美好向往。但时尚与产业的结合要到工业化时代，由于工业化时代生产力的解放，时尚产业与地位、引领、创意文化等关键词截然不可分，尤其在后工业时代，在解决了温饱等基本要求的富足社会，对产品和个性化服务的需求日渐凸显。源于"我最 fashion"的精神文化层面需求、对创新以及创造力的推崇，与工业化的结合，使得时尚产业显现出巨大的文化与财富的价值潜力，同时也在推动着当前产业结构的调整，深刻地影响着人类的生活。时尚产业作为特殊的产业链，其主要的价值源泉并非依赖于自然资源和广义上的群体创造，而更多地体现在个体的创意、技巧以及才华等无形创造力上，并在与服务业、制造业的结合中，凸显出定制化服务、个性化服务的高附加值，其独特的价值创造途径、对自然资源的依赖度低，及高增

---

① 罗冰，广东文艺职业学院副研究员，中国艺术研究院 2018 级美术学在读博士，研究方向为艺术学理论及实际应用。刘斌，博士，北京师范大学新闻传播学院副教授，研究方向为传播理论、传媒经济学。

② 辞海编辑委员会：《辞海》，上海辞书出版社，2002 年版，第 1525 页。

值的可能性，引发了从普通民众、具体从业者到学者甚至各级政府的深切关注。由于时尚产业的以上特性，在其产业链构成中，设计成为其中不可或缺的一环。因此，在对中国时尚产业未来趋势进行展望时，首先对时尚产业的内涵与外延进行一个概念辨析。

一、时尚产业的内涵和外延

时尚产业的概念至今未有公论，但它是一个由多种不同产业关联组成的交叉领域，这点应无异议。《中国时尚产业蓝皮书》从行业层次对时尚产业进行定义，认为“时尚产业是指通过工业和商业化方式所进行的时尚产品和时尚服务的设计、采购、制造、推广、销售、使用、消费、收藏等一系列经营性活动的总称……一种全新的产业概念和形态。”[①] 并将时尚产业的范围界定为：时尚商品制造业（含时尚休闲服装鞋帽、皮革皮具各种饰品、名表珠宝、化妆品、消费类电子等）和时尚服务业（如美容美发、健身旅游、流行音乐、影视摄影、时尚书籍杂志、餐馆酒吧等休闲娱乐产业）。该书将化妆品、消费类电子产品、服装、珠宝、首饰、动漫等几大类时尚产业作为研究重点。

台湾经济学家石滋宦认为，时尚产业的核心是服装工业。[②]

中华全国工商联纺织服装商会会长陈经纬认为，时尚产业与创意产业均属文化产业范畴，他将时尚与创意产业定义为：源自创意或文化积累，通过智慧、知识和财产的形成与运用，具有创造财富和就业机会的潜力，并促进整体生活环境提升的行业，包括：城市规划、景区建设、工业设计、视觉艺术、音乐与表演艺术、文化展演设施、工艺品、电影、广播电视、出版、广告、艺术设计、数码娱乐、建筑、创意生活、服装服饰等。[③]

中国纺织工业协会副会长杨东辉认为，狭义的时尚产业主要指时装、饰品、化妆品、皮具皮鞋、家纺；广义的时尚产业还包括家饰家具、美容美

---

① 参见中欧国际工商学院《中欧商业评论》时尚产业研究中心、“中国时尚产业蓝皮书”课题组：《中国时尚产业蓝皮书》，2008 年 12 月。

② 转引自白银峰：《国内外时尚产业的理论研究和我国的时尚产业》，《全国商情》（理论研究），2012 年第 1 期，第 15 页。

③ 转引自白银峰：《国内外时尚产业的理论研究和我国的时尚产业》，《全国商情》（理论研究），2012 年第 1 期，第 15 页。

发、礼品工艺品，以及相关产业如零售、会展咨询、传媒、出版等。[①]

从目前学界关于时尚产业研究的文献梳理来看，国外的时尚产业研究主要集中在：（1）时尚产品的分类研究；（2）时尚产业的生产研究；（3）对时尚产品的消费研究；（4）时尚品牌的研究；（5）时尚产业组织特性的研究等。这些产业研究的思路与社会学、心理学、文化学、历史学等领域开展的对于时尚的社会群体研究、时尚的行为主义研究、时尚的社会价值观研究、时尚的社会文化研究结合在一起，不仅对“时尚”现象的特点进行了总结，也为时尚产业背后的社会、文化、心理现象等研究打下较好的理论基础，落实到产业发展层面，也拓展了从产业链、价值链到创新动力的进一步研究。[②]

从以上国内外对时尚产业的定义及研究现状来看，笔者认为时尚产业所覆盖的范围有广义与狭义之分。就核心层面而言，时尚产业的内涵应包括其作为时尚品的艺术性本质、作为商品的消费性本质以及就产业属性而言所具备的结构性和层次性特征，因此时尚产业遵循的仍是“以人为本”的服务态度，其核心内容仍是代表时尚产业发展方向的四大主流行业，即服饰类、珠宝类、化妆品类和箱包类，其中服装工业是时尚产业中核心的核心。而其外延则拓展至服装服饰、珠宝腕表、鞋履箱包、美容化妆、创意设计、时尚传媒、跨界艺术、演艺策划、职业模特以及高端时尚服装业等多个业态。

二、时尚产业的主要特征

近代以来，源于英国的工业革命，席卷欧洲，继而影响美洲，辐射亚洲。中国近代内忧外患，工业化革新之路尤为不易，就中国时尚产业的发展历史而言，具有深厚积淀和全球品牌辐射力的时尚品牌寥寥无几。近20年来，随着国民经济实力及综合实力的大幅提升、民众消费能力及层次的大幅提升，时尚消费开始成为群众性消费话题，并获得学界与政界的关注，也催生了一批好的民族品牌的转型与民族品牌的自创。时尚产业为人们提供对人体进行装饰和美化的个性化时尚用品。产品特征主要体现了消费品或消费服

---

① 转引自白银峰：《国内外时尚产业的理论研究和我国的时尚产业》，《全国商情》（理论研究），2012年第1期，第15页。

② 可参看颜莉：《海派时尚产业价值创新能力与发展路径研究——基于上海时尚产业现状的发展建议》，经济管理出版社，2014年，第95-101页。

务的流行审美情趣和消费理念的精致美化；在产业特点上，突出表现为引领时尚消费、包容多元文化价值观，随着社会生活潮流的变化而不断创新、丰富和发展；在产业目标上，旨在为人们带来优质的生活。因此，总体而言，时尚产业具有以下几项主要特征。

1. 这是一个制造业与服务业高度融合的产业。

时尚产业具有关联性，产业整合度高，产业的融合度也高，它所具有的包容性和多元性，使其参与范围相当广泛。从本文第一部分我们对时尚产业的内涵和外延的研究可以看出，时尚产业的首要特征：这是一个制造业与服务业高度融合的产业。

直观地说，在马斯洛所划分的需求层次中，时尚产业体现的是人对需求层次中的高端需求。因此它与服务业关系密切，它要满足人类不同时段的精神需求。以产品提供服务，或引领流行的审美情趣和消费理念，随着社会生活潮流的变化，不断创新、丰富和发展。

比如时尚产业中的顶级奢侈品制造业，主要服务于政治经济政要及行业高级精英，这类人群对服饰在场合所表达的符号意义要求较高。时尚产业中轻奢的服务对象是中产阶级和白领（社会中层），是“为了让人买得起而存在”的，这类人财富有限，但对时尚有强烈的追求，对时尚单款需求量大，且关注流行要素。快时尚、大众时尚产业特征主要表现为迎合大众的审美观念，能符合大多数人的审美流行情趣需求，他们更多的是在追随流行，并在一定程度上采纳流行元素。由此，根据时尚消费层次需求的不同，服务业所提供的相应需求就有所不同。比如顶级奢侈品消费人群，还有专业专职的设计师、造型师、美容美发师等提供相应的定制服务，而轻奢的消费人群则更多由时尚买手、连锁美容美发品牌店等提供优质服务，大众时尚的消费人群则一般由导购、普通美容美发店提供服务等。但总体而言，时尚产业是一个制造业与服务业高度融合的产业。

2. 时尚产业具有垄断竞争性，它与大工业时代制造业的最大区别在于避免产品的同质化。

时尚产业具有垄断竞争性，主要源于时尚产品的生产特性。由于人的精神生活的丰富性，对美的感受的多元化，时尚必须体现出个性化和差异性，而最终时尚的落脚点仍立足于产品。另一方面于时尚产业而言，不断创造产品差别是获得长期垄断利润的关键。

从当前消费者的时尚消费理念看，人们对时尚消费的重心并不在于时尚产品的使用价值，而在于其符号价值。符号价值的背后，是产品所能提供的展现社会地位、财富价值、时尚名望，以及表现消费者个性和特征的舞台。因此，时尚产业要保证垄断竞争性，产品是第一关注点。提供产品差别化，是保证其垄断地位的重要手段。值得注意的是，时尚消费还增强了向表达自我的理念转化。正如日本学者星野克美在《符号社会的消费》中指出的“消费者已不限于一物的消费”，其行为已转化为有关产品感性和意向的消费。[①]这一点在现代消费社会中尤其能够得到验证。由于社会总体财富的增长，以往通过一个人的穿衣打扮去直观判别某人的财富水平及社会地位的情况发生了变化。如今，一般收入者也可以通过财富积累，实现购买奢侈品的意愿。同时高净值人群的消费也出现分化，关注既有流行标的，又具产品品质的消费品，并在选购中更多锁定在产品所传递出的自我表达的标签意义，如自我定位、独特个性以及审美情趣等。

从消费动机角度切入，当前时尚消费已经囊括了炫耀型、品味型、享受型、情感型等多种消费心态。这说明消费者在对时尚产品进行选择时，也预设了产品所应提供的多重功能。由此，时尚产品要避免产品的同质化，才能保证其垄断竞争性，另一方面，垄断竞争性的巩固，也必然要求其规避产品的同质化。

3. 时尚产业具有变化性，其核心词汇是创新，但相较其他产业，对创新的要求更高。

简言之，这是一个动态的产业，个性化和奢侈化是产业发展的两大主趋方向。时尚产业追逐变化，而变化的核心在于创造关注度。时尚的簇拥者具有希望展现个性与地位名望的巨大心理需求，时尚产业通过引领时尚消费，甚至于体现超前性消费，以达到不断创新，高举风尚之标的目的。

由于时尚产业本身是一个与文化及心理层面关系密切的产业，与普通商品相比，它更立足于对文化和创意的消费。在生产力低下的社会阶段，时尚局限于在权贵圈子中的小众内流行，谈不上形成时尚产业。随着生产力的不

---

① ［日］星野克美：《符号社会的消费》，黄恒正译，台北：远流出版事业公司，1988 年，第 70 页。

断提升，社会总体财富增长到一定水平，人们开始摆脱对物质的简单依赖而更加强调精神需求。从某种角度说，这使得不少生产制造和消费行为成为文化事件，比如维密时装秀等。精神层面的多元化，媒介关注度之高，消费者互动的介入，使得时尚产业必须“变化”，其创新也有赖于大量创意和时尚要素的全面、持续与深度介入。

4. 中国时尚产业目前的发展特点在于时尚产业发展迅猛，整体产业框架已经搭建，但品牌化、国际化仍有待进一步提升，产品同质化问题仍需突围解决。

从国内出现的大量时尚节和时尚圈的打造来看，如尚之坊时尚文化创意园、上海半岛湾时尚文化创意产业园、中关村时尚产业创新园、深圳 F518 时尚创意园、由服装行业的纯民间“服装圈”发起的时尚节、北京西单国际时尚节以及其他众多时尚之夜等，我们可以窥见中国时尚产业的发展态势。与此同时，中国制造大国的身份，也使得具备时尚产业的生产要素得到较好的生产基础支持。目前的关键点在于如何实现从制造到创造的华丽转身，如何实现品牌突围。中国时尚产业中四大支柱产业长期以来依赖贴牌生产，中国设计师及设计团队的相对薄弱，导致山寨化产品往往以低成本攻占市场，劣币驱逐良币，由此导致产品同质化问题仍未能获得解决，虽然整体产业框架已经搭建，但在实现品牌化、国际化方面仍有待进一步提升。值得关注的是，由于政府的有力引导，产业间的关联互动，以产业集群和时尚发布会等形式，中国不断打组合拳并主动发声，这在很大程度上提升了中国时尚产业的发展。上海国际时装节、北京国际时装节等均取得了不俗的反响。

三、设计在时尚产业中的重要地位

业界对时尚产业产品的价值，一般认为包括创意价值、品牌价值、知识产权价值、文化价值、体验价值、符号价值、自我价值等内容，其中的核心价值在于创意价值；而实现将创意价值在整个价值链中进行链接的，则是创意设计。设计师是将创意价值与产品身上所凝聚的其他价值实现有效结合的重要粘合剂，将创意更好地转化为产品，需要设计的介入。从这一角度来说，时尚产业是一个设计决胜的产业领域，创意设计是实现产业创新发展的关键。

从产业创新发展的角度来说，基础之一是创造产品的差别化。美国经济学家张伯伦在1933年出版的《垄断竞争理论》一书中提出了产品差别的概念，并指出产品差别越大，垄断程度就越高，其竞争程度便越低。中国的产品制造经过多年的发展，对于差异化、品质化已经有所意识，并且大多数企业家已经意识到了原创的力量，更加强调创意。随着社会发展，产品从必需品进入消费品层级的变化是时尚产业成为业界关注重心的重要背景之一。习近平总书记在十九大报告中指出，当前我国社会的主要矛盾已经发生了转化，从人民日益增长的物质文化需要同落后的社会生产之间的矛盾转化为人民日益增长的美好生活需要和不平衡不充分的发展之间的矛盾。可见，时尚产业的发展也将在未来的一段时间内为推进实现美学生活、艺术生活作出巨大的贡献。时尚的发展具有“多中心性”“多态性”和“多元性”等特性，也就意味着产品才是核心关键，优衣库、宜家、costco、miniso，都是以产品取胜的品牌代表。他们的设计原创能力很强。当前品牌都已认识到原创设计是创造和实现产品差别化的一个重要因素。设计已成为一个公司对于产品及服务实行差别化，以及强化市场定位的有力途径。从时尚产业的四大支柱性产业之一——服装产业的发展历程中，我们可以看到，工业化以来，服装产业的发展基本经历了以下过程：大规模低端加工制造→高科技产品的研究开发→高端产品的生产制造→高附加值产品（包含时尚、科技、服务、文化等因素）的设计开发和品牌经营。[①]可见，服装产业的总的发展趋势是由低端到高端，由低附加值到高附加值，由实体生产制造到经营运作，设计开发是关键。另一方面，从国家层面看，不少国家通过发展确定了在设计方向的领先地位。如意大利设计在服装及家具方面的话语权，斯堪的纳维亚的设计偏重于实用、美观、环保等理念的推崇，德国设计则以简洁、金属现代感、工艺精湛而著称。

以上，我们均可看到设计在时尚产业中的重要作用。时尚产业作为一个“设计决胜”的产业领域，它通过设计提高创新能力，有效配置资源，提升有形的经济价值，同时整合推广品牌、文化等价值，也有利于促进低碳经济的发展，从而辐射出产业竞争力、城市竞争力甚至国家竞争力。总之时尚产业

① 吴立：《时尚产业北京纺织战略转型的必然选择》，第25页。

发展也必然走向以设计驱动创新，以创新驱动产业发展的有效道路。

四、中国时尚产业的设计趋势

《中国时尚产业蓝皮书 2014–2015》对 2008 年国际金融危机以来中国时尚产业的突围之路进行了全面回顾，主要有以下五点结论：一是我国服装行业从世界工厂、中国制造逐渐向中国设计转变；二是珠宝行业正由快速成长期步入成熟发展阶段，中国已成为影响世界珠宝市场走向的重要力量；三是作为全球时尚消费重要新兴力量的中国时尚消费开始理性转型；四是未来趋势全球时尚文化有望从快时尚向慢时尚回归；五是消费者忠诚度下降，理性、品味型和个性化消费比重提升，中小品牌将迎来重要发展机遇。①结合国家对时尚产业相关政策的发布，以及党的十九大报告对未来产业经济、社会、民生等方面的倡导与规划，未来五年，中国时尚产业的设计应有以下几点重大趋势：

1. 设计将会积极推动时尚产业的“绿色”发展。

党的十八届五中全会提出“创新、协调、绿色、开放、共享”五大发展理念，为时尚产业的未来指明了方向。目前，中国正面临着“资源约束趋紧、环境污染严重、生态系统退化”的严峻形势。为了应对危机，创造良好的生产生活环境，中国提出了建设“资源节约型、环境友好型”社会和生态文明的发展战略。从党的十八大做出“大力推进生态文明建设”的战略决策开始到党的十九大提出“把我国建设成为富强民主文明和谐美丽的社会主义现代化强国”，产业文明成为生态文明建设的三大发展方向之一。由此，在时尚产业的设计而言，最关键是仍要坚持“绿色设计原则”。其重点尤其落实在对材料的选择与管理，对产品的可回收性的设计理念。我国时尚产业必须改变发展方式，不断改良生产工艺，采用绿色化技术工艺，实现时尚产业绿色化生产制造。

具体而言，设计应将保护环境作为目标和出发点，并在设计中纳入防控污染的措施，在产业链中进行绿色干预，以便将对环境影响控制到最小。

---

① 参看中欧国际商学院《中国时尚产业蓝皮书》课题组：《中国时尚产业蓝皮书 2014–2015》一书的专题二部分，经济管理出版社，2015 年 5 月。

在绿色材料的选择设计上，要尽量使用环保材料，尤其对于服装、箱包产业而言，使用无污染的面料，注重皮革的处理工艺等尤为重要。摒弃无用的功能，减少或不用奢华的设计。设计要推动对环境的保护和提升生活质量，诸如服装产品、箱包配饰产品、美容美发产品，不但不破坏环境，同时也对人体无损害。除了国家完善相关立法、监测和执行机制外，相关品牌也要完善对化学品进行全面管理的政策，从而确保掌控供应链中排放有毒有害物质的情况。要有应急预案，同时能有效处理。总之，时尚产业应关注为再利用而设计、为可持续而设计、为环保选购而设计，为未来而设计。

2. 以设计拥抱互联网，推动时尚行业间融合。

我国 2015 年第一次将“互联网 +”战略提升到国家层面，许多传统产业也正积极利用互联网思维和互联网技术促进产业转型。中国的时尚产业也在“互联网 +”的思维下，进行了很多积极而有意义的探索。“互联网 +”的模式，或将改变整个时尚产业的经济业态，甚至影响产业链的重构。

对于时尚产业中的核心行业来说，没有消费就没有未来。在互联网思维的主导下，未来消费者将有更多的机会参与到品牌的定义、形成、运营和营销当中，由用户共同决策来制造他们想要的产品。这方面的典型例子是时尚手机小米的研发和推广。在互联网时代，品牌如何有效锁定消费者社群，并将社群的黏合能力转化为社群的运营能力，是对品牌提出的一个巨大考验。其中，面向轻奢及快时尚的设计被要求快速、专注和极致。当消费者成为一个个由海量的、碎片化的数据支撑起来的“整体”的人时，设计师尤其是服装服饰、珠宝腕表、鞋履箱包、化妆品等四大产业的设计师要重视这些数据的力量，让自己的品牌设计更加贴近消费者。深刻理解需求，并在此基础上继续专业技术的深挖与美学的呈现，进而创造引领消费需求。设计者要让用户认可，成为消费者，通过互联网的互动服务，培养其忠诚度、让其与品牌共成长。同时在大数据时代，产业间的设计也应重视有效联动，将单品设计转为造型整体设计，实现行业间的融合。未来设计师需要具备行业间设计整合的能力。O2O 模式下，“云定制”时代的推进，20 世纪后期设计实践中的互动理念、以用户为中心的理念，仍将占据主导地位。

3. 新材料、新工艺与高科技的结合，是未来时尚设计的亮点。

1851 年伦敦水晶宫展览揭示了设计与材料及生产技术创新之间的重要关

系，并且这一关系在工业化的进程中不断得到体现。每一轮新材料、新工艺的出现或革新，都对产业产生了重大影响。对设计而言，新材料、新工艺影响尤甚。服装由功能服装设计向智能服装设计转化、促使高技术纤维的开发和研制，已成为全球化纤的发展趋势。

服装方面，2017年7月，上海联想创新举办的科技大会（Tech World）上，亮相了一款Smart Vest智能心电衣概念产品。此款心电衣由联想研究院研发，是全球首款12导联的无线智能心电衣，应用了柔性织物传感器，是达到了医疗级别的可穿戴设备，体现了高科技与新材料的交融（图1、2，图片引自网络）。

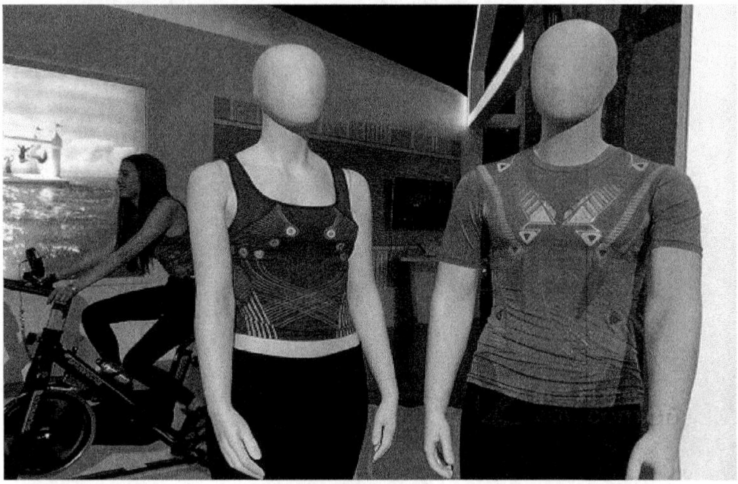

图1

图2

时尚配饰方面，继智能手环纷纷向着时尚配饰转化的潮流中，美国创业公司 Q Design 设计了一款名为 QBracelet 的充电宝。此款充电宝的最大亮点在于将传统笨重的充电宝变成了手腕间的时尚点缀，使其成为时尚手镯穿戴与科技实用相融合的典范（图 3、4，图片引自网络）。

图 3

图 4

时尚珠宝方面，19 世纪早期就极负盛名的"Fer de Berlin"于 2016 年推出"cut"系列珠宝设计。该系列珠宝通过运用先进的工业微加工技术和特殊的锻造技术，使得戒指展现出迷人的几何三维外观，材质与新工艺的完美结合，让古老品牌焕发高科技的时尚魅力（图 5，图片引自网络）。

图 5

新材料、新工艺与高科技的结合，一件服装或配件中也将融合传统意义上的服装设计、工业设计、平面设计甚至软件设计师的多重复合，使得时尚设计已由单一设计转化为复合设计。

4. 以设计引领品牌塑造及文化价值传播，优化产品结构，中国时尚设计继续向国际化迈进。

随着全球化的进程、互联网的发达和大数据时代的来临，全球采购、制造设备的升级换代、工艺技术的提高、服装设计学院的课程教授、代表全球时装潮流的秀场、传媒杂志的信息快递等，都使得中国时尚产业设计的信息获取已经“无时差”。而带有标志性的各种行业展览陆续来到中国，都在推动着中国时尚产业设计接轨国际舞台的步伐。

以计文波、劳伦斯·许、郭培等为代表的设计师的成功，无疑给迈向国际化的中国时尚企业起到探路开拓的作用。如 2017 年美国总统特朗普访华，其外孙女身着中国设计制作的旗袍，以劳伦斯·许为代表的众多中国优秀设计师在对民族特色、民族风格的传承转化中，直接传递了文化诉求和设计理念，也向世界很好地传递了中国人的生活和情感表达、文化表达、价值表达。同时他们的成功也说明，在中国时尚设计国际化的道路上，中国的设计师既需要具有东方审美观，又要掌握无国界的设计语言，同时还要具有对时尚设计的独特理解和个性表达。目前国家对“一带一路”建设的推动，使得行业间的国际交流与合作更为重要，但中国的时尚产业之路仍存在一些问题。

一是企业偏重于围绕品牌推广与商业模式进行操作，企业虽然也极力向消费者传达品牌文化的核心理念，却往往失去内涵。究其原因，是因为国内品牌向消费者传达的理念未以设计为中心，对设计师重视不够，没有从设计灵魂与人文美学出发对消费者进行深入渗透。设计师在生产环节中的重要地位并没有保障。中国时尚产业应尽快进入设计师主导的品牌消费时代。

二是中国时尚产业设计的抄袭情况仍较为普遍，需要通过国家立法、行业立规来禁止“山寨”乱象。尤其在服饰配饰、珠宝、箱包等设计方面，山寨产品对原创设计的影响是致命的，同时也扰乱了行业生态。

三是设计应立足本土华夏审美观念的设计理念，要从精神层面加强阐释、从文化层面去探求更深入的表达灵感，而不应囿于符号拼贴及先锋艺术的浅层诉求。设计应把握对时尚、市场的理解，用国际眼光诠释东方审美观，是中国设计的“国际化”之路。

当前时尚产业的企业社会责任和商业伦理问题受到越来越多的关注。由于时尚代表着一个时代和一个社会的文化精神、生活方式和人生态度。因此它具备引领社会发展趋势的强大文化力量。与其他行业相比，承担着超越产品本身的社会责任。因此作为时尚产业设计同样应在社会责任与商业伦理问题上有所作为。

5. 设计要贯穿时尚产业全程，尤其应加重后期服务中的设计比重。

从 20 世纪 70 年代到 20 世纪 90 年代，OECD 中 9 个发达成员国（日本、荷兰、加拿大、美国、法国、丹麦、澳大利亚、英国、德国）的服务投入比重呈大幅增长趋势，到 20 世纪 90 年代中期普遍超过 1/4，英国更是超过了 1/3，这表明制造业对服务投入的依赖越来越明显。① 这表明，一方面服务差异化正在打破产品同质化的趋势；另一方面也是出于减少对实物要素的投入，减轻资源消耗的压力，以达到提升产品价值，实现经济和生态效益的双提高。

时尚产业是一个制造业与服务业相融合的产业，制造业是服务业的基石，而产品内涵的实现以及文化价值的推广、产品附加值的取得，则有赖于后期的服务。随着服务型制造的发展，设计也应参与到产业链的后期中来，要突破仅于前期产品研发中关注设计的思维局限，在后期服务消费者的过程中，设计也应主动介入。譬如在高定位领域，服装设计师与箱包、配饰、美容美发的形象设计中的整体跟进，直至相关展示服务完成。产品的供给是提

---

① 参看刘继国，赵一婷：《制造业中间投入服务化趋势分析——基于 OECD 中 9 个国家的宏观实证》，《经济与管理》，2006 年第 9 期，第 9–12 页。

供给消费者一种文化享受和选择，消费者的认可也是设计不断提升改进的动力，促进产品的价值形成。随着设计工具、方法、使命的变化，设计对象的领域也大大拓展，深入到交互设计、关系设计、服务设计、组织设计等领域，同时设计也从仅作为产业链的一个环节，而进一步为系统和全流程作贡献。未来设计疆域的进一步拓展，也将继续影响着相关产业的发展。

五、结语

互联网 +、大数据、3D 打印、智能化技术等的运用使时尚产业的大规模个性化定制成为可能。生产智能化、制造服务化，使时尚制造业与时尚服务业深度交融，对设计师的培养也提出了更高的复合型要求。在“一带一路”的建设中，也许即将开启“一带一路”创新设计教育共同体建设，为中国时尚产业提供更高层次的复合型人才。

未来设计文化的多元化，将使得未来设计的探索和未来文化、未来经济、未来社会的探索链接在一起，而创新、协调、绿色，开放、共享的发展理念也将成为中国时尚产业中设计发展的核心要点。在质量第一、效益优先，以推进供给侧结构性改革的产业升级主线下，在更高的标准、更严的要求中，时尚产业的复合设计能力提升，将进一步促进我国时尚产业迈向全球价值链的中高端。

参考文献：

[1] 中欧国际商学院《中国时尚产业蓝皮书》课题组：《中国时尚产业蓝皮书 2014-2015》，经济管理出版社，2015 年。

[2] [日] 星野克美：《符号社会的消费》，黄恒正译，台北：远流出版事业公司，1988 年。

[3] 颜莉：《海派时尚产业价值创新能力与发展路径研究——基于上海时尚产业现状的发展建议》，经济管理出版社，2014 年。

[4] 何琦：《创意产品：价值实现与价值评估》，经济管理出版社，2015 年。

二、数字文创

2018年网络版权产业发展特点与趋势

张钦坤[①]

2018年4月23日，国家版权局网络版权产业研究基地发布了2017年中国网络版权产业发展研究报告。报告的相关数据显示，2017年我国网络版权产业市场规模达6364.5亿元，同比增长27%。

在研究过程中我们发现，产业的快速增长主要有如下几个原因：

第一，我国居民人均可支配收入持续增长，为优质内容付费的意愿不断增强。

根据国家统计局数据显示，2017年全国居民人均消费支出18322元，其中人均教育文化娱乐消费支出2086元，同比增长8.9%，占人均消费支出的比重为11.4%。

在人均消费支出构成中，教育文化娱乐的消费支出位居第三位，仅次于食品烟酒消费支出（29.3%）和交通通信支出（13.6%）。

居民人均可支配收入持续增长，是推动网络版权产业规模快速壮大的根本原因。特别是今年的报告显示，在总市场规模中，用户付费的规模（3184亿元）占比已经超过50%，产业形成了用户付费和广告收入双引擎同时驱动的良性发展模式，这也是以居民收入增长为前提的。

未来，随着居民消费结构的不断升级，我国居民在文化娱乐方面的投入占比将进一步增大。

伴随居民可支配收入的增长，中国用户的付费习惯正逐渐养成。长期以来，我国的网络版权产业在商业模式上一直以“免费内容+广告推广”模式为主，这与欧美国家有着根本性区别。

例如在美国，无论是数字电视还是网络音乐，用户多数情况下都需要

① 张钦坤：腾讯研究院秘书长，法学博士，国家版权产业研究基地秘书长。

为欣赏内容而付费，因此其有着天然的付费习惯。但囿于我国以往的版权环境、行业竞争生态和经济发展水平，内容付费模式在行业发展伊始遭遇重重困难，收效甚微，各家企业只能通过广告收入来弥补巨额的内容采购成本。

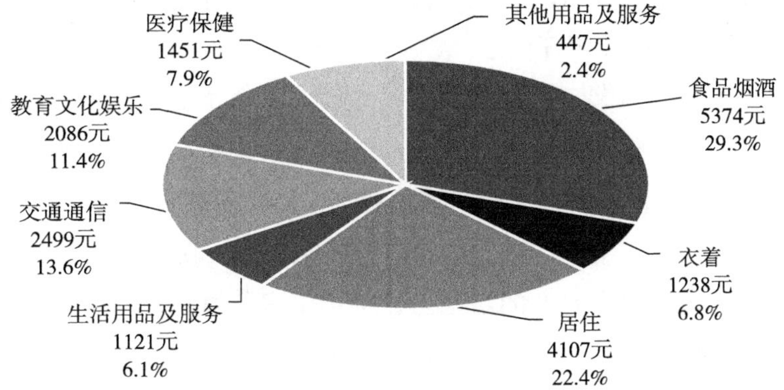

图 1　2017 年全国居民人均消费支出及构成

数据来源：国家统计局

随着各类优质内容的价格持续走高，仅靠广告模式难以实现行业的可持续发展。可喜的是，经过近 20 年的培育，中国用户的付费意愿快速提升。

在 2017 年的报告中我们看到，不仅网络游戏和网络直播的用户付费意愿强劲，网络文学、网络音乐、网络视频、网络漫画、网络媒体的用户付费规模和人均付费值都有显著的增长，这昭示着行业发展仍有巨大潜力。

第二，IP 运营理念不断深化，优质内容持续涌现。

版权的价值不仅在于原创，更在于运营。将以特定价值观为引领的人物形象、故事情节等要素的版权价值，努力在各场景下实现用户的认可，提升商业化程度，这是拉动产业规模整体增长的关键所在。

经过多年的发展，我国在网络文学、动画、游戏等领域积累了大量的优质作品，这些作品以中国传统价值观以核心，塑造了众多个性鲜明、易于传播的人物形象，营造了极其丰富的故事场景，为 IP 运营奠定了良好基础。

特别是在网络文学领域，高度细分的创作类型使得改编作品的粉丝经济效应非常明细，而且由于文字对视觉表达的限制，网络文学读者期待看到优质的改编作品，并愿意为优质的改编作品付费。

2017 年占据电视剧播放量前十名的作品如《楚乔传》《择天记》《三生三

世十里桃花》《孤芳不自赏》《九州海上牧云记》等都改编自网络文学。

除改编自网络文学外，2017 年由动漫和游戏改编而来的影视剧数量也大幅增长，业界称之为打破了“次元壁”，实现跨次元协同发展。同时在游戏领域，还出现了基于改编后的影视剧再进行二次游戏开发的新模式，建立起不同内容相互反哺的产业闭环生态。

头部 IP 依然是拉动产业发展的核心驱动力，各细分领域都涌现出一批优质的作品。网络视频领域，各网络平台除了继续采购头部内容外，纷纷投身于自制内容的创作，网络剧、网络综艺的制作品质显著提升。

在制作过程中，各企业充分发挥用户导向的互联网理念，在对用户群体和喜好特征进行深入研究的基础上，推出了多款风格独特、引领时代的作品，例如网络原创综艺节目中的《中国有嘻哈》《明日之子》等，受到广大用户的好评。

在直播等“社会化视频“领域，头部主播也是保持用户黏性和拉动用户增长的关键因素。在激烈的行业竞争中，各家平台的头部主播苦练内功，摆脱掉了“花瓶”的标签，不断用才艺与实力赢得粉丝与观众的青睐，提升着各直播平台的活力与竞争力。

第三，新型业态产生巨大拉动作用，传统领域不断进行模式创新。

随着移动互联网与垂直领域的持续融合，随着人工智能技术的不断发展，新型媒介不断出现，重构着用户欣赏内容的方式和场景，创造着新的商业化机会。

首先，个性化推荐成为资讯类产品的主导模式。自从今日头条以个性推荐模式成为行业独角兽之后，行业内各家企业迅速跟进。个性化推荐在新闻客户端、网络直播、短视频等领域得到广泛普及。

虽然纯粹依靠算法推荐也带来了“信息茧房”等问题，但随着专业编辑 + 算法推荐模式的不断优化，相信其会更加符合社会公众的信息消费需求。

其次，信息流广告成为主流广告媒体标配。信息流产品是移动互联网时代的新产物，通过在信息流中插播的图片 + 文字、视频及短视频等信息，相关广告以一种非常自然的形式出现在用户正在欣赏的内容中，因此其用户触达率和转化率都比较高，得到广告界的喜爱，占据了移动互联网广告市场的重要份额，这也进一步刺激了信息流产品的发展。

第四，短视频异军突起。

短视频是与长视频相对而言的。在传统视频行业面临运营成本高昂、用户黏性有限的背景下，短视频则以轻资产运作、社交化运营的模式成为行业黑马。

而且在移动互联网时代，短视频更加契合了用户碎片化内容消费等习惯，因此这一模式一经出现便迅速呈现爆炸式增长，成为拉动行业流量增长的重要产品。

从行业发展趋势来看，新型媒介产品更加趋于轻资产、智能化的发展模式，更多满足用户个性化消费需求。但传统的新闻、视频、音乐等重资产领域也未失去活力，他们在依托优质内容基础上，不断进行商业模式的创新。

在新闻领域，一方面相关产品更加重视富媒体等新型媒介的应用，通过短视频、直播等技术的应用，进一步使新闻信息的传播力得到增强。另一方面，各产品对用户进行精细化运营，积极培育用户为深度资讯付费的习惯。建立用户付费墙在国际上已经有诸多探索，《华尔街日报》《纽约时报》《经济学人》已经成为典型案例。

随着我国为知识付费的氛围日益浓厚，随着喜马拉雅、得到等产品在商业上取得一定成功，传统媒体如《财新》杂志也在积极进行网络端用户付费模式的探索，以更好适应数字化发展。

在视频领域，内生性广告正在深入内容创作的各个场景。一直以来，网络视频的广告形态以品牌方主导的贴片广告为主，这一模式往往受到视频网站广告位资源的限制，且很多广告与播放内容缺乏关联度，转化率较差。

而内生性广告则较好地解决了这一问题。冠名、创意中插、压屏条、精彩预告、前情提要、弹幕提示等模式，让品牌与内容的结合更加合情合理，提高了观众对于品牌信息的接受度，这为网络视频产业的营收带来了新的增长机会。

第五，版权保护重塑市场环境，正版运营成为主导模式。

随着版权行政保护和司法保护力度的持续加强，中国网络版权产业的经营环境与十年前相比已发生翻天覆地的变化。

首先，国家版权局和各地版权执法部门连续多年的“剑网行动”，紧抓主要矛盾，对产业各细分领域存在的最突出问题进行了专项治理，取得了显著效果。

其次，司法机关通过诉前禁令快速制止侵权，对侵权行为加大判赔额度，对新型利用行为不断明确竞争规则，使各类创新行为有章可循。

第三，行业内各家企业建立起有效的自律机制，相互尊重他人合法版权，市场高额投入后的可预期性显著提升。

“新文创”——网络文化的新生之路

黄斌[①]

对业界来说，每年腾讯的“UP大会”是最好的了解、跟进和参与腾讯文娱板块的机会。自提出“泛娱乐”这一概念并积极打造相关的产业生态以来，腾讯已经事实上成了中国文化企业的领头羊之一。这种领头，不仅仅是网络文化的平台、分工主导者和主要业务集大成者，也是新业态、新模式和新理念的提出者和探索者。而“泛娱乐”生态的不断繁荣，也促使腾讯将定位从“科技”公司进化为了“科技+文化”公司。

按照新的“科技+文化”公司定位，“泛娱乐”显然已经完成了其历史使命，腾讯在本次UP大会上也不失时机的提出了“新文创”，作为从“娱乐”向“文创”正名，并更加深度参与文创发展的新远景。腾讯在中国文创领域是如此之重要，以至于如何解读“新文创”，不仅是业内对标和紧跟腾讯业务的需要，也是对文创未来发展的趋势、或者期望的需要。

腾讯互娱掌门人程武在开场白中回顾了文化科技的重要性，互联网的基础设施化，基于互联网的新型文创生态和新技术带来的颠覆性体验变革之后，将“新文创”归纳为“一种更加系统的发展思维：通过更广泛的主体连接，推动文化价值和产业价值的互相赋能，从而实现更高效的数字文化生产与IP构建。我们希望通过新文创，商业可以让文化变得更繁荣，而文化也能让商业变得更美好。”同时，也提出了“新文创”的两个使命——推动数字文化中国建设，以及让多元文化IP汇成“世界语言”。

无疑，**“新文创”就是腾讯语境下社会效益和经济效益的统一**。经过了近年来社会各界对网络文化，尤其是网络游戏的争论，经过了这几年政府对于网络文化称得上严厉的监管，腾讯终于从集团层面到业务层面彻底的统一了

---

① 黄斌：国务院发展研究中心副研究员、东方文化与城市发展研究所副所长。

“文化价值”的重要性。

但这样的定义仍然太过于强调“新文创”对“泛娱乐”的传承，而缺乏对原有概念的超越和跃升——新技术，新生态，新传播对文创产业的变革已经有目共睹，在较早的创意者经济报告中，我们已经有了系统的总结和表述，这些都是“新文创”这一概念能够成立的产业基础甚至社会基础。

是不是沿着“泛娱乐”往前走，加上“文化价值”就能成为“新文创”了呢？为什么网络文化在很多方面早已表现出远超于其他文化形式和内容的生命力，明明是先进文化和生产力的代表，却一再的被批评为低俗？为什么行业发展至今，率先遇到的，或者说大家更关心的不是创新瓶颈，而是道德瓶颈？窃以为，面对上述问题，如果只是从商业、或者说产业层面去看，而不是从社会和文化层面来看，“新文创”可能仍然不能解决当前产业面临的普遍痛点，仍然不能带领网络文化走向新生。而这条新生之路可能比我们想象的坎坷得多，可能至少要经过以下四个门槛。

内容：优秀内容如何通过先进载体而新生？

试想一个对比，《国家宝藏》通过守护者讲述国宝故事和王者荣耀通过大师讲历史课，有什么不同？是大师们讲的内容比守护者差，还是王者荣耀的影响力比国家宝藏差？好像都不尽然。但为什么从社会舆论上看，国家宝藏是双效统一，而王者荣耀则时不时被指责一番呢？

站在互联网的视角，或可将之总结为“连接”的不同。

网络文化的生产效率更高，腾讯也习惯了和可以熟练的通过网络进行创作的创意者进行连接，无论是业余创意者还是成功者。这样的连接带来了文创数量的爆发，也经常会产生精品，但总免不了价值观和行为方式的趋同，进而不自觉的忽视、甚至冒犯了其他人群。而国家宝藏的案例说明，“更广泛的主体连接，推动文化价值和产业价值的互相赋能”**需要更多跨界而开发的新业态，需要用先进文化载体去连接和带动那些还没有被数字化唤醒，或者说唤醒的还不充分的文化资源。**

腾讯和故宫、长城、敦煌等的合作当然是这其中的典范，合作中出现的问题及其解决办法，也都是“新文创”的宝贵经验。但在这样的巨头合作中，腾讯经常不自觉地从“平台”的身份中抽离出来，和合作机构讨论版权的问题、内容的问题，甚至开始讨论集团本部怎么和国家级文化机构合作，省级分公司怎么和地方机构合作的问题。坦率的说，腾讯在和传统文化机构合作的过程中，也更加不互联网了。难道腾讯的模式不是应该发挥自己的平台优势，把所有的传统文化机构、优秀文化资源连接起来，进而连接到更加广泛的创意者和用户，发挥他们的聪明才智，将文化资源创新转化成文化产品和服务，并在这一过程中找出几个用户喜欢，适合自己的做成精品 PGC 吗？

我把这称之为创意者经济 2.0。在创意者经济 1.0 阶段，也就是我们现在经历的网络文化发展阶段，是通过互联网发动海量创意者，通过创意者之间的交流，推动跨界创意蓬勃发展。但这些业余创意者的积累太少，创意往往成为无源之水、无本之木。而创意者经济 2.0 就是要连接优秀文化，让创意者们能找到故宫，找到敦煌，找到海量的、最好是数字化的优秀文化资源，浸润在优秀文化中积累，站在优秀文化的肩膀上实现跨界创意和积累创意的融合。

所以“新文创”的第一个门槛，就是以腾讯为代表的网络文创企业，怎么进化为一个不仅仅连接用户，同时也能更好地连接传统文化机构和优秀文化资源的平台，让每一个博物馆、文化馆、美术馆都愿意在这个平台上展示自己，开放自己，并为用户所喜，为创意者所用。当然，在短时间内这种连接可能看不到清晰的商业模式，但当所有的文化资源都数字化、网络化了，连接这些资源的平台，可能也就不需要思考商业模式了。

产业：网络文化如何融入数字中国而新生？

从我的视角来看，**并非是数字文化的发展催生了数字中国，而恰恰是数字中国的建设才会给数字文化更大的发展空间**。谁也不敢妄言网络文化发展的天花板出现了，但人口红利消减，获客越来越难是不争的事实。从文创产业自身的角度来看，新的发展固然还少不了刺刀见红的拼流量、拼补贴，但更多的可能是开发线上线下的多元化文化场景，一方面依靠更新的技术，如 AR/VR 等，一方面创造更好的线下场景，这也就是 UP 提到的更好的体验。

前者的重要性不言自明，近年来对于数字文化技术、标准等追求，已经不仅仅是企业和行业的追求，而是上升到政府意志。“新文创”没说不意味着不做。当然如果在“新文创”中能够将文化科技融合表述的更加充分一点，不仅是“更广泛的主体连接”，同时也包括“更适宜的技术路径”来共同“推动文化价值和产业价值的互相赋能”就更好了。

而后者甚至更加重要。媒介决定信息，**互联网的特性就决定了网络文化往往是碎片化的，很难深刻。要想更好的体现文化价值，线上线下的融合是必由之路。**而要在互联网原住民为主要文化消费者的今天实现这一点，线下的体验需要更好的场景、更快的迭代和更有归属感的参与——就像新零售不仅是门店的升级，更是背后供应链的变化。网络文化企业未必一定要去线下创造新场景，实现新体验，但可能都必须要有创造新场景，以及面对线下新场景的新需求而调整的网络文化生产和传播方式的能力。

同时，**更加重要的可能是文化创意如何为实体经济，尤其是制造业的转型升级创造一个更好的场景。**创新驱动升级，但什么驱动创新？不少专家认为是设计驱动创新。设计是什么？设计是挖掘人的需求，并创造实现需求的场景。从这个意义上说，创意对于创新有着十分重要的作用。

对于一个企业来说，就文创说文创可能问题不大，但**对于一个行业和行业龙头而言，不能突破文创产业的边界，可能就找不到下一个实质性的增长。**近年来，马化腾在多个场合力挺“互联网＋制造”，足见腾讯对于实体经济的重视。从腾讯最重要的文创业务来看，怎么通过“新文创”帮助传统产业转型升级，也关系着我国能不能从网络文化升级到数字创意产业。《国家“十三五”战略性新兴产业发展规划》提出的八万亿产值目标的数字创意产业，远远超过现在五六千亿产值的网络文化，而**要实现这一扩容和增长，一定是“新文创”和“新制造”的融合。**

“新文创”带给实体经济的可能是柔性生产方式，也可能是和新零售的结合，但更重要的应该是激发更为广大的创意者，基于优秀文化资源而对中国设计的优化，基于平台的连接而带来的文创要素资源和制造业要素资源更好的匹配，从而从供给侧和基于用户洞见的消费侧两端共同推动中国制造的升级。

赋能：公共服务如何通过文创产业而新生？

随着社会主义市场经济发展深化，尤其是新技术的不断发展，文化产业和文化事业的界限越来越模糊，甚至大部分居民的大部分文化服务并非来自于传统公共文化服务机构，而是来自于互联网提供的免费或低收费的相关文化产品。对于传统公共文化服务最难触达的进城务工人员和留守农民而言更是如此。文创产业是否应该承担一部分公共文化服务职能，早已不是"要不要"，而是"怎么做"的问题了。

公共文化服务不在于形式，而在于目的；不仅要"娱乐"，还应该"赋能"，即通过先进文化引导，满足人的精神需求，激发人向上向善的内生动力，实现人的全面发展。而现在的文创产业，尤其是网络文化，最为人所诟病的正是"娱乐有余，赋能不足"。

当前博物馆、图书馆等传统文化机构积极地拥抱数字技术，但主要做法还是基于用户端的优化，如通过网上预约门票、借还书籍等措施更为便捷的服务群众。随着数字技术的不断成熟，故宫、敦煌等佼佼者，通过文物、非遗、场所等数字化工作，建立起了基于互联网的文化传承、展览展示、科普教育，甚至文化社交等数字公共文化服务，其产生的数字文化素材也更好地服务了数字文化产业。这缓解了公共文化服务不平衡不充分的问题，但没有从根本上解决人民群众需要什么，公共文化服务如何与之匹配的问题。

而网络文化的吊诡，或者说优势正在于，在发动了最广泛的创意者满足了最广大用户的需求之后，这个庞大的，每个人服务每个人的弹性体系就可以精准的满足每一个人的需求！这种精准本质上是识别公共文化服务对象反馈后的定向输出——既包括基于大数据的分发，也包括基于社群互动、榜样激励、排行榜效应等互联网传播而建立起来的情感认同。从这一点上看，网络文化产业模型和公共文化服务模型只有一点不同，即如何把识别"喜欢"（换一个词就是沉迷）变成识别"需要"——这本身就暗含着从海量数字文化产品和服务中发掘其中的精品、发掘真善美，发掘社会主义核心价值观，并将其精准地提供给需要的人。

仅仅从产业本身的视角看，**随着互联网用户下沉，公共文化服务本身也为产业的进一步拓展形成了新的场景，开发了新的市场，公共文化服务和数字文化产业本身也有融合的逻辑基础和经济动力。**这就形成"新文创"更大的生态系统，不仅仅是产业生态，而是整个社会生态和文化生态。

自信：新文创如何探索出讲好中国故事的新路？

网络世界中，“新文创”不是中国的“新文创”，而是世界的“新文创”，是一种可能向世界展示的中国数字文化发展新模式，或者说，“新文创”的时代使命就是要助力讲好中国故事，实现文化自信。

微信当前已经有2亿海外用户，腾讯投资甚至控股了几十家国际顶级的内容公司，不少文化产品尤其是网络游戏等长期占据所在国下载榜前列，但很长一段时间腾讯并没有想好怎么讲好中国故事——当然，在没有想好的情况下，走出去慢一点可能也是对的。我们热衷于向外展示我们的京剧、杂技、美食和中医，但绝大部分的外国人的喜欢只是猎奇，他们并不明白为什么我们要这样化妆唱戏。在产品层下，我们的价值观和生活方式始终没有很好地走出去。

基于“王者荣耀”的海外成功经验，或者如果复盘一下好莱坞的全球经验，“新文创”可能能探索出一条新路径。我们不用仅仅局限于把李白、关羽这些英雄输送到他们的文化体系里，我们也可以用漫威英雄讲中国故事，在网络游戏的设定中，不仅有力量魔法敏捷这种西方式英雄设定，也有仁义礼智信等东方式英雄设定。或者更确切的表述是，基于我们的价值观进行游戏、电影、动漫的设定，用全球接受的讲故事的方法去展示，从而把我们底层的价值观和逻辑输出出去。

最后一个小结，“新文创”确实要实现更广泛的连接，但这种连接不仅仅是主体连接，也包括传统和现代的连接、文创和实体经济的链接，文化和科技的连接，产业和社会的链接，国内和国际的链接。连接的目的也不仅仅是文化价值和产业价值的相互赋能，而是相互赋能之后，“新文创”可以唤醒优秀文化，助推高质量发展，坚定文化自信！

数字音乐产业全方位知识产权保护与管理路径探讨

刘蕾 ①

摘要： 音乐产业随着数字信息技术的发展出现了许多变化。近年来，全球音乐产业呈现出新技术推动下数字音乐产业发展进入增长期的特点，知识产权保护成为音乐产业发展的关键，该产业里新技术引导新型知识产权服务模式出现。我国数字音乐产业呈现出在困境中发展的状态，而这困境主要与知识产权保护和运营有密切的关系，表现为数字音乐作品权利人版权保护存在不同程度的困难、数字音乐权利人依靠版权获利不足、数字音乐平台服务商版权成本高、数字音乐产业还没有对产业链上的专利保护予以重视。对此，建议采用付费习惯的培养与版权保护的加强并行、基于数字音乐产业权利人利益平衡进行特殊制度设计立法、采用互联网思维下的专利保护、管理与布局策略等措施对数字音乐产业实施全方位的知识产权保护与管理。

关键词： 数字音乐产业；知识产权保护与管理；版权；专利

数字化、网络化、信息化技术的飞速进步，在促进文化创意产业创新发展的同时，也对原有的文化产业格局带来了颠覆性的挑战，导致原有的系列权利保护与运用发生变革。其中，对于音乐产业的影响以对数字音乐产业的知识产权保护表现最为突出：音乐产业数字化所带来的新的权利主体的确定、利益分配方式的变化、新的商业模式的探索等，都直接与数字音乐产业知识产权保护挂钩，而这些主题很多都是传统的知识产权保护尚未深入涉及

---

① 刘蕾，女，法学博士，北京市社会科学院法学所助理研究员。

的。若没有合理的知识产权保护路径，将无法保证高质量音乐产品的产生，也无法确保数字音乐产业链的延伸扩展，因而有必要就数字音乐产业如何实施全方位的知识产权保护路径予以探讨。

一、当前数字音乐产业发展现状及特点

音乐的发布与流通和其他的文化产业形式比较起来，比较不容易受到文化差异上的限制，这使得在诸多的文化商品中，音乐产品的全球流通更为容易，因而数字音乐产业的发展，呈现出全球性发展的趋势，尤其是互联网无国界的传播作用，使得各国数字音乐产业都卷入全球潮流。

（一）全球音乐产业发展现状与特点

从各类产业报告和经济数据分析，当前数字音乐产业的整体发展呈现如下特点：

1. 新技术推动下全球数字音乐产业发展进入增长期

音乐产业在遭受网络技术冲击多年，经历了将近 20 年的持续低迷期后，在 2015 年树立了新的里程碑：全球音乐产业实现收入增长；全球音乐消费量激增；数字音乐收入首次超越实体音乐收入。由于与其他创意及媒体产业相比，音乐的数字普及率更高，因此音乐的数字收入所占比重要比电影、图书、杂志以及报纸行业的更高。[①] 而在 2016 年，全球录制音乐市场更是增长了 5.9%，为 1997 年国际唱片业协会开始跟踪音乐市场以来的最高涨幅，总收入达 157 亿美元。数字音乐首次占到半壁江山，其中，流媒体音乐收入激增 60.4%。[②]

数字音乐产业收入的增加，直接体现了数字音乐版权带来的盈利的增加，这其中新技术的发展、尤其是数字音乐相关音乐产业的制作技术与音乐载体的技术进步功不可没：以数码音乐格式的发明为例，其改变了传统音乐创作的流程以及最后音乐产品的形式，导致新的商业模式与传播模式不断产生。“伴随着对新设备和新播放器的介绍，内容格式也经历了类似的过程，虽然对娱乐企业来说这是个挑战，每一种新的格式都是潜在的、新的窗口和利

---

① 详见国际唱片业协会（IFPI）：《全球音乐报告：全球音乐消费激增——2016 全球产业的现状》。

② 详见国际唱片业协会（IFPI）发布的《2017 全球音乐报告》。

润流。”[①]而宽带网络的日益普及，则消除了有线网络的空间限制，增加了音乐产品的传播渠道与范围，为数字音乐提供了崭新的物质载体和传播手段，数字化的传媒方式使得准确快捷地传输鲜明生动、清晰保真的视听音乐成为可能，而且方便灵巧、容量巨大，自主选择性强，具有高度互动性，为大众提供了全新的流行音乐传播通道。

2. 知识产权保护成为音乐产业发展的关键

由于互联网已成为音乐最主要的传播载体，其具有彻底的开放性和不可控制性，使得音乐产业所处的运营环境发生了很大的改变，能否为音乐产业的从业者提供充分的知识产权保护从而保证其利益，成为音乐产业发展的根本性制约因素。现实里，一方面，对于快速生成、快速传播、快速消费的数字音乐产业，采用法律手段维权的成本变得更加高昂；另一方面，数字音乐产业的盈利模式、产业链延伸相比传统音乐产业利益主体增加、流转环节变化、涉及面复杂化，使得相关权利人在这一领域的收益并不平衡，引发产业发展出现了“价值差距”问题。这也导致各国数字音乐产业界都认识到，“仅仅依靠音乐消费量的增长是不够的，回报给音乐产业的价值同样重要，这对未来的创新和投资至关重要，”[②]进而开始探讨更为适宜的数字音乐产业知识产权保护模式。

3. 新技术引导新型知识产权服务模式出现

全球的数字化趋势正在迅速改变各产业由来已久的商业模式，在数字音乐产业的知识产权服务模式方面也有明显体现。之前，音乐作品的权利人没有办法管理自有版权时可以通过集体音乐版权管理机构代为管理，而在数字音乐产业下，平台服务商的介入增加了对版权定价、控制的主体。权利人在作品的发行或发售之后，缺乏能力去选择发售平台，无法对音乐产品定价结算，对音乐产品无议价能力。更不能对音乐作品制作、传播进行控制。相反，平台服务商还能利用版权法中的“避风港”原则，躲避对平台上出现侵权作品的责任。同时，随着流媒体服务的盛行，小额版权交易会越来越频繁，这对于音乐人来说，很有可能造成其作品已经在流媒体被消费但无法取

---

① 【美】Joan Van Tassel 著，王栋译：《数字权益管理——传媒业与娱乐业中数字作品的保护与盈利》，人民邮电出版社 2009 年版，第 11 页。

② 国际唱片业协会（IFPI）：《全球音乐报告：全球音乐消费激增——2016 全球产业的现状》。

得相应报酬的结果。

对此，依靠网络技术，为音乐人提供发行和版权追踪、保护服务的互联网公司应运而生，它们帮助音乐人追踪作品在网上的消费记录，发现侵权行为，并帮助创作者追讨版权费。例如英国的Kobalt Music公司[①]，就通过建立专门的技术平台帮音乐人系统地处理发行事务，并且保证他们能够按时按量地受到自己应得的报酬。这种通过技术实现收费管理的模式受到了数字音乐产业权利人极大的欢迎，该公司发展前景良好，被认为是“准独角兽”企业，受到业界的广泛关注。这个公司的指导思想是以“互联网思维”为音乐人聚合全渠道的收入，帮音乐人把有可能存在的收入渠道管理起来，找到每一个可能的收入点，让涓涓细流汇聚成河。[②]而实现这一指导思想的途径就是通过技术来实现对音乐传播渠道的控制。

二、中国数字音乐产业版权现状与困境

与全球数字音乐发展的潮流相一致，中国数字音乐产业也随着移动互联网技术的进步进入高速发展阶段。但同时，中国数字音乐产业从一开始就与其他国家的数字音乐产业发展存在观念、机制上的区别，这也使得中国数字音乐产业呈现出在困境中发展的状态，而这困境主要与知识产权保护和运营有密切的关系。由于数字音乐产业的商标保护与传统音乐产业商标保护大致相当，本文主要对数字音乐产业的版权保护和专利保护进行分析。

1. 数字音乐产业发展劲头强劲

在全球数字音乐产业发展的大潮中，中国数字音乐产业也在近年来取得了极大的发展。根据国家版权局发布的《2017 中国网络版权产业发展报告》数据显示，2016 年，中国网络音乐产业行业规模突破 150 亿元，相比 2006 年增加了 10 倍。去年中国录制音乐收入增长 20.3%，数字音乐市场逐渐向付费转变，流媒体音乐收入上升了 30.6%。[③]与此同时，国内数字音乐已基本形成了腾讯音乐、网易云音乐、阿里音乐等几大平台的格局。

---

① https://baijia.baidu.com/s?old_id=854978，2017 年 6 月 19 日最后访问。

② http://tech.qq.com/a/20151209/023308.htm，2017 年 9 月 20 日最后访问。

③ 刘仁："国际唱片业协会发布《2017 全球音乐报告》——我国数字音乐收入增长明显"，载《中国知识产权报》2017 年 5 月 5 日第 009 版。

这些都表明，我国的数字音乐产业虽然比欧美起步晚，但发展迅速，而且伴随着移动互联网技术的进步，数字音乐产业的上升势头明显，这也意味着我国数字音乐产业版权交易的明显增长。

2. 我国数字音乐产业发展存在版权保护与运营困境

（1）数字音乐作品权利人版权保护存在不同程度的困难

网络下的音乐复制，实现了快捷的、无损的下载效果，这对于音乐作品的使用者、欣赏者而言当然是有利的。而对于权利人而言，网络技术的进步却增加了他们保护自身版权的困难。无论是对于音乐作品的发行、定价，以及传播，音乐作品的权利人方都缺少有效的控制力，往往表现为无力选择发售平台，也无法对音乐产品定价结算，更不能对音乐作品制作、传播进行控制。这种控制能力的丧失，导致权利人在作品的版权保护方面也深显无力。

另一方面，由于网络的虚拟性质，往往侵权人利用网络虚拟署名，有些甚至署名未知，这对确定追究和判定侵权责任的承担对象增加了难度。在数字音乐作品快速生成、快速传播、快速消费的过程中，权利人采用法律手段维权的成本高昂也是一大难题，这主要体现网络的传播手段和传播机构数量、种类大幅增加，复制和传播成本大大降低，使得侵权对象较多，侵权更加常见，而网络取证维权时间成本较高、获得赔偿的数额却很少。

（2）数字音乐权利人依靠版权获利不足

与前述数字音乐权利人对作品的控制力不足相关的，是他们可以依靠版权获得的利益有限。当前的数字音乐产品获利流程是：权利人通过向网络音乐平台收费进而授权网络音乐平台向用户提供免费服务，用户脱离了传统的“购买—付费”过程，因此，权利人从中获得收益实际是间接收益，即网络音乐平台通过自己在其他市场中的收入来替用户买单。权利人在这一模式中通过向网络音乐平台授权许可，获得许可收入。在网络平台等服务商无法通过音乐下载获得盈利的情况下，权利人的版权收益也将无法得到保证，要么价格被压得很低，要么则需要很久才能得到版权收入。

从网络音乐平台与权利人之间的关系角度来看，当下的利益分配机制表明数字音乐权利人获取的版权利益极为有限。2013 年的一份报告中显示，根据唱工委的数据，“在日本和韩国等国，音乐版权方在分账中能拿到 90% 左右的收入；欧美国家的唱片业版权方比例也普遍超过 70%；而中国音乐版权方的分账比例只有可怜的2%–3%”。①

在数字音乐作品的著作权集体管理方面，也呈现出权利人版权获利不足的态势。中国音乐著作权作为我国最重要的著作权集体管理组织，与会员签订著作权集体管理的合同并对他们的音乐作品统一进行管理。但现实中的情况是，中国音乐著作权协会时常不能有效地对数字音乐作品著作权进行保护，音乐作品著作权人对协会不满的情况时有发生。有研究指出，“授权价格不够市场化、退会机制不灵活，没有列出具体作品的使用情况和支付数额过低等问题仍时常困扰着音乐作品著作权人。”②

（3）数字音乐平台服务商版权成本高

2015年国家版权局《关于责令网络音乐服务商停止未经授权传播音乐作品的通知》《关于开展网络音乐版权重点监管工作的通知》以及《关于大力推进我国音乐产业发展的若干意见》等文件的出台，使得2015年以来中国音乐版权环境持续优化，网络上的音乐盗版资源被禁止。网络音乐服务商的服务差异就体现在拥有曲库的多少上，为了赢得市场和用户，纷纷发起了抢版权的发展“布局”，为了扩充自家平台的曲库，让自己的音乐资源量占据优势，各音乐服务商不惜花重金向唱片公司购买版权，这导致了当前各音乐平台服务商运营成本的直线上升。但是由于我国网络音乐作用的用户尚未建立为音乐内容付费的消费习惯，各个音乐平台服务商想获得盈利并不容易，为获得数字音乐版权而支付的成本仍然构成平台经营的很大压力。据分析，“目前各音乐平台的盈利点包括：付费用户、数字唱片、版权转让费、维权收费、广告等。盈利点虽多，但金额却都有限，甚至难以覆盖昂贵的版权费用。”③

3.数字音乐产业还没有对产业链上的专利保护予以重视

数字音乐产业相较于传统音乐产业，除了依赖音乐作品的质量，也对音乐作品的传播、利用工具的发展提供了新机遇，极大地促进着数字音乐产业以更加贴合消费者需求的方式发展。但相关的服务提供者尚未对其背后的专

① “网络音乐收费之困 音乐平台推动收费调查”，http：//www.ce.cn/cysc/tech/07ityj/guonei/201305/11/t20130511_43931.shtml，2017年6月5日最后访问。

② 罗友：《欧美国家数字音乐版权保护对我国的启示》，载《法制博览》2017年01期（上）。

③ 徐谌辉：《中国音乐产业艰难重生》，载《财经》2017年第4期。

利保护给予必要的重视，致使在提供数字音乐产品服务的过程中极易由于缺乏专利储备引发溃败。

这种专利风险，既可能发生在数字音乐产品的播放工具、设备上，如苹果手机主要配件制造商遭遇专利诉讼，导致产品产量不足供应，也可能发生在利用数字音乐产品进行经营的新型商业机构上。以 2016 年下半年开始发展极为火爆的迷你 KTV 服务为例，随着共享经济和资本的注入，我国在数字音乐产品的利用方面出现了许多新的形式。尽管传统的 KTV 日益衰落，而咪哒 miniK、友唱 M-Bar、聆哒 miniK、科美唱吧……众多的迷你 KTV 品牌却遍地开花。但这些新式的练歌房让年轻消费者乐于尝鲜消费的同时，却因为专利纠纷的发生出现了发展隐忧，实际已提出的专利诉讼索赔金额巨大，潜在的专利诉讼也风险巨大。根据有关分析，“迷你 KTV 行业主要公司的专利布局情况相对较为分散，保护点各有侧重”①，有的企业已经申请了一定数量的专利，而有的企业尚未有专利申请活动，处于在商业竞争中“裸泳”的状态，可以预测，如果发生专利诉讼，必将影响该领域所有企业的竞争地位。

三、我国数字音乐产业全方位知识产权保护的路径选择建议

1. 付费习惯的培养与版权保护的加强并行

在数字音乐发展过程中，我国的网上音乐付费业务没有发展起来这个实际引发了一系列问题，而且从当前数字音乐平台之间的竞争来看，这个现实问题将长期影响我国数字音乐产业的发展。虽然从表面看，其影响的是平台服务商的利益，但从长远看，平台服务商无法获得足够的利益，则会影响到进一步购买版权、增加平台音乐资源的动机，最终影响的，将是整个数字音乐产业的发展。

因此，我们认为，要保证我国数字音乐产业健康发展，应当采取对用户付费习惯的培养和加强版权保护并行的措施。前者是一个长期的过程，而后者则需要一些制度上的调整，对此着重就后者进行探讨。

加强数字音乐的版权保护，除了继续查处盗版、还需要我国的版权制度考虑如何鼓励用户使用正版数字音乐产品。数字时代的版权法，规范的重点

---

① http：//sipo-reexam.gov.cn/pub/wwzwcsz/zxzx/gzdt/20877.htm，最后访问日期 2017 年 9 月 20 日。

不应当是一味消极地排除或禁止他人使用的权利，而是应该积极地健全付费机制，设计出可以有利于消费者付费的付款制度，令著作权人得到应有的报酬，也可使得大众在支付费用之后方便接触和享用作品，创造出双赢局面。正如英国的知识产权改革所认识到的，“保持平衡很重要，如果知识产权过于复杂或限制性太高，创意作品便无法自由传播，无法助益于社会。反之，如果知识产权保护过于薄弱的话，金钱和其他资源也不会投入到创意产业。”[①] 数字音乐产业的发展，最终希望实现的是在数字音乐产品传播的同时增加产业从业者的收益，从而保证整个产业实现良性循环发展，因此，健全付费机制与打击、查处盗版音乐的保护措施有必要并行。

2. 基于数字音乐产业权利人利益平衡进行特殊制度设计立法

当前的数字音乐产业市场上普遍存在着“价值差距”问题——“大部分的音乐消费量并未能公平地反映在其带给音乐权利人的回报上。”[②] 这也是我国数字音乐产业未来发展必然要面对的现实问题。原因在于，数字音乐产业作为创意产业的重要一支，具有创意产业的特征，是一种高投入、高附加值、高风险、高收益的产业，要保持健康发展，必须保证从业者能够不断产生新的创意，同时能够实现创意的经济收益。对于数字音乐产业而言，直接的音乐产品创作者仅仅是产业链上的一环，从音乐产品创作者到用户之间还有平台服务商。因此，依靠音乐消费量的增长是不够的，它可能回报平台服务商利润，但给音乐创作者的回报同样重要，这对未来的创新和投资至关重要。

这个问题，在欧盟的版权改革中受到了重视。2015 年 12 月，欧盟委员会正式推出《朝向现代版权架构的行动计划》。它指出：“要创建一个在版权方面运转良好的市场，有一个前提条件，就是必须能够让权利人可因其内容的授权或可因他人使用其内容（包括将其内容在网络上传播）而获得收入……但是，现行的欧盟版权法例还能否确保一些新型的网络内容传播所产生的价

① “英国知识产权改革的‘平衡术’”，载《瞭望东方周刊》2016 年 2 月 18 日，http：//www.lwdf.cn/article_2028_2.html。

② 国际唱片业协会：《全球音乐报告：全球音乐消费激增——2016 全球产业的现状》中反复强调了“价值差距”的问题。该报告认为，价值差距是指消费者使用的大量音乐与音乐产业获得的回报之间的严重不对称。价值差距已经成为艺人、投资者以及所有音乐权利人收入增长的最大制约因素。

值被公平分配，对这一点的担忧愈来愈重，尤其当权利人无法与潜在使用者在公平的基础上订立授权细则和商谈授权条款时，情况就更加严重。”因此，在 2015 年的欧盟版权改革中提出，应当注意技术发展及新技术出现为创作者、文化企业及作品使用者带来的挑战。如何修改版权立法使其既能保护创作者，又能促进获取作品，维持各方利益的平衡是版权改革需要注意和处理的首要问题。

当前我国数字音乐产业版权人，尤其是音乐产品创作者的利益确实未能得到充分满足，正是基于这一考虑，有必要进行特殊的制度设计，平衡音乐作品创作者和平台服务商的利益分配问题。我们认为，研究互联网环境下音乐平台服务商向音乐版权人支付版税来弥补音乐版权人损失的制度极有必要。事实上，百度公司和百代唱片合作探索网络音乐版权补偿金制度也已经有实践。但平台服务商如何补偿音乐版权人，具体计费标准和分配方式等问题，需要建立一整套网络音乐版权补偿金制度体系来逐一调整。

3. 采用互联网思维下的专利保护、管理与布局策略

互联网思维，是在（移动）互联网 +、大数据、云计算等科技不断发展的背景下，对市场、用户、产品、企业价值链乃至对整个商业生态进行重新审视的思考方式。之所以强调以互联网思维进行专利保护、管理和布局，主要在于数字音乐产业的发展与互联网的发展高度同步，该产业各种形式的产品、生产方法与商业模式也都随着互联网的发展变迁。当前我国的数字音乐产业存在着亟需延伸产业链、带动整个行业和相关产业共同发展的需求，因此要积极挖掘可能的专利储备，做好专利保护的战略、预警布局，一方面做到保护自己的核心技术不被别人侵犯，另一方面则可以在拥有专利后寻求与他人相互交叉许可，提升专利布局的效果。

数字音乐产业并不是单纯的音乐产业，企业和整个产业都应关注对技术盲点的补充，根据产品市场的发展，尤其是对其中由于新的科技发展孕育产生的新兴领域开展调查研究，在这些领域投入科研力量，并重视对其成果进行采取专利保护。对于其中一些涉及全产业的基础技术、关键技术和方法、设备，要尽早设定或者纳入标准，以便提高全产业的技术水平。

三、一带一路

文化旅游助力“一带一路”对外文化传播研究

王丽 ①

“一带一路”建设为沿途国家地区之间的文化旅游带来重要发展机遇，“一带一路”地跨亚欧非，人口超过 44 亿，国际旅游份额占世界旅游总量的 70% 以上。据预测，“十三五”期间，中国将为沿线国家输送 1.5 亿人次中国游客，带动旅游消费 2000 亿美元，吸引 8500 万名游客来华旅游，拉动旅游消费 1100 亿美元。② 因此，“一带一路”给文化旅游合作带来巨大发展潜力，旅游传播作为文化传播的重要方式，对促进我国文化产业发展和“一带一路”建设的深入具有独特意义，依托文化旅游，可以更好地增强我国“一带一路”对外传播力度。

一、文化遗产旅游传播与合作现状

1972 年，联合国教科文组织倡导出台《保护世界文化和自然遗产公约》(Convention Concerning the Protection of the World Cultural and Natural Heritage)，目前已经有 192 个缔约国，表明世界遗产保护与利用的价值理念得到全球广泛的认同。③ 截至 2017 年 7 月 12 日，世界遗产地总数达 1073 处，包括 814 处文化遗产、224 处自然遗产以及 35 处自然与文化双遗产，遍布世界 167 个国家。中国拥有世界遗产地 52 处。④ “一带一路”沿途历史文化遗产丰富，在沿线超过 65 个国家和地区中，拥有世界遗产的数量超过 63 个，

---

① 王丽：北京社科院与中国社会科学院联合培养博士后研究人员。

② 曾博伟，奏响“一带一路”旅游四重唱，第一旅游网，20150612，http：//www.toptour.cn/tab1648/info200124.htm。

③ 王心源、陈富龙等，“一带一路”文化遗产保护和利用的挑战与应对，来源：中国网，20170504，http：//news.china.com.cn/2017-05/04/content_40755366.htm。

④ 第 41 届世界遗产大会闭幕 今年新增 21 处遗产地 . 人民网［2017-07-13］.

沿途国家对世界遗产特别是文化遗产的重视度逐渐提升，“一带一路”为沿途国家地区文化遗产旅游合作注入了新的活力。

（一）沿线国家政策的支持为文化遗产旅游合作奠定了良好基础。2017 年 7 月 12 日，第 41 届联合国教科文组织遗产委员会会议（2017 世界遗产大会）在波兰名城克拉科夫开幕，为期 11 天。与会代表对如何保护世界遗产、团结所有力量保护历史文物以及关心社会可持续发展等议题进行了讨论，审议通过了 21 处新的世界遗产地，其中包括中国青海省可可西里和福建省鼓浪屿①，参与国家为加强文化遗产的保护和合作达成共识。2014 年 6 月，在卡塔尔多哈举办的第 38 届世界遗产大会上，由中国、哈萨克斯坦和吉尔吉斯斯坦三国共有并共同申请的“丝绸之路：长安—天山廊道路网”项目成功入选《世界遗产名录》，即申遗成功。其中中国共有申遗点 22 处（包括各帝国都城、宫殿群、佛教石窟寺等），哈萨克斯坦 8 处，吉尔吉斯斯坦 3 处②，本次申遗过程展现了“一带一路”沿途国家为保护文化遗产所做的共同努力，并促进沿途文化旅游产业合作发展，推动沿途国家之间文化交流和经济合作。

（二）打造“一带一路”文化遗产长廊。“一带一路”作为遗产廊道，与沿途国家互为文化旅游市场，近年来“一带一路”文化交流活动频繁，进一步扩大了我国与“一带一路”沿途国家旅游市场的规模和潜力。《国家文物事业发展“十三五”规划》，提出我国建设“一带一路”文化遗产长廊，以积极探索与“一带一路”沿线国家和地区开展同源共享的非物质文化遗产的联合保护、研究、人员培训、项目交流和联合申报。鼓励地方和社会力量参与文化遗产领域的对外交流与合作，以加大“一带一路”文化遗产保护力度，促进与沿线国家和地区在考古研究、文物修复、文物展览、人员培训、博物馆交流、世界遗产申报与管理等方面开展国际合作③。以我国与巴基斯坦文化遗产旅游合作为例，作为我国的全天候战略合作伙伴，我国对巴基斯坦的文化遗产保护工作开展了很多援助与合作，包括协助巴基斯坦制定文化遗产保护

---

① 第 41 届世界遗产大会闭幕 可可西里、鼓浪屿入选，新华社 20170713，http：//news.cctv.com/2017/07/13/ARTIDg4ZB1xna8YRjkRow2Zs170713.shtml。

② 崔娟，“一带一路”文化交流的话语建构与传播［D］，西南大学，2017 年 5 月。

③ 文化部“一带一路”文化发展行动计划（2016–2020），文化部官网，20161228，http：//zwgk.mcprc.gov.cn/auto255/201701/t20170113_477591.html

开发计划，在巴开展非遗保护、文化遗产管理培训以及申遗经验传授等，取得了良好成效。①

（三）搭建“一带一路”文化遗产旅游合作和保护开发平台。2007年5月18日，中科院正式向联合国教科文组织（UNESCO）提出在中国建立一个由UNESCO赞助的国际空间技术中心（第2类中心）的建议，2011年7月，UNESCO国际自然与文化遗产空间技术中心（HIST）成立。HIST是UNESCO在全球设立的第一个用于世界遗产研究的空间技术机构，旨在利用空间技术开展自然和文化遗产、生态保护、自然灾害和全球变化等领域的工作，支持可持续发展教育。比如中科院设立的“吴哥遗产地环境遥感”国际合作项目，利用空间技术在吴哥地区开展遥感考古与植被、水资源、地面沉降等的动态监测，以及吴哥遗产地遥感能力建设和人才培养，宣传和传播作为世界著名文化遗产的柬埔寨吴哥窟，促进了柬埔寨文化旅游的兴盛。②截至2017年3月，巴基斯坦、突尼斯、意大利、斯里兰卡、乌兹别克斯坦、澳大利亚等国家都加入了国际工作组，以更好地加强“一带一路”文化遗产保护和旅游开发，通过深化合作，维护人类共同的丝路记忆，推进“一带一路”建设纵深发展。

二、打造“一带一路”文化旅游传播平台

为了更好地促进“一带一路”沿途国家文化旅游产业发展，我国积极筹备世界旅游大会和建设海外中国文化中心，并打造“中国新疆国际民族舞蹈节”“丝绸之路国际艺术节”“海上丝绸之路国际艺术节”“丝绸之路（敦煌）国际文化博览会”“厦门国际海洋周”“中国海洋文化节”等活动，建设“海上丝绸之路（泉州）艺术公园”和“中阿友谊雕塑园”等重点项目平台，

（一）海外中国文化中心：中国自20世纪80年代开始在海外设立文化中心，近10年发展较快，迄今为止，已在非洲、欧洲、亚洲和北美洲、大洋洲建成坦桑尼亚、毛里求斯、贝宁、开罗、巴黎、马耳他、首尔、柏林、东京、乌兰巴托、曼谷、莫斯科、马德里、墨西哥、尼日利亚、哥本哈根、斯

① 马逸珂，“一带一路”助推中巴文化遗产合作，中国文化报，20180111。

② 王心源、陈富龙等，“一带一路”文化遗产保护和利用的挑战与应对，来源：中国网，20170504，http://news.china.com.cn/2017-05/04/content_40755366.htm。

里兰卡、老挝、悉尼、新加坡、巴基斯坦、尼泊尔、布鲁塞尔、新西兰、斐济、斯德哥尔摩、金边、雅典、海牙、明斯克、特拉维夫、索非亚、仰光、河内共 35 个中国文化中心。[①] 据不完全统计，2007—2011 年期间，各个文化中心举办的重要活动 2500 多起，参加中心汉语、武术、舞蹈等各类教学培训的学员 2.6 万人，参加活动的公众人数达 56 万。2011 年中国文化中心启动央地对口年度合作，天津、内蒙古、上海、福建、河南、陕西和青海 7 个省（区、市）派出交流团组共计 64 起，600 多人次；接待来访团组 27 起，106 名各国学员、艺术家来华参加人文交流活动；在国外举办了 89 场活动，出席活动的公众人数超过了 6 万人[②]。2013 年 14 个文化中心通过与新闻出版广电总局等部门通力合作举办活动，受众超过 50 万人次，使中心不仅服务于文化部以及部际联席会议成员单位，而且正日益成为“中国中心”。[③]

2017 年，我国在以色列、保加利亚、缅甸、越南四个沿线国家设立中国文化中心。“一带一路”国际合作高峰论坛在北京举办期间，中国还与土耳其、阿根廷、突尼斯三国签署了互设文化中心的协议。2017 年“欢乐春节”在全球 140 多个国家和地区的 500 多个城市举办了 2000 余场活动，海外受众达 2.8 亿人次，海外中国文化中心为“欢乐春节”的开展提供了重要平台。此外，以“传承 · 创新”为主题的“中国非遗文化周”在 29 个海外中国文化中心同期举办，让中国非遗走向世界，让世界了解中国。非遗文化周框架下，“江西省非物质文化遗产展览”、《东方之声》音乐会、“诗心琴韵——中国古典诗词中的古琴”文学沙龙等活动在巴黎中国文化中心开展；“传承与创新——中国剪纸展”在巴基斯坦中国文化中心举办；“走进中国新疆暨非遗文献展”在开罗中国文化中心展出两周；“甲骨文记忆展”、非遗技艺体验学习活动、“编钟国乐”音乐沙龙等则登上悉尼中国文化中心的舞台。[④] 目前，我国已经与“一带一路”沿途很多国家签署了设立中国文化中心的协定、备忘录或声明。预计到 2020 年，我国海外文化中心总数或将超过 50 个，海外

① 中国文化中心介绍，中国文化中心官网，http：//cn.cccweb.org/portal/pubinfo/001002011/20150210/0c793f933c364d4c90f8fffb54771d00.html。

② 数据来源：《中国文化中心 2011》，文化部外联局。

③ 阮耀华，海外中国文化中心运行模式、困境与发展对策研究［D］，对外经济贸易大学，2015 年 5 月。

④ 2017 年海外中国文化中心亮点回顾，中国文化报，20180108.

中国文化中心建设布局将不断完善，为“一带一路”文化旅游发展搭建良好平台。

（二）文化艺术类旅游传播平台：为了更好地促进“一带一路”沿途国家开展文化旅游，众多文化艺术机构通过举办多种形式“一带一路”文化艺术节等活动，包括“丝绸之路国际艺术节”“海上丝绸之路国际艺术节”“丝绸之路（敦煌）国际文化博览会”等，促进“一带一路”文化艺术的发展和文化产品与服务的传播。

1. 丝绸之路国际艺术节：由中华人民共和国文化部、陕西省人民政府共同主办，拟每年举办一届，以进一步提升中华文化的国际影响力，加强与丝绸之路沿线国家和关联国家的文化往来，促进民心相通，提升中国西部省份对外文化交往水平。2017 年 9 月，第四届“丝绸之路国际艺术节”吸引了来自德国、俄罗斯、波兰、捷克、乌克兰等 106 个国家和地区，以及福建、广东、安徽、湖南、贵州等 18 个省市区的近 3000 位艺术家参与其中，举办了近 200 场丰富多彩的艺术活动，让古都西安处处展示着历史与现代交相辉映、传统与时尚完美融合的独特魅力，[①]为加强“一带一路”沿途国家文化交流，加快建设丝绸之路经济带新起点和“一带一路”核心区进一步奠定了坚实的基础。

2. 海上丝绸之路国际艺术节：由文化部、福建省政府主办，福建省文化厅和泉州市政府承办。2014 年 11 月 26 日，海上丝绸之路国际艺术节暨东亚文化之都 · 2014 泉州丝海扬帆嘉年华在福建泉州拉开帷幕，为繁荣亚洲文化艺术、推动各国之间的文化交流与合作、增进人民之间的理解与友谊作出更大贡献，2017 年 12 月 10 日至 15 日，第三届海上丝绸之路国际艺术节在泉州举办，包括中国—中东欧国家文化季泉州分场活动、海丝非物质文化遗产大展、海丝艺术发展论坛、国际木偶节、国际南音大会唱等 70 余项，活动将在线路中的 20 个点植入相应的人文体验活动，通过线上线下互动、体能智力游戏、非物质文化展演等形式，让徒步活动的参与者对古城文化保护和传承有更直观的感受。同时还将邀请归国华侨、外国友人和文化名人参与到徒步活动中，增强泉州“海丝古城徒步”品牌的知名度，打造海丝古城文化旅游品

① 第四届丝绸之路国际艺术节闭幕，丝绸之路国际艺术节官网，2017 年 9 月 21 日。

牌[①]，促进“一带一路”沿途文化旅游合作发展。

3. 丝绸之路（敦煌）国际文化博览会：由中宣部等牵头，文化部、国家新闻出版广电总局、国家旅游局、中国贸促会、甘肃省政府主办，博览会以“推动文化交流、共谋合作发展”为宗旨，以丝绸之路精神为纽带，以文明互鉴与文化交流合作为主题，以实现民心相通为目标，着力打造国际化、高端化、专业化的国家级文化博览会，成为中国与丝绸之路沿线国家开展文化交流合作的重要平台、推动中华文化走出去的重要窗口、丝绸之路经济带建设的重要支撑。2017 年 9 月 20 日至 21 日在敦煌市举办了第二届丝绸之路（敦煌）国际文化博览会，本届文博会期间共有 51 个国家、3 个国际组织的 582 位中外嘉宾，以及 2100 多名参展商、知名企业代表、演职人员共同见证盛况：文化年展全方位展示了 3500 多件文化艺术精品；讨论通过《中新互联互通项目南向通道货运班列常态化运行方案》；俄罗斯、韩国等近 20 个国家及国内 20 个省区市的 500 家企业汇聚文博会国际文化产业展览交易会[②]，为“一带一路”沿途国家地区文化交流和文化旅游注入了新的活力。

三、提升“一带一路”文化旅游传播品牌影响力

文化旅游作为旅游业发展最快的新兴产业，体现了文化产业和旅游产业的高度融合。增强“一带一路”文化旅游就是加强文化产品和服务在“一带一路”沿途国家体验和感受的过程，因此，文化旅游品牌对“一带一路”建设的对外传播具有重要意义。我们在此以“欢乐春节”品牌为例，具体分析以下提升“一带一路”文化旅游品牌影响力的主要路径：

第一，完善与“一带一路”沿途国家的合作机制：例如，我国文化部会同国家相关部委、各地文化团体和驻外机构自 2010 年，在海外共同推出“欢乐春节”文化旅游品牌，该活动受到“一带一路”沿途国家民众的广泛欢迎。据报道，2013 年第四届“欢乐春节”活动的项目多达 380 余个，并在全球近百个国家和地区的 250 多个城市举办；2017 年“欢乐春节”在全球 140 个国家和地区的 500 多座城市举办 2000 余场活动，海外受众突破 2.8 亿人次，

---

① 第三届海上丝绸之路国际艺术节 12 月 10 日将在泉州举办，国际在线，20171128，http：//news.163.com/17/1128/16/D4BGD49U00018AOQ.html。

② 第二届丝绸之路（敦煌）国际文化博览会圆满落幕，中国甘肃网，20170926.

全球参与城市和人数再创新高。[①]

第二，积极发动沿途民众参与积极性，关注民意，多方传播。2017 年“欢乐春节”重点面向青少年和基层社区，创新发展中国港澳台地区的“欢乐春节”传统项目。熊猫成为香港庙会主角，澳门内地春节习俗展演活动中粤港澳年俗丰富多彩，2016 中埃文化年甫一落幕，“欢乐春节”的锣鼓又在埃及开罗响起；《诗经》吟唱和汉唐乐舞表演将“中国风”送至柬埔寨；浙江非遗展演亮相约旦；剪纸、葫芦烙画、抖空竹、捏泥人等南京非遗惊艳尼泊尔；傣、景颇、彝、佤、藏、阿昌等少数民族音乐跃动塞尔维亚。[②]2018 年 1 月 31 日至 2 月 7 日在尼日利亚举行的“欢乐春节——动漫嘉年华”，将让当地小朋友与中国动漫作品来一次亲密接触，[③]通过融合民间与官方、政府与市场，使“欢乐春节”品牌内容形式丰富多样，赢得“一带一路”沿线国家民众的欢迎和认可。

第三，融合传统媒体和新媒体加强传播，提升品牌影响力。在中国文化部支持下，2017 年春节四达时代集团举办了“欢乐春节影视周”活动，通过自制春节主题纪录片和访谈节目，把中国春节风俗习惯介绍给广大非洲民众，在非洲播出并产生了积极的影响。2018 年，中国文化网还诚邀全球摄影爱好者参加 2018 年“乐享中国——欢乐春节”摄影和微视频作品全球征集活动，作品将以欢庆中国春节为主题，反映春节庆祝活动在全球各地举办的盛况。[④]通过融合媒体传播打造“欢乐春节”“美丽中国”“丝绸之路文化之旅”等品牌活动，充分发挥新媒体快速、便捷、传播迅速等优势，增强“一带一路”文化传播的影响力。

第四，运用现代信息科技手段，优化文化旅游品牌，拓宽文化旅游传播平台。随着信息科技技术的快速发展，我们在推进“一带一路”文化旅游中，需要积极运用现代信息新技术，加强新技术与文化旅游的对接。2018 年，“欢乐春节”品牌活动运用微电影、Flash、动画讲述中国故事，具有良好

---

① “欢乐春节”演绎精彩中国故事，人民日报，20170212. http：//www.xinhuanet.com/world/2017-02/12/c_129476252.htm

② “欢乐春节”演绎精彩中国故事，人民日报，20170212. http：//www.xinhuanet.com/world/2017-02/12/c_129476252.htm

③ “欢乐春节”：精彩演绎新时代中国故事，中国文化网，20180129。

④ “欢乐春节”：精彩演绎新时代中国故事，中国文化网，20180129。

的传播效果。微电影是以故事营销为主体，网络视频为平台，透过社群媒体的协助，唤起阅听人的情感体验，达到传播的目的[①]。工业和信息化部电子科学技术情报研究所在2012年出版的《中国在线旅游市场发展趋势白皮书》中指出，国务院将旅游业培育成国民经济的战略性支柱产业，且明确指出“以信息化为主要途径，提高旅游服务效率。要求通过积极开展旅游在线服务、网络营销、网络预订和网上支付，充分利用社会资源构建旅游数据中心、呼叫中心，全面提升旅游企业、景区和重点旅游城市的旅游信息化服务水平”[②]，这为促进在线旅游的发展提供了指导方向。启示我们在推进“一带一路”文化旅游进程中，需要充分运用移动APP、网络传播、旅游论坛、社群媒体等，促进数字旅游文化的生产和制作，提升“一带一路”沿途国家民众对我国旅游区域的吸引力，增强“一带一路”文化传播影响力和竞争力。

① 李亦筠.微电影挑战好莱坞［N］.联合早报，2012-05-11.

② 中国在线旅游市场发展趋势白皮书（2012-2015）［EB/OL］. http：//www.docin.com/p-514109712.html

发挥金融作用，打造丝绸之路文化产业新高地

邹银娣

驼铃声声，残阳如血，从未央宫前的繁华盛景到大漠戈壁的胡杨飞沙，一位使者坚定前行着，尽管艰难，不忘初心。他，就是张骞，实地勘察画出了中国历史上第一幅西域的自然地理图、人文地理图和政治地理图。

古丝绸之路，起于陕西，绵亘万里，延续千年，积淀的以和平合作、开放包容、互学互鉴、互利共赢为核心的丝路精神，仍然激励着今人。顺应经济全球化、文化多样化的时代潮流，习近平总书记提出与世界各国共商共建丝绸之路经济带。与此同时，习近平总书记也多次强调，“文化是一个国家、一个民族的灵魂，文化兴国运兴，文化强民族强。没有高度的文化自信，没有文化的繁荣兴盛，就没有中华民族伟大复兴。”

那么，在文化自信新时代的背景下，在文化产业新动能的基础上，陕西如何抓住丝绸之路经济带的历史机遇，发挥陕西文化资源的优势，借助金融杠杆撬动文化企业，打造丝绸之路经济带上的文化产业新高地？

一、中华文化看陕西，陕西发展文化产业具有先天优势

习近平总书记在党的十九大讲话中，明确指出了我们的优秀文化应涵盖三部分——传统文化、革命文化和先进文化。我们不难发现，被誉为“天然历史博物馆”的陕西，既有秦腔、腰鼓等具有秦风秦韵的民间文化，又有以革命圣地延安为代表的红色文化；既有“十三朝”古都遗迹的历史文化，又有建设内陆改革开放新高地的现代文化；既有各具特色的三秦地方文化，又有享誉世界的丝路文化。

因此，作为中华民族和华夏文化的重要发祥地，周秦汉唐时代政治、经济、军事和文化中心，坐拥如此丰富的文化资源的陕西，应具有足够的理

由建立起高度的文化自信，这也是陕西发展文化产业所具备的得天独厚的优势。毕竟文化产业的繁荣发展，离不开文化自信；同时，发达的文化产业，又会反过来增强文化自信，成为文化自信的重要支撑。

梳理数据，文化产业评论发现，近年来陕西文化产业保持了强劲的增长态势。2012—2016 年五年间，文化产业增加值先后突破 500 亿元、600 亿元、700 亿元、800 亿元的整数关口，年均增速达 12.5%，其中，2016 年陕西文化产业增加值为 802.52 亿元，总量居全国第 14 位，占 GDP 提升到 4.14%，居全国的第 9 位。据陕西省统计局预测，2017 年陕西文化产业增加值预计突破 900 亿元。

陕西省"十三五"规划提出，到 2020 年文化产业占全省 GDP 比重达到 6% 以上。"十三五"期间，陕西省制订的文化产业发展目标为年均增长达到 15% 以上，如此一来，文化产业在陕西经济转型升级中的"新动能"作用将更加突出。

文化产业评论进一步研究发现，目前陕西文化产业发展有两大突出特点：

一是"龙头企业 + 重大项目"组合，正向外溢效应可观

2012—2016 年陕西省文化及相关产业法人单位数量从 1.5 万家增加到了 2.2 万家，其中，有 2 家上市文化企业，有 11 家文化企业在新三板挂牌，国家级文化产业示范园区基地 12 家，国家认定动漫企业 8 家，省级文化产业示范基地单位 143 家，西安曲江文化产业投资（集团）有限公司已连续六年荣膺"全国文化企业 30 强"。

此外，黄帝陵文化公园、韩城司马迁文化景区、白鹿原文化景区、雁翔文化产业创意谷聚集区、西部影视文化产业园等 30 多个省级重点文化产业项目正有序推进。其中，17 个项目已建成运营，总投资超千亿元。而且，陕西还甄选了 277 个重点文化产业项目，总投资高达 2000 多亿元。

这些"龙头企业 + 重点项目"热火朝天地开展的同时，也给陕西绝大多数的中小文化企业注入了一针"强心剂"，带动其鼓足干劲，力争上游，不断谋求创新发展，进一步形成了陕西文化产业一派欣欣向荣的景象。

二是文化产品与服务日益丰富，特色文化品牌效应彰显

截至 2017 年年底，陕西省影院规模总量达 179 座 904 厅，拥有影视制作

机构361家，电视剧、电影年均产量居全国第6位，《千里雷声万里闪》《好先生》《大秦帝国之崛起》《白鹿原》《那年花开月正圆》等影视剧都取得了良好的社会效益和经济效益。

陕西年均出版图书万余种，入选国家重点出版物规划的数量、入选国家出版基金项目数量连续多年排在全国前4位，获国家级图书大奖达30余种。贾平凹、高建群、冯积岐等“文学陕军”社会影响力进一步提升；兵马俑、法门寺、袁家村、白鹿原以及歌舞剧《延安保育院》《长恨歌》等文化旅游品牌影响力不断攀升；西部影视、曲江影视、陕文投影视“影视陕军”招牌更加响亮；耀州瓷器、陕北剪纸、华洲皮影等民俗工艺美术品知名度不断扩大……

文化产业的快速发展，对陕西经济的贡献力和拉动力在持续提升，同时也为文化与金融创新融合打下了良好的基础。

二、金融杠杆撬动文化企业，打造丝绸之路文化产业新高地

文化企业的成长需要持续的创新发展，其融资活动必然是一个动态的升级过程，这就导致了金融机构的传统模式难以大力支持文化企业的发展。金融机构必须认真研究文化产业的现状、特点和规律，细化梳理文化产业发展政策和货币金融对策，根据文化企业的特点进行调整，降低文化产业的准入门槛，扩大文化市场对外开放，促进文化资本流动，让更多的金融资本流向文化产业。

同时，加快文化产业信用担保体系建设，规范和完善对专利权、版权等无形资产的评估、质押、登记、托管的管理办法，突破文化企业融资难的基础性、制度性障碍，实现文化产业与金融资本的无缝对接。

三、金融机构不断拓新产品及业务

近年来，陕西的金融机构一直在致力于文化金融的融合发展。目前，建行陕西分行对文化企业的投资总量已经达到了87.78亿元，针对文化产业的母公司和子公司基本的信贷需求，开发了一个文化企业股权类融资产品，通过设立一个专项的资产计划，通过理财产品的形式来销售，理财产品受益人和管理人都是建行，通过市场募集资金以后设立专项计划投资到标的企业，建

行和标的企业协商以后，可由建行在以后的市场当中进行转让，也可以由建行总公司进行回购。

这就使得文化企业可获得股权的权益性资金支持，如此一来，文化企业融资所得的资金使用时间相对较长，同时也通过股权的形式优化了企业的负债率，满足了部分文化企业由于各种原因没有办法通过传统的信贷实现的资金需求。

“文化需要金融，而金融需要全程，全程需要整合，而整合需要跨界”，这是浦发银行服务文化企业的思路，浦发银行通过“天使联盟、成长联盟、上市联盟、战略联盟”为一个文化企业在不同发展阶段提供不同的金融产品，以形成一个服务文化企业的闭环。

浦发银行在陕西地区已经支持了 20 个文化产业项目，授信总额 100 亿元，涵盖文化出版、广电网络、旅游景区以及中小文化企业等领域。据悉，未来浦发银行将以“授信 + 投行”的主要产品手段，采用股债贷海内外的模式，为企业提供“融资 + 融智”的金融支持。

成立于 2012 年的陕西文化产业投资基金专注于大文化领域，重点投资于影视传媒、文化科技、文化旅游演义以及教育、体育、音乐等项目，将产业、金融、政策形成组合拳，打开文化产业发展新局面。

据了解，未来陕西文化产业基金将着力发展成规模达 100 亿元的基金集群，由引导基金、子基金和纯市场基金合成，整合全省零散文化资源，逐步设立天使投资子基金、债券子基金、并购基金等，同时依托母基金落实文化产业相关分项扶持、产业引导、风险补偿、奖励优惠以及提供便利的配套政策，建立体系化叠加式的新模式，支持和助推文化产业发展。

四、政府搭起文化与金融沟通桥梁

为积极发挥陕西省特有文化产业优势，加深金融创新和服务功能，推动文化产业与金融创新融合发展，陕西省委宣传部、陕西省金融工作办公室、中国人民银行西安分行主办，陕西省文化厅、陕西省新闻出版广电局、陕西省文物局、陕西银监局、陕西证监局协办，西部网承办了“2018 陕西文化与金融创新合作恳谈会”。

在恳谈会上，国家开发银行、建设银行、长安银行、西安银行、浦发银行、农业银行等六家银行分别与陕西省委宣传部签署战略合作框架协议，合计授信600亿元，用于支持陕西文化产业的跨越发展。同时，建设银行、长安银行、西安银行等金融机构还与陕文投、陕西广电集团、大唐西市投资集团等文化企业签署了战略合作协议，未来将通过战略授信、全面合作、流动资金贷款等形式支持相关项目发展，签约金额达236.5亿元。

此外，这次恳谈会上还正式宣布成立了三家文创支行，将专业专注开展特色文创金融的业务。

最近几年，陕西文化金融充分发挥杠杆效应，撬动文化企业与多层次的资本市场对接，让一些文化企业“滚雪球”式地迅速壮大起来。

五、申报试验区，探索文化金融新融合的“陕西模式”

2015年习近平总书记视察陕西时，对陕西提出五个扎实的要求，其中之一就是“要扎实加强文化建设”，他强调要在建立三个自信的基础上，再加上文化自信。习近平总书记对陕西文化做出的高定位，为陕西文化事业和文化产业的发展指明了方向。

近年来，陕西省委、省政府大力推进“文化强省”战略，明确提出将文化产业打造成为全省支柱产业，制定了一系列支持文化改革发展的政策和措施。在“一带一路”大背景下，如何充分挖掘文化资源优势，打造面向丝绸之路经济带彰显华夏文明的文化产业高地，更具有时代的意义。

为此，陕西省委、省政府提出创建丝绸之路经济带文化金融合作实验区的构想，旨在集中省内优势资源，开展文化金融机制体制改革的先行先试，充分发挥金融在文化产业繁荣发展的促进作用，加快推进丝绸之路经济带文化金融场景建设，为我国文化金融改革发展探索新模式、新路径。

未来，陕西将紧紧抓住各项政策机遇，强化资源整合，争取合作试验区早日获批，引导金融机构支持培育壮大文化产业市场主体，促进产融结合，加快形成金融与文化融合发展的“陕西模式”。

陕西曾经站在了人文荟萃的“秦岭之巅”，现在，又站在了坚持文化自信的新时代起点上，古今交汇，相信文化金融创新融合将成为陕西文化产业发展的重要支柱。

四、传媒影视

供给侧改革背景下影视内容新生产与新发展研究

赵玉宏[①]

摘要：当前我国影视行业处于高速发展的阶段，但供给侧的结构性矛盾将造成资源的浪费和行业不良竞争，不利于行业的可持续发展。因此，着力推动影视供给侧的结构性改革，除了加速影视企业“去库存”，淘汰“落后产能”之外，还要通过影视题材创新、制作创新、营销创新，加强影视内容质量把关和产业链的优化，为影视行业新生产和新发展提供充足后劲。

关键词：影视产品；供给侧改革；影视“去库存”

自2015年中央经济工作会议提出我国要加快推进供给侧结构性改革以来，“供给侧”日益成为官方主流话语以及学术研究中的高频词汇。作为文化产业转型升级中的重要组成部分，我国影视产业同样需要从供给侧发力，创新创造新的市场需求，向市场提供更多高品质、有创意的影视作品。

一、我国影视产品供给现状审视

供给侧结构性改革的核心是加强优质供给、减少无效供给、扩大有效供给。总的来看，目前我国影视产业产品供给也存在“供需错位”“数量多质量不精”的问题，真正能满足受众需求、让广大群众喜闻乐见的产品数量不多。因此，面对我国庞大的影视受众市场，影视产业亟需提升影视内容品质，增加优质供给，扩大有效供给。

---

① 赵玉宏，女，博士，北京市社会科学院传媒所副研究员，研究方向：文化创意产业、传媒发展、文化传播等。

（一）影视产品供给“产能过剩”

电影方面，2016年全年共生产电影944部，其中故事片772部、动画电影49部、科教电影67部、纪录电影32部、特种电影24部。其中在影院上映有票房可查的不到400部，近六成拍出来的电影并没有上映过。2016年，全国新增影院1612家，新增银幕9552块。目前中国银幕总数已达41179块（影院数超过7600家），超过北美市场（约3.9万块），成为世界上电影银幕最多的国家。[①]

电视剧方面，根据数据统计，2016年电视剧拍摄制作备案公示受理申报剧目达到了1646部、64674集；最终经过电视剧司审核通过备案公示的剧目共1208部、47802集，我国堪称世界第一电视剧生产大国[②]。然而，这个数量已经超过市场需求量，每年能够播出的只有8000多集左右，至少有一半的电视剧制作完成后根本没有机会播出。从供给侧结构性改革的角度来讲，这是严重的产能过剩、无效供给，不仅造成电视剧资源的极大浪费，也会引发市场的恶性循环。

（二）影视产品供给缺乏优质内容

2016年上映的170部国产电影中，豆瓣评分7分以上只有11部，3.5分以下的多达64部，72%的国产电影评分都在5分以下。在电影拍摄方面，电影投资方和出品方为了快速回本和增值盈利，一般会选择“IP＋鲜肉”的模式快速投放市场，而不会精细打磨剧本，因此造成国内优质电影供给不足。

在电视剧内容创作方面，原创不足，且题材扎堆现象明显。为了迎合观众口味、追求题材的时效性，一旦某部剧观众反响好，其他电视剧制作团队往往短期内跟风拍摄，一时间荧屏上千屏一色，布满了穿越剧、玄幻剧、宫廷剧等，最大化追求经济效益的利益驱使导致电视剧艺术陷入了复制、模仿的“快餐式文化”。像《渴望》《雍正王朝》《大宅门》《亮剑》《士兵突击》等经典的“现象级”电视剧俨然成为一代人的记忆。

从供给侧角度来看，“题材扎堆儿”反映的是影视供给“某种产品的过

① 李蕾，《中国电影迎来理性发展转折点》，光明日报，2017年1月3日

② 毛羽：《导向为魂 品质制胜》，中国电视，2017年3月

剩是因为另一种产品的供给不足造成的”。与胡编乱造、一拥而上的“滥剧”“烂片”相对应的是，能够满足受众较高层次精神追求的、“启迪心智、陶冶心性、展现时代主旋律”的优质影视内容供给严重不足，缺乏植根现实生活，映照当下，反映百姓关切，抒发百姓喜怒哀乐，抚慰百姓情感心灵，表现百姓追逐梦想、追求幸福美好生活的电影和电视剧。因此，中国影视产品供给目前存在着有数量缺质量、有“高原”缺“高峰”的现象。

（三）影视供给主体缺乏“工匠精神”

目前，在影视文化产业发展如火如荼的利好环境下，加上我国影视剧制作公司几乎没有准入门槛的限制，新的影视公司如雨后春笋般涌现。据统计，截至2016年年底，我国具有电视剧制作资质的制作机构已达1.2万家左右。

影视剧制作团队过多导致制作水平参差不齐。由于一部分影视剧供给主体制作水平粗糙、缺乏德艺双馨的创作者、急功近利、管理不严等原因，造成了某些电视剧以丑态、病态、媚态等低俗内容迎合受众的低俗低端供给。

从供给侧结构性改革的角度来看，为促进影视市场走向成熟、理性的有序竞争阶段，中国影视市场主体亟需做优做强。正如冯小刚所说：“目前中国电影形势非常好，但我们的电影工业体系还非常薄弱，与好莱坞的工业制作水平还有很大的差距。这种差距不仅是技术手段上的，更是从业人员专业素质上的。”①

二、从供给端发力，创新影视内容新生产与新发展的几点建议

无论是其他产业的供给侧结构调整，还是文化产业的供给侧创新，供给侧结构性改革的出发点和落脚点始终是作为生产要素的产品本身，就影视产业而言，则是从创作层面提供更优质的产品，拍摄出深受受众喜欢的影视剧。

（一）题材创新，要植根于中华优秀文化基因

为了满足人民群众日益提升的审美和情趣需求，影视企业首先要在创作

① 冯小刚：《中国电影业需要一个蓝翔技校！》，凤凰网娱乐2016年10月22日，http://ent.ifeng.com/a/20161022/42705143_0.shtml。

立意上创新，多为消费者创作“深入生活、深入现实、深入群众”的优秀影视作品。一部优质的影视作品，要做到“用真挚的情感打动人，用精良的制作吸引人，用高尚的思想滋养人”。

例如在电影创作方面，唯有那些“能够体现中国传统文化、东方美学特质和兼具人文情怀的高品质佳作，才是中国电影观众的终极期待，也是中国电影事业的毕生追求”，更是中国电影产业最终实现供给侧结构性改革的原动力。国产动画片《大鱼海棠》以中国传统文化蕴藏的神话故事为素材，从场景到角色，不仅蕴含着诸多中国艺术元素，而且建构起一场基于中华文化底蕴的价值观念，传递着爱、勇敢和担当的正能量。

2016 年上半年，电视剧《人民的名义》深受好评，屡次刷新电视剧收视率。因为党的十八大以来，以习近平同志为核心的党中央，一直将反腐败当成凝聚民心、兴党兴国的头等大事来抓。反腐败成为中国政治舞台的重要内容，也成为牵动人心的时代命题。《人民的名义》这一反腐题材恰如其分的契合了时代主题，以罕见的表达尺度直击当下腐败与反腐败斗争的“痛点”，用文艺作品的形式还原党铁腕反腐的伟大斗争，符合人民的期待。正如编剧周梅森认为的那样，一个时代需要有一部分作家站在社会的前面。一个国家、一个民族在它崛起的过程中，如果文学总不在场，文学总是站在圈子外面，那么文学就会与人民越来越远。《人民的名义》突破了以往反腐剧的限制，将政治生态鲜活地放到百姓面前。

然而，其他处于供给侧的剧本创作家、导演、影视剧企业等由于对影视剧审查通不过的担忧，对描写现实主义题材的作品常常望而却步，不敢涉足有关经济政治体制改革、反腐、或者关注社会主体生存状态的作品。为了追求利益的最大化，近年来影视产业供给侧过分重视产品的盈利性、内容的娱乐性、手段的科技性，却忽略了我们民族崛起过程中遇到的许多现实问题为影视剧创作提供了无比广阔的创新空间和创作基础。由此可见影视产品内容品质的提高，离不开导演、创作者对生活、对人性的把握，离不开悲天悯人的情怀。

因此，创新影视内容新生产，应致力于将中华传统文化基因与现代生活相结合，把休闲娱乐同正能量相结合，通过文化上的精神共鸣促进市场中的有形消费。

（二）制作创新，要追求专业的“工匠精神”

1. 影视产品生产理念上，要追求“工匠精神”

一部影视作品就像一名工匠手中的艺术品，无论是市场分析、剧本策划还是拍摄制作，包括之后的宣传发行，任何一个环节都要做到认真细致地把控，最终才能获得一部完美的影视作品，这就是影视行业的工匠精神。

20 世纪 80 年代电视剧《红楼梦》《西游记》的拍摄都历时数年。《红楼梦》剧组甚至专门组织演员边拍摄边培训，气质风度、一言一行都经过训练和设计，在人物造型和道具服装等方面都力求细致完美，拍出来的作品很有质感，也经得起时间的考验，成为永久的经典。

在电视剧《人民的名义》拍摄制作过程中，导演李路表示，剧组为追求艺术真实煞费苦心。比如，为了逼真呈现政府官员的办公环境，剧组在当地宾馆取景时，家具陈设都经过精心设计，力求真实。《人民的名义》服装、化妆、道具、细节、镜头、蒙太奇手法等运用看似波澜不惊却非常精准到位。比如贪官被查出数亿元受贿款的点钞场景，银行人员专业的点钞手法等细节也显示出该剧制作过程的精益求精。

近期热播的影视剧，除了《琅琊榜》《人民的名义》《战狼 2》等屈指可数的良心之作外，在急功近利、炒大牌炒花边炒 IP 的市场环境下，明星大腕武戏要替，文戏也要替，实在不行就靠后期 PS 抠图，造就一大批低质量影视作品充斥影视市场。要改变这种情况，首先影视行业资深要坚决抵制不良制作，同时增加观众口碑在评奖中的权重，向敬业的演员和制作人倾斜，向有艺术追求的作品致敬，从而传递正确的艺术观念和美学趣味，体现国产影视制作的工匠精神和艺术气质。

2. 影视制作成本上，治理“高片酬”乱象

近年来由于影视演员片酬的暴涨，带动了行业成本的增加。魏鹏举指出，高片酬也凸显出我国实力派演员稀缺，整个文化娱乐行业人才供给不足，存在结构性矛盾和问题。“高片酬是一个不合理的市场现象，也反映了市场背后的结构性问题。”中国一线明星的收入基本可以达到 8000 万元—1.5 亿元人民币之间，而且往往是税后。更有甚者，一些高颜值小鲜肉，已经传出了一部剧上亿元的片酬。而影视企业为了作品的话题度，减少无法上星或

上院线的风险，我国影视作品很注重演员的知名度和曝光度，主演往往采用一线明星，致使影视生产成本居高不下，“高成本”已然成为影视产业供给侧的“硬伤”。

在降低制作成本，减少片酬方面，电视剧《人民的名义》取得了成效。《人民的名义》总片酬只有4800万元，其中还包括龙套和群众演员的费用。按照现在的市价，一个小鲜肉一部戏的片酬都不够。尽管片酬不高，但这些敬业的演员却非常认真对待每一个角色，尽全力去惟妙惟肖地诠释戏中人物形象。可见，并非“大制作”才能有“大质量”，在正在崛起的中国电影市场中，不要被虚浮的“大制作”所牵制，更应该做到的是成本控制。不少业内人士表示，在大制作、大电影的主流趋势带动下，如果电影公司能够控制好成本，如明星片酬、电影产业链成本等，才能从根本上解决影视产品供给侧“高成本”的硬伤。

3. 影视制作方法上，文化与科技的完美融合

日新月异的影视技术发展改变了影视的叙事方式与画面、场景呈现等方面，影视产品供给侧结构性改革要从制作方法上进行创新，利用中国多民族的悠久传统进行类型的融合与技术拓展，从而实现影视文化与科技的完美融合。

以家喻户晓的古典文学名著《西游记》和其中耳熟能详的“孙悟空三打白骨精”故事为题材的3D电影《孙悟空三打白骨精》在一定程度上体现了中国电影目前所达到的最高的工业化水平，也体现了中国电影参与全球电影工业竞争的实力。白骨精那水墨般的造型、线条、动作、氛围，也传达了中国古典美术的韵味。影片上天入地、飞檐走壁、腾挪摇移的各种动作场景和妖气袭人的妖巢设计，也都体现了影片的整体氛围。影片的3D层次感、动作的连贯性、场景的丰富性、氛围的逼真性，也都达到了国产电影的最好水平，甚至也可以与国外同类产品相提并论。因此，在影视剧制作上，应重点研究如何通过科技的引入，实现文化与科技在影视文化产品上的融合型创新，增强影视产品的表现力、感染力，从而增强影视产品的体验性、参与性、娱乐性，进而带动文化消费的发展。

（三）营销创新，要钻研市场细分

马克思说，从生产到消费是“惊险的一跳”，安全着陆，供给侧会获

利；反之就会遭受巨大的经济损失。目前国内电影营销手段区别不大，主要靠网络营销、档期营销等。影片的首映式、点映式同质化，缺乏差异性。

《人民的名义》在播出平台的选择上没有按部就班的将这种主旋律的电视剧选在央视播出，为了扩大这部剧的观剧群体，吸引更多的年轻的观众，而是把电视独播权卖给了主打青春路线的湖南卫视。湖南卫视一直引领电视潮流的趋势，收视率一直位于省级卫视的第一名。因此，《人民的名义》播出后收视率一路从破 5 破 7 到最终的破 8，成为近 10 年国产剧收视之最。

《人民的名义》网络播出和分销权卖给了 PPTV 聚力，再由其将该剧分销给优酷、爱奇艺、腾讯等多家平台。在网络平台，据猫眼数据显示，《人民的名义》上线 26 天，累计播放量高达 116.5 亿次。“达康书记表情包”“汉东 Boys”“GDP 之歌”等娱乐化解读在网络广泛流传，这种全网播出的方式，让《人民的名义》热度更上一层楼。视频网站播出方式的创新，给电视剧带来了年轻的观众，给电视剧市场带来了延伸和细分。

正如制片人高亚麟认为的那样，《人民的名义》如今的火爆，真的多亏了年轻观众：“该剧火爆到今天的程度，恰恰应该感谢湖南卫视长久以来锁定了年轻观众群体，还有 PPTV 聚力以及各个网络齐发力，才能成就这样一个现象级作品。

三、结语

当前我国影视行业处于高速发展的阶段，但供给侧的结构性矛盾将造成资源的浪费和行业不良竞争，不利于行业的可持续发展。因此，着力推动影视供给侧的结构性改革，除了加速影视企业“去库存”，淘汰“落后产能”之外，通过影视题材创新、制作创新、营销创新，加强影视内容质量把关和产业链的优化，为影视行业新生产和新发展提供充足后劲。

参考文献：

[1] 李树榕、孙耀华，现实主义：电视剧供给侧的原创驱动，当代电视，2016 年第 12 期
[2] 王昊魁，《人民的名义》缘何成为“现象级”电视剧，光明日报，2017/4/10/ 第 005 版
[3] 王彦，寻到伟大时代与转型社会的焊接点，文汇报，2017/4/12/ 第 009 版

"现象级"影视产品的打造及其对于城市发展的意义

——以青岛为例

吕绍勋[①]

摘要：现象级影视产品及其后续社会效应，已成为一种十分重要的社会文化现象。现象级影视的出现，需要多种综合因素，如积极向上的价值观念、产品自身过硬的质量、网络IP提供的优质内容源头、网络自媒体不可预测的传播效果等。打造具有青岛烙印的现象级影视，对于传播正面的价值观念、塑造地方文化形象、完善影视产业链等，都大有助益。而且青岛也具备打造现象级影视的条件，故建议：合理布局，做大做强本土影视企业；把握互联网思维，构建完整的影视产业链合作机制；发掘青岛题材，讲好青岛故事；内容为王的同时，充分利用好跨媒体传播。

关键词：现象级；影视产品；城市发展；青岛烙印

一部影视作品能够被称之为是"现象级"的，不仅是指它已经成为了热门话题，而且是指它所带来的后续社会效应，已经像一股流行风气一样，广泛而深入地影响着群众的日常生活，甚至影响着群众的审美价值取向。"现象级"影视产品的出现不是偶然的，它对于资金投入、剧本创作、影视拍摄、后期制作、发行交易、播出销售、衍生产品开发等产业链各环节都有要求。近年我国涌现了一批"现象级"影视产品，总结它们取得的成功经验，分析它们带来的社会效应，进而结合青岛实际，打造一批具有青岛烙印的、叫得响、记得住的影视精品佳作，对于青岛影视产业的发展，以及青岛文化形象

---

① 吕绍勋（1981-）男，青岛市社会科学院文化研究所副研究员，哲学博士，主要研究方向为宗教哲学与文化社会学。

的塑造和传播，都具有极大的促进作用。

一、“现象级”影视产品的内涵

在近年的影视产品宣传和讨论中，越来越多地出现“现象级”这个词汇。“现象级”影视指的是在某一段时间内，由于票房价值超高或观影收视人数超多，而成为热门话题的影视产品。

“现象级”这个词，比之前经常使用的“热门”这个词内涵更加丰富。“现象级”影视指的是更有深度、影响力更加持久的产品。许多“热门”影视短期内票房、热度虚高，收视率名列前茅，但是其艺术水准却较低，没有社会文化的持久性价值，只能算是快速消费型的影视产品；过度营销、低俗化、短暂热度，是这类影视产品的特点。以电视为例，“真正的现象级电视剧除了要具备较高热度以及优良质量的基本要求之外，还包括下述特点：引发社会舆论话题的持续思考（如《不要和陌生人说话》）、对同类型题材剧具有开创意义或引发市场热潮（如《潜伏》）、创作方向的路标性或标杆性意义（如《伪装者》《琅琊榜》）等。”[1]

在中国影视产业发展史上，一直都存在现象级的影视产品。如20世纪八九十年代的影视产品：电影《少林寺》，电视剧《渴望》《西游记》《红楼梦》等，就曾造成轰动一时的效应，至今给人们留下深刻的印象。近年来，又有一批“现象级”的国产影视产品出现，如电影《战狼2》，电视剧《甄嬛传》《琅琊榜》《平凡的世界》《白鹿原》《人民的名义》《那年花开月正圆》等。这些现象级影视所带来的话题，已经成为了一种十分重要的社会文化现象，对于研究当时的社会风气、价值取向、文化娱乐方式等，都非常具有价值。

二、“现象级”影视产品的形成因素

（一）传递正能量，弘扬正面的价值观念，是“现象级”影视产品的基本取向

唯有坚持积极正面的价值观，挖掘具有深刻社会意义的影视题材，才能摈弃快速消费型影视的低俗倾向和消费商品特征，引领主流价值观。只有

自身具备社会文化积极意义的影视作品，才有蓬勃的生命力和长久的文化价值。

比如《琅琊榜》的故事，输出的是经久不衰的"兄弟之情，骨肉之情，忠义之情，历经磨难和痛楚却依然明亮灼热的赤子之心，呈现出'虽不能至，然心向往之'的境界，表现了清平天下保家卫国的拳拳情怀。"[2]比如《人民的名义》，弘扬的是以坚定的政治勇气和担当精神，整饬党风党纪，严厉惩治腐败，净化党内政治生态，既接地气，又得人心。再比如《那年花开月正圆》，由该剧衍生出来的诚信经商、企业家精神、秦商文化等话题也成为社会热议的焦点，让观众在看剧的同时得以接收和思考一些质朴实用的普适思维和价值观。对于当前金钱至上和资本崇拜的社会风气，这些影视产品所表达出来的至真至诚的情感、道义和风骨，无异于一股清风，有利于正能量的传递和正面价值观的弘扬。

（二）影视产品自身的质量，是成为"现象级"影视的前提条件

一部"现象级"影视，最核心的东西，依然是创作本位的，即内容为王。触摸人性深度，重视文化、重视内容、重视精神内涵，追求品质，尊重观众审美，只有这样的影视产品才具有真正的感染力和生命力，从而晋升为"现象级"影视。

当前，受众的审美标准正在日益高涨，大制作的趋势、精良品质的追求，是影视产品赢得市场的核心因素。例如，"从制作规模上来看，侯鸿亮团队推出的《伪装者》和《琅琊榜》均属于大投资的电视剧，前者投入约6000万元，后者投入约1.1亿元，它们的制作精良，创作手法严谨，符合大制作、大场面的市场趋势。"

保证制作规模和制作品质是基础，而突破定式，勇于创新，主动寻求符合受众审美需求，甚至发掘受众潜在的审美趋势，则是努力的方向。一部优秀的影视作品，应该力求给观众带来新鲜感和持久的审美体验，这是引发现象级关注的关键。所以，"现象级"影视的创作，在保证制作规模和制作品质的同时，要在成熟类型剧的基础上，寻求内容结构和题材类型的创新，既要稳扎稳打，又要寻求突破。

（三）网络IP的改编，为“现象级”影视产品的诞生提供了优质的内容源头

自2015年购买强大IP（网络文学）版权并改编成影视产品的套路兴起后，大量的网络小说被购买影视版权，影视创作的剧本来源更加广泛，而网络小说在前期基于网络平台累积下的人气高低，也成为筛选优劣剧本的把关阀门。

如《甄嬛传》《花千骨》《琅琊榜》等剧都是先在网络上收获了高话题热度和大量的粉丝支持，再通过电视剧播出进一步开发的典范。而电视剧改编的标准也从以往对通俗网络文学进行严肃性改编，一步步转向偶像化、通俗化改编。

泛娱乐化是当下所有影视产品都面临的一个问题，“现象级”影视产品也不例外。如何在娱乐性消费市场突围的同时，依然保持产品的艺术质量，是打造“现象级”影视产品面临的严峻考验。电视剧《琅琊榜》做出了正面的示范，尽管该剧选择了热门网络IP进行改编，但《琅琊榜》的制作团队以精良制作和对内容有选择的提炼重构，使作品摆脱了单纯追求娱乐化的窠臼。

（四）网络自媒体对于“现象级”影视产品的宣传，起到了不可预测的效果

网络自媒体的兴起，提供了传统营销模式（如口碑相传式被动营销、主动策划营销热点等）之外，另一种对影视产品进行价值判断的途径：不再一味依赖媒体的商业宣传，观众掌握了这种话语权的主动性。这种所谓观众自发宣传的“自来水”效应，是2015年开始进入大众视野的。《琅琊榜》开播初期收视率低迷，但在网络上，却热门话题不断增温，随之而来的是网络播放量的高速增长，这种热度最终反馈到电视台，使其电视剧的收视率一路走高。

三、打造具有青岛烙印的“现象级”影视的必要性

（一）打造“现象级”影视能够传播正面的价值观念

一部“现象级”影视，被广大观众从认识到接受、追捧的过程，不但能够引领观影审美风气，而且能够输出价值观和文化取向。比如电影《战狼2》

中的坚持信念、不畏艰难、勇敢向前的精神，电视剧《琅琊榜》中的家国情怀、人间真情，《人民的名义》中的惩恶扬善、敢作敢当，《那年花开月正圆》中的诚信精神、勇于创新等，都受到了广大观众的热评好评，传递了正能量，弘扬了正面的价值观念，提升了民众对于民族文化的热爱，增强了文化自信。这都充分说明，对于主流价值观的电影和文化创造，大众是极其渴望的，重要的是这些价值观念通过什么样的形式和方式表达出来。

（二）打造"现象级"影视能够塑造地方文化形象

一部"现象级"影视，对于塑造一个地方的文化形象，彰显一个地方的文化魅力，具有极其重要的作用。比如电视剧《平凡的世界》《白鹿原》《那年花开月正圆》等作品，将陕西厚重的历史文化元素，呈现的淋漓尽致，引发了人们对于陕西黄土高原的喜爱和向往之情。《白鹿原》中的白鹿原、《那年花开月正圆》中的周莹故居泾阳周家大院，甚至成为了热门的旅游景点。这些影视剧对于宣扬当地文化、刺激旅游业发展、塑造地方文化形象，都具有巨大的帮助。如果有一部以青岛为叙事背景，以青岛人物和青岛故事为叙事元素的"现象级"影视产品，那么对于青岛历史人文形象的传播，对于青岛城市形象的塑造，将会起到极大的促进作用。

（三）打造"现象级"影视能够促进影视产业链的完善

影视的生产和放映需要依赖于一系列的物质条件，如影视生产依赖摄影、摄像、演播、后期加工和制作的设备、场所；影视播映依赖影院、电视台、传播网络等。一部"现象级"影视产品的诞生，对于资本、编导、演员和其他专业人员等核心要素具有极高的要求，在学习先进经验和成功案例，打造高水准、"现象级"的影视产品的同时，对于影视企业的制作能力，无疑会有极大地提升，在制作规模和制作品质上更上一层楼。同时，一部"现象级"影视产品的诞生，要求从投资、生产、发行、播映、衍生产品的生产等，每一个环节都要跟上，这对于一个地方的影视产业链是一个检验，能够更好地完善影视全产业链。

同时，对于影视产业的辅助行业，包括市场调研咨询、编剧导演和演员的经纪公司、拍摄基地、摄影录音棚、技术加工、服装道具设计和制作，以及其他相关的服务机构等，也是一个检验和完善的过程。

另外，由于影视产业影响大，置入元素丰富，感染力强，往往对其他产业具有强烈的辐射性影响，其中影响最直接的包括音像、演艺、休闲、旅游、游戏、服装、饮食和其他娱乐行业。因此，打造具有青岛烙印的“现象级”影视产品，能够带动青岛的影视产业甚至整个文化产业，拉动经济效益和社会效益双丰收。

（四）青岛已经具备打造“现象级”影视的条件

青岛的历史文化资源是影视创作取之不尽的源泉。青岛文化秉承东夷文化和齐文化的传统性格，融合了移民文化和外来文化的特征，形成了独特的文化气质，极具多元性和包容性。尤其是近一百多年来的青岛历史，可以说就是一部中国近现代史的缩影。同时，青岛是一座非常适合外景拍摄的城市，素有建筑“万国博览会”“天然摄影棚”之称。

但是，历数以青岛地区为叙事背景，以青岛人物和青岛故事为叙事元素，反应青岛形象，彰显青岛文化精神的影视产品，却少之又少；代表青岛地方特点和时代特征，具有青岛烙印的，叫得响、记得住的精品佳作更少；具有广泛影响力的“现象级”的影视作品更是没有一部。这与青岛打造“影视之城”的愿景相违背，更是和青岛在影视产业投入上的大手笔不相适应。近几年来，“投资300亿元的万达影视产业园落户青岛；创建了50亿元的影视产业发展专项资金，实施最高40%的制作成本补贴；两年内吸引88家影视机构入驻灵山湾影视文化产业园区；青岛本土集结了86家影视制作机构、52家城市影院，其中本土影视制作机构2016年新增32家，”[3]各种平台、硬件和政策均已准备就绪，打造具有青岛烙印的“现象级”影视产品的机遇已经成熟。助推“现象级”影视产品的诞生，对于确立青岛“影视之城”的地位，传递青岛文化精神，塑造青岛国际大都市的形象，都意义重大。

四、打造具有青岛烙印的“现象级”影视的建议

（一）合理布局，做大做强本土影视企业

影视产业正从市场的黄金时代，走向创作的黄金时代，创作的主体是

影视企业。针对我市当前影视企业小、散、弱的局面，要把握将影视企业做大做强做优的思路。青岛市影视企业总体上还处于较低阶段，内容生产能力分散，规模经济实现程度低，专业化分工程度低，企业间分工协作程度低，制约了影视产业优势的形成和发展。我们首先要打造一批具有国际竞争力的影视产业企业集团，培育有较强核心竞争力的大企业，带动优势产业的形成。必须引导影视产业实现大规模的集中化，形成稳定的专业化产品的市场需求，注重配套产品的生产，充分发挥专业化分工的效益，促进优势企业的成长。

同时，中小型影视企业也是自主创新的生力军。要努力形成大、中、小企业分工协作，共同发展的格局。合理的产业组织结构可大大提升产业的竞争力。要按照专业化分工和规模经济的要求，依靠市场机制和宏观调控，形成产业内适度集中、企业间充分竞争，大企业为主导、大中小企业协调发展的格局。实施鼓励影视中小企业发展的政策，完善影视中小企业服务体系，促进中小企业向“专、精、特、新”的方向发展，提高与大企业的配套能力。

（二）把握互联网思维，构建完整的影视产业链合作机制

随着技术的升级，互联网大平台的介入，大数据的极致应用，影视产业链正在发生颠覆性的变化。互联网公司的介入，不仅会带来雄厚的发展资金，也为融资、营销、发行和后期制作提供配套服务。互联网思维还将深度影响传统影视的制作、发行、放映以及衍生产品的开发机制，催生影视观念的革命，重塑影视产业的格局。

网络 IP 正在推动影视创作生产机制的变化。网络 IP 已经成为压倒性的影视内容源头，影视生产行业正在形成内容源头（网络 IP）+ 制作（影视娱乐公司）+ 宣传（微信、微博等）+ 播出销售（影视门户等网络售票平台）+ 衍生开发（游戏、电商等）完整的产业链。各大互联网公司对整个文化娱乐布局的完成，其对网络 IP 的版权运作，也日渐由销售转向自主孵化开发，再到影视产品的开发，贯通产业的上、中、下游，掌握着行业游戏规则的主导权和话语权。

青岛政府应该建立与网络公司从融资、网络 IP、剧本创作、影视拍摄、后期制作、发行交易、播出销售、衍生产品开发等完整的影视产业链合作机

制。借助互联网的优势，打造“互联网+影视产业+青岛元素”的生产模式，全方位助推一批带有青岛烙印的现象级优秀影视产品的诞生。

（三）发掘青岛题材，讲好青岛故事

青岛历史文化资源丰富，极具特色，尤其是近一百多年来的青岛历史，可以说就是一部中国近现代史的缩影，是影视创作取之不尽的源泉，需要好好挖掘。青岛本土影视企业曾经拍摄制作过像《寻找微尘》这样的优秀作品。但是从总体上看，青岛本土的影视作品在数量、质量和影响力都还不够理想，青岛文化元素挖掘的还不够深入和丰富。同时，青岛素有建筑“万国博览会”“天然摄影棚”之称，是一座非常适合影视外景拍摄的城市。

应当建立健全选题立项和奖励评价机制，鼓励影视企业创作更多以青岛地区为叙事背景，以青岛人物和青岛故事为叙事元素的影视产品；鼓励影视创作者着手对青岛本土的历史人文题材，包括红色革命题材、文化名人题材、宗教文化题材、近现代工商业题材、改革开放以来城市变迁题材等，进行系统的梳理和发掘，创作更多具有国际影响力、体现青岛原创力、打上青岛烙印的优秀影视作品。

（四）内容为王的同时，要充分利用好跨媒体传播

一部“现象级”影视产品的诞生，不是某种单一要素所促成的。从投资、剧本创作、现场拍摄、后期制作、发行交易、播出销售、衍生产品的开发等，各个环节都需要紧密配合，严格要求。一部影视作品能够成为“现象级”的，最根本的还是“内容为王”。“内容为王”是亘古不变的市场铁律，而且事实不断证明，优秀的内容，尤其是持续输出的口碑矩阵，会持续吸附受众，累积品牌好感，进而赢得底气和市场。

但是，好的内容必须有相应的途径传播出去，所以传播手段也尤其重要。如今已经是跨媒体传播时代，人们获取信息的渠道不再局限于简单的单一平台之上。移动设备和电脑的普及，使传媒载体逐渐增多，互联网影视处于快速扩张形态，视频网站拥有无限的延展性、互动性和便捷迅速的社交属性。只要愿意，观众可以观看任何被授权的影视产品，并对其进行评价和互动。

网络成为了影视客户的重要分流渠道，互联网服务的强参与性和互动性，加强了用户黏着度。所以，应该积极推动网络与电视台、电影院建立合作关系，网台、网院等多屏互动，形成优势互补，大大提升用户体验值。许多“现象级”影视正是加强线上与线下合作的成功典型。充分利用跨媒体传播，不仅有利于资源整合，而且能够加速影视产品在移动设备、电脑、电视台和电影院的多屏互动，实现“联动”模式的双赢局面，在将互联网媒体纳入合法的公共传播队伍的同时，能够方便广大观众收看影视节目，促进影视行业的发展。

参考文献：

[1] 刘斌. 试析现象级电视剧成因及其市场新趋向［J］电视研究，2016（6）：53-54.

[2] 李雪聪. 从《琅琊榜》看现象级电视剧的跨媒体传播［J］文学教育，2016（6）：178-179.

[3] 李魏. “文化青岛”枝繁叶茂［N］青岛日报，2017-3-7（1）.

浓妆 VS 素颜：社交媒体中的自我呈现

郑硕文 [①]

摘要：本文从戈夫曼的“前台”和“后台”概念出发，采用内容和文本分析相结合的方法，比较研究新浪微博和微信朋友圈原创内容中的个人自我形象呈现，发现微信朋友圈具有“前台”偏向，微博有“后台”偏向，朋友圈中的“自我”总是“浓妆艳抹”，而微博里的“自我”确是“素面朝天”。对此发现，研究进一步探究了产生不同偏向的主要原因是形象管理的需要和熟人圈子压力的影响。

关键词：前台偏向；后台偏向；社交媒体；形象管理；自我呈现

2017 年 8 月，微博上的热门话题“不同社交平台上的自己”引起了广大网友的热烈讨论，该话题借用表情包生动地表达了人们在微博、微信朋友圈里的不同形象：一只眯着眼睛头戴花环的猫咪表示朋友圈中的自己，而另一只表情酷酷叼着一支烟的猫咪表示微博上的自己，网络平台好比舞台，既有前台也有后台，演员在“前台”呈现面具化的自我，在“后台”还原真实的自我。那么，微博和朋友圈哪个是“前台”，哪个是“后台”？本文将从“前台”“后台”概念出发，探究人们在微博和微信空间自我呈现的不同特征并尝试解释原因。

一、“前台”“后台”与社交网络研究

“前台”（frontstage）与“后台”（backstage）这对概念是戈夫曼在《日常生活中的自我呈现》一书中提出的，是戈夫曼自我呈现理论的重要概念，他用这两个术语来形容人们在舞台上的表现和现实生活中的表现。戈夫曼指

① 郑硕文，四川大学文学与新闻学院硕士研究生。

出前台是用来表演的场所，前台的表演是努力塑造自身形象，维持礼貌和体面。与前台强调某些事实相反，后台则试图掩盖某些事实，存在着与前台表演不一致的因素，故意营造与前台表演相反的效果。后台的行为和表演也有关，但是与前台塑造形象的行为不一致。人们在前台是紧张的，在后台是松弛的。[1] 戈夫曼“前台”和“后台”这一对概念的提出为我们理解公众日常面对面的自我呈现提供了很好的视角。但是戈夫曼对前后台的划分更多地考虑了地域因素，聚焦面对面的人际传播，随着电子媒介尤其是互联网的发展，传播学家约书亚·梅罗维茨（Joshua Meyrowitz）对其概念进行了修正。

梅罗维茨认为戈夫曼的前台和后台行为模式描绘了一组静态舞台，它仅局限于面对面的交往上，但其中暗含的原理经过修改可以用来描述新媒介所带来的场景和行为的变化。新媒介的出现和发展需要重新划分前后台，梅罗维茨认为前后台的划分应该更多的依赖于人们对信息的接触，信息的探照灯照到后台，后台也有可能变成前台。[2] 此外，梅罗维茨认为前后台的划分太过单一，新媒介带来了场景的变化，场景融合产生“中区”行为，场景分离产生“前前区”和“深后区”行为。对此，本研究只考虑前台和后台的区分。

在戈夫曼拟剧理论的框架下，国内外学者们的研究较多地关注用户在特定地社交网络平台上自我呈现的策略或者心理原因，探究用户是如何在社交媒体上进行自我理想形象的塑造和维持。Huge Miller 研究了网络用户是如何通过邮件和万维网进行自我呈现，他指出拟剧理论不仅适用于现实中自我呈现的研究，而且适用于网络空间中自我呈现的研究。[3] DeniseBortree 研究了少女在博客上的自我呈现策略，发现少女在网络日志中经常采用逢迎的方式进行自我形象建构。[4] 除此之外，我国学者也探讨了个人博客中用户的自我呈现。王君玲研究了个人博客中的自我呈现，发现个人博客中的自我呈现可以增加自我表达和社会互动。[5] 除了博客以外，学者们也对其他社交媒体进行了用户自我呈现的探究。

靖鸣、周燕提出了“微博表演”这一概念，指出微博表演是指在微博平台上，用户呈现理想化自我的方式。[6] 其他学者也注意到这样的表演存在于 QQ 空间和微信朋友圈中。李魏华探讨了 QQ 空间中个人的自我呈现，包括角色扮演的类型、与访问者的互动方式等。[7] 如此角色扮演类型也同样存在于微信朋友圈中。周源源在拟剧理论的视角下研究了大学生微信的自我呈现策略，指出其角色扮演有理想型、神秘化、悖反型和协调型四种类型。[8]学者们在探讨到不同社交平台的自我呈现策略时，也有对不同社交平台的自我呈现策略进行对比研究。孙行分析了大学生群体在微信和微博上自我呈现的差异，从内容上、发文时间上以及情绪表达上几个方面进行了比较。[9]这些研究大多聚焦于把社交媒体看作“表演”的前台，主要分析研究用户在“前台”表演的策略，但几乎没有涉及到社交媒体可能的不同偏向，即社交网络平台也可能扮演着“后台”的角色，本研究将试图在此方向上做出探索。

二、研究方法与分析

本文主要采用文本分析法，研究普通用户在微博上和微信朋友圈发布的原创内容，并结合线上访谈，分析行为背后的原因。

（一）资料的收集与处理

本研究选取了五位用户，他们既是微博的使用者也是微信朋友圈的使用者，都有原创内容发布。在选择样本的时间上，由于研究对象大多使用了仅展示半年朋友圈的权限，所以本文选择2017年3月到2017年8月调查对象6个月的微博和微信朋友圈原创内容，对这些内容进行收集整理分析。

五个研究对象分别编码为A1，A2，A3，A4和A5，本文共收集到研究对象的原创内容239条，其中微博原创内容169条，微信朋友圈原创内容70条。（详细内容见表1）

表1　文本内容基本情况

	性别	微博内容	微信朋友圈内容
A1	男	54条	32条
A2	女	23条	8条
A3	女	19条	10条
A4	男	64条	10条
A5	女	9条	10条

梅罗维茨曾总结了区分前后台的四条标准：一是信息的快慢，信息分为即刻信息和缓慢信息，事情的发生时间和用户把该事件发布在社交媒体上的时间差越小，信息更偏向即刻，后台偏向也更为明显。二是内容的正式与非

正式。信息编码发送和接收的越慢，它们的内容就越正式。与后台相比，前台的风格更为正式。三是亲密自我的暴露，即人们向他人展示个人信息、经历、自我想法等。四是承认脆弱。承认脆弱也意味着人们会在“后台”倾向于表达负面情绪。[2]本研究将借鉴此标准进行编码设计。

艾宾浩斯记忆遗忘曲线显示，最初的遗忘速度最快，在学习达到20分钟后记忆量为58.2%。在这一标准的基础上，本研究以5分钟的时间差为“信息快慢”的判断标准，即事情的发生时间和用户把该事件发布在社交媒体上的时间间隔在5分钟之内，则该条信息即为即刻信息，反之为缓慢信息。关于“正式”与否的判定，用户编辑处理过程越复杂，内容越正式。修图数量越多、构思文字排版或者语言风格花费的时间越长，信息越正式。“自我暴露程度”用文本字数和第一人称“我”或者“我的”出现次数来测量，文字字数和“我”或者“我的”出现次数越多，自我暴露程度就越高。[10]根据前人的研究，本文将社交媒体中出现的“负面情绪”分为恐惧、质疑、担忧、反对、愤怒、悲哀五种，[11]依据这五种负面情绪对文本进行分析。

（二）分析结果

本文按照区分“前后台”的标准对收集到的内容进行分析比较，具体分析结果如下所示：

1. 微博上发布信息的时效性更强

对收集到的文本内容进行时间差的分析发现，用户在微博上发布的事件发生时间与其发布时间的间隔大多数在5分钟之内，比如A5于2017年3月14日17:11在微博上写到：“超级担心以后的工资和饭量不成正比”，并配有一幅正在食用食物图片。对A5的访谈也证实了她在微博上发布内容更注重时间性，比如A5受访者说到“自己发微博的内容就是当时的想法，想发了就发。朋友圈没那么及时，但会在当天发布”。其他四位研究对象受访时均表示，与朋友圈相比，自己在微博上发布的内容更同步，事情发生的时间和发布微博的时间间隔更短。

2. 微信朋友圈的内容比微博内容更为正式

图1数据显示，用户在微博上发布内容时几乎不修图，朋友圈的修图数量远远高于微博。比如A4朋友圈修图了54张，而微博中几乎没有修图。

在文字排版上，朋友圈内容会采取多行排版的编辑方式，而微博则是一行到底，甚至省略标点符号。同时，研究对象在访谈时均表示相比于朋友圈，自己在微博上发布内容时编辑处理花费的时间更少。比如 A3 在受访时说到“我一般在微博上发的多，朋友圈较少，因为发一条朋友圈自己要做相对多的准备工作，要设置可见范围、选择照片等，太麻烦。”

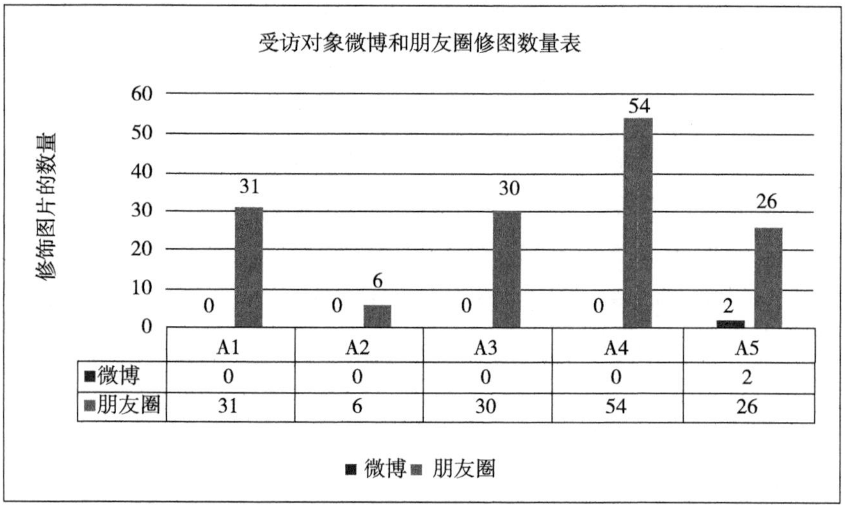

图 1　受访对象微博和朋友圈修图数量表

3. 微博亲密的自我暴露程度强于朋友圈

图 2 数据显示，从文本字数来看，微博字数整体上多于朋友圈，五位被访者中有三位的微博内容总字数远大于微信朋友圈。其中 A4 号被访者差异最为明显，A4 在受访中提到，关于集体活动的内容自己选择发在朋友圈，个人情调的东西会发在微博。他认为“朋友圈好友多，很多人评论的话自己还要去一一回复，自己懒得去回复；微博评论的很少，经常互动的好友有限，没有互动回复的压力。”A3 的微博字数虽然少于朋友圈，但相差不大。只有 A5 的朋友圈内容从字数上超过了微博。A5 朋友圈收集到的文本中，最多字数的两条信息是广告信息和解释某件事发展过程的信息。在访问时，A5 表示这两条信息自己已经尽量在用最少的语言表达出完整的意思了。此外，从文本内容来看，A3 微博内容更多的是生活吐槽，而朋友圈的内容表现的是学业、生活的积极一面。A5 微博内容更多的是对自己平时心情的流露，而朋友圈主要表现为旅游、朋友情谊等。

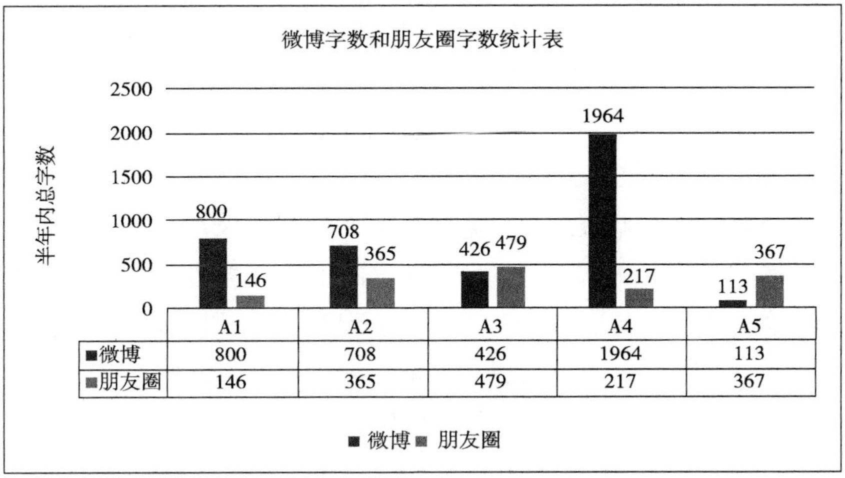

图 2　字数统计柱状图

图 3 数据显示，第一人称“我”出现在微博文本中的次数高于朋友圈。其中 A2 和 A4 微博中“我”出现的次数远远高于朋友圈，比率分别为 13∶4 和 18∶1。A2 微博中“我”出现次数最多一条微博是“今天上课没带隐形，带了框架眼镜，班上有个小朋友怎么都叫不进教室，哭着喊着：这不是我的班，她不是我的老师，我的老师不长这样……”。A4 微博中出现“我”次数最多的是一条信息是“明月多情应笑我，笑我如今，不负春光，结伴闲情结伴吃”。A4 朋友圈“我”只出现在“美国文学结课了，要论肤色之白，我和辉哥并列第一！”这条信息中。

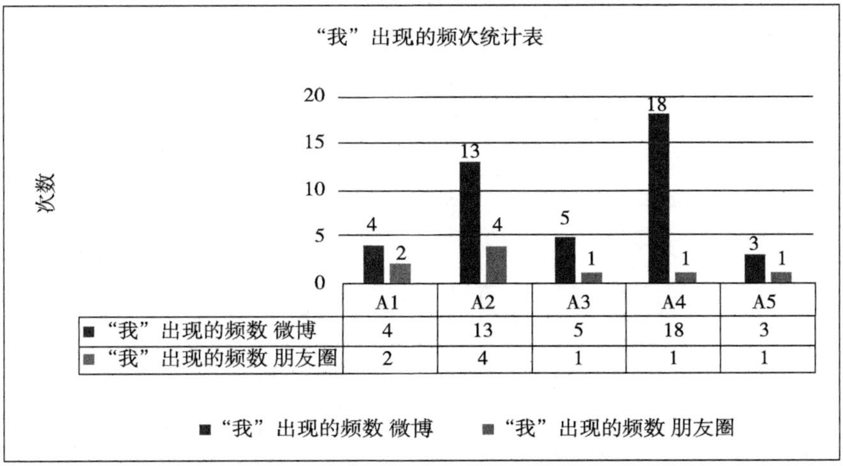

图 3　微博和朋友圈“我”人称出现频数统计表

由此可见，文本字数和“我”人称的使用，总体来看微博的使用频率高于朋友圈，自我暴露程度比微信朋友圈高，因此微博更具有后台偏向，微信朋友圈更具有前台偏向。

4. 微博的负面情绪高于朋友圈

表 2 数据显示，调查对象在微博上负面情绪的表达远远强于微信朋友圈，其中表达悲哀的内容最多，而在朋友圈中负面情绪几乎没有。比如 A3 负面情绪主要体现在对自己生活和工作的吐槽上，比如“最近脑壳进水了，想事情都想不清楚，做什么都做的乱七八糟（配的表情包）”“我好想一天什么也不干，就发发呆或者摊倒在床上看看无脑电视剧。然而现实却是从早上八点到晚上十点半都一直要不停的干事，还要列着计划踩着时间表做的这种（配哭的表情）”；受访对象 A2 在被问到微博上自己发的负面情绪更多的原因时提到“还是跟形象管理有关系吧。因为微博上感觉不会有太多人看，而且很多粉丝都是网友一类的弱连接关系，所以发些负能量的东西就觉得无所谓，不会太影响到别人。但是朋友圈因为微信好友的强关系，大多都是会在现实生活中有接触的人，而且微信朋友圈相对封闭，基本上你加了的好友发了朋友圈只要没有屏蔽你都会看见，所以就不想让别人觉得自己很负面消极，就尽量发点积极内容”。A3 和 A5 都提到自己会把负面情绪发在微博上。五位研究对象在微博上表露的负面情绪强于微信，这种负面情绪更多的表现为对生活和工作中不美好事情的吐槽，因此，负面情绪强的微博具有后台偏向，相反，朋友圈具有前台偏向。

表 2　微博和朋友圈负面情绪统计表

	微博内容（条数）						微信朋友圈内容（条数）					
	恐惧	质疑	担忧	反对	愤怒	悲哀	恐惧	质疑	担忧	反对	愤怒	悲哀
A1	0	0	1	2	1	8	0	0	0	0	0	0
A2	0	1	1	1	2	6	0	0	1	0	0	0
A3	0	1	2	1	0	8	0	0	0	0	0	0
A4	2	2	3	0	1	4	0	0	0	0	0	0
A5	0	0	0	0	1	2	0	0	0	0	0	0

三、思考与总结

本文通过分析五位研究对象的微博原创内容和微信朋友圈原创内容，发现用户在微博上发布的内容和个人更紧密相关，语言风格更为随意，情绪上更为负面。正如之前网上流行的调侃个人在微博和微信上区别的漫画一样，我们在微信朋友圈展示的是精心修饰、“浓妆艳抹”，在微博上则是更随性甚至是“素颜”的自我。究其原因，社会生活的压力和形象管理的需要是两项重要的解释因素。

截至 2018 年 1 月，中国网民规模达到 7.5 亿，微博用户使用率达 38.7%。[12] 微博和微信朋友圈成为人们生活中重要的社交平台，人们渐渐地把微信朋友圈作为展示自己的舞台，承担着越来越多的“前台”功能，而微博则越来越呈现出“后台”偏向，用户在微博上越来越“肆无忌惮”，卸掉浓妆，摘下面具，展现素颜的真实自己。微信基于熟人社交，主要通过强关系来维持信息的传递与交流，是具有封闭性的圈子传播。微信好友大多是通过线下确认形成的在线社交关系，朋友圈就成为用户向熟人圈展示自我的舞台。移动互联网时代，人们已经习惯跨越时间、空间的限制，通过社交媒体尤其是朋友圈了解亲朋好友的动态，借助点赞、评论等方式与朋友交流互动，沟通感情。日益快节奏的社会不仅给人们带来了生活的压力，也带来了人际交往的疲劳。熟人圈子的朋友圈互动需求比微博要多，需要付出的努力要大。而后台偏向的微博在一定程度上给人们提供了一个可以卸下面具表达更为真实自我的“秘密基地”，人们可以在自己的微博后台中放松、调整，从而更好地投入到社交媒体的生活与交际中。

社交媒体的出现虽然脱离了面对面的现实在场，但带给人们“不在场的在场”，塑造的是熟人屏幕后的在场。虽然用户无法准确感受到屏幕背后熟人的表情，但他们会对方的在场。微信朋友圈是一种“心知肚明”的围观，所以用户在朋友圈发表内容时，会更加谨慎小心，把自己美好的一面呈现出来，以期给他人尤其是熟人留下关于自己的美好印象。相比之下，基于弱关系的微博呈现自我理想化的动机就较弱。普通微博用户的粉丝中线下熟人关系相对较少，这样用户可以在类似“无窥视”的环境下放松地表达自我。因此，我们可以更多地在微博观察到用户吐露心声、展现没有加工修饰的自我。“越处于内层的圈子，情感归属感越强，这种情感又用来作为一种社会资源”，[14]形象管理的需要其实质就是以形象生成去维系情感，进而获得必要的社会资源。

微博的后台偏向主要表现为用户在微博上发布内容的字数更多、“我”人称的使用频次更多、内容发布的同时性以及负面情绪的表达。除此之外，从媒介角度来看，微博具有后台偏向、朋友圈具有前台偏向与其自身的媒介性质有关。梅罗维茨在区分印刷媒介和电子媒介时指出，印刷媒介具有缓慢、有阻隔的特点，因而具有前台偏向，电子媒介因其快速无阻隔具有后区偏向。[2]他从媒介自身的性质出发来进行前后台的划分，按照这一标准，微信朋友圈具有封闭性圈子传播特点，与微博广播式的传播相比，朋友圈的传播范围缓慢且受到共同好友这一条件的阻隔，而微博不需要双方事先的关注便可获悉对方微博上的内容，这和本文研究结果是一致的。

参考文献：

[1] 戈夫曼，黄爱华，冯钢. 日常生活中的自我呈现 [M]. 浙江人民出版社，1989，107-128.

[2] 梅罗维茨. 消失的地域：电子媒介对社会行为的影响 [M]. 清华大学出版社，2002，103-132.

[3] Miller Hugh. The Presentation of Self in Electronic Life：Goffman on the Internet [C] // 1995.

[4] Denise Sevick Bortree. Presentation of Self on the Web：an ethnographic study of teenage girls [J]. Education Communication & Information，2005，5（1）：25-39.

[5] 王君玲. 试析个人博客中的自我呈现 [J]. 新闻界，2009（02）：37-39.

[6] 靖鸣，周燕. 网民微博表演：基于自媒体平台的自我理想化呈现 [J]. 新闻大学，2013（06）：118-122.

[7] 李魏华. QQ 空间中的自我呈现 [D]. 兰州大学，2009，37-39.

[8] 周源源. 拟剧理论视域下大学生微信自我呈现研究 [J]. 思想理论教育，2016（9）：84-88.

[9] 孙行. 大学生群体在微信和微博上自我呈现的差异研究 [J]. 新闻研究导刊，2016，7（22）：84-84.

[10] Barak A，Gluck-Ofri O. Degree and reciprocity of self-disclosure in online forums [J]. Cyberpsychology & behavior：the impact of the Internet，multimedia and virtual reality on behavior and society，2007，10（3）：407.

[11] 刘丛，谢耘耕，& 万旋傲.（2015）. 微博情绪与微博传播力的关系研究——基于 24 起公共事件相关微博的实证分析. 新闻与传播研究（9），92-106.

[12] CNNIC，第 40 次中国互联网络发展状况统计报告 [R]，2017，32.

反思小戏骨热：娱乐的边界为何一再被突破？

毛俊玉 ①

摘要：2017年十一期间，湖南广播电视台“潘礼平团队”的新作《小戏骨之刘姥姥进大观园》火遍网络，豆瓣评分9.2分，截至2017年11月20日仅在腾讯视频上播放量突破1.6亿次，评论称其“惊艳了时光”。其实，这已不是小戏骨作品第一次获得网友和观众如此高的礼遇。2016年国庆节，《小戏骨之白蛇传》一经亮相好评如潮，腾讯视频评分高达9.4分，这部作品还斩获了2016腾讯视频年度惊喜网剧大奖。

《小戏骨》系列作品最大的卖点是演员的平均年龄不到10岁、最小年龄低至6岁。而《小戏骨》系列作品的传播过程中，几乎“零差评”，商业价值层面的评价是“流量担当、市场空间巨大”，文化价值层面的评价上升到了弘扬中华优秀传统文化。

借助移动新媒体的病毒式传播，《小戏骨》系列作品造就了一场新的全民娱乐狂欢。然而冷静观察，我们不免看到，这场文化消费狂欢是异化和扭曲的，铺天盖地的赞美声难掩当代社会成人世界的审美病症和混乱的价值观。儿童的成人化表演是成人世界的强行施加，满足的是成人世界无底线的娱乐消费欲望。大众传媒则是这场娱乐狂欢兴起的始作俑者，更是推动者。在传媒技术发达和新媒体传播无孔不入的今天，对于《小戏骨》系列作品及其引发的审美怪象进行深刻反思显得尤其重要。

关键词：小戏骨；消费儿童；娱乐至死；文化工业

---

① 毛俊玉：中国传媒大学文法学部在职研究生。

“肆无忌惮”的成年人：《小戏骨》作品的核心受众群

《小戏骨》原是湖南广播电视台潘礼平团队打造的一档文化节目，号称开创了“小孩学大人”的表演模式，由平均年龄不到10岁的孩子学习和模仿经典影视剧。《小戏骨之白蛇传》市场反响强烈，让潘礼平团队真正从一个地方台进入公众视野。

随后，潘礼平团队一发不可收拾，接连推出十几部《小戏骨》作品，经过互联网视频平台的二次播放，微信、微博等新媒体渠道的口碑营销，获得越来越多的观众的喜爱，成为秒杀一众小鲜肉的“流量担当”。《小戏骨》系列作品的走红，湖南广播电视台潘礼平团队、腾讯视频等无疑是最大赢家。

《小戏骨》的火爆不仅仅局限在线上平台和朋友圈中，专家学者乃至地方宣传部门对其都不吝溢美之词。如“《小戏骨》的节目模式，把传统艺术与电视艺术有机结合，将传统文化与群众艺术大胆融合，为传统文化传承注入新的创意，给人带来十分惊艳的感动”[1]。“演经典、学经典”的模式被部分专家捧为“传承经典的典范”，湖南省委宣传部还将其树为样板。在《湖南日报》刊发的一篇署名省委宣传部供稿的文章中，作者说：“‘小戏骨’系列之所以能火起来，关键是将传统历史文化经典通过‘萌娃演戏’的方式进行了创新传承……‘小戏骨’闯出了新路子，发掘出一个主流价值观、精良艺术感和市场需求性共生的‘富矿’，也衍生出一条包括产品创意、传播销售等在内的‘小戏骨’产业链，成为我省将中华优秀传统文化内涵融入生产生活各方面的一个缩影。[2]”作者把《小戏骨》的“形式创新”上升到了弘扬传统文化的高度，并且还从文化创意产业发展的角度为《小戏骨》点赞，称其发掘出一个“富矿”，衍生出一条产业链。那么这个“富矿”必然包含“儿童的成人化表演”，这个产业链指的是童星娱乐产业链。然而，这个富矿和这条产业链的最终消费对象却指向成年人。

《小戏骨》系列作品的总导演潘礼平在采访时明确表示过，《小戏骨》作品的受众群体是以中老年怀旧群体为主，观众看的就是孩子们的萌态。

但实际上，年轻人群同样对《小戏骨》表现出过分的追捧和喜爱，文艺青年聚集地豆瓣，对国产影视剧一向苛责，却对《小戏骨》系列作品给出了超高的好评，如《小戏骨之白蛇传》获得8.4分、《小戏骨之刘姥姥进大观园》9.2 分、《小戏骨之放开那三国》8.2 分。

小戏骨现象是成人世界消费儿童的一次狂欢。《小戏骨》的演员都是小朋友，但这一文化产品的受众群对准的是成年人。在《小戏骨》系列作品中，孩子们不过是导演手中的提线木偶，他们专注模仿成年人的表情、动作、说辞，为的是造成反差，通过萌态赢得成年观众的喜爱。但这种“萌态”真的“萌”吗？从网友的好评到专家的点赞，乃至地方宣传部门的力挺，再到搬出弘扬传统文化的大旗，《小戏骨》系列作品就像一面镜子照出了成人社会审美的诡异、扭曲和价值观的混乱。

消费“儿童”：打着传承经典旗号的娱乐至死

梳理《小戏骨》作品传播过程中的评价，形成了一些关键词：模仿、创新、怀旧、萌娃、新奇、演技炸裂、传承经典、大胆融合。正因为小戏骨们的表演娱乐了成人，获得了这些消费后的好评。好评之下也有理性的反思，零零星星的质疑声随之而来，主要表达了儿童过早成年化和童年消逝的担忧。

不过，满天飞的正面评价几乎扑灭了质疑声。面对质疑，网友和观众的观点是令人诧异的，总结起来就是，“孩子们演成年人并没有那么复杂。自始至终，都是一群天真的孩子在演单纯的戏”。这种说辞也出现在潘礼平团队的宣传口径中。在一次采访中，潘礼平将小孩子演大人定位一种新的艺术门派和类型。他说：“成人化不可避免，但你们看他们刚才在台上天真活泼、很烂漫，演戏就只是演戏而已。”

这种辩护振振有词，还有几分理直气壮，但实则正在上演着尼尔·波兹曼预言的“娱乐至死”。20 世纪 70 年代末、80 年代初，尼尔·波兹曼在《童年的消逝》中对广播电视左右儿童和成人提出了担忧，电视等媒介并不区分“成人”和“儿童”，它们“肆无忌惮地揭示一切文化秘密，它已经对成人的权威和儿童的好奇构成了严重的挑战”[3]。正如纪录片《幼儿园》的导演张以庆所言，“成人世界的明标准、潜规则仿佛早已被孩子窥破”[4]。

当下，互联网技术的发达和传媒商业化的运作加速了文化消费主义在儿童世界的肆虐，成人与儿童已没有分界线而言。如果成年人的这种娱乐消费态度继续保持下去，“娱乐至死”的预言恐怕会变成现实：“一切公众话语都日渐以娱乐的方式出现，并成为一种文化精神。我们的政治、宗教、新闻、体育、教育和商业都心甘情愿地成为娱乐的附庸，毫无怨言，甚至无声无息，其结果是我们成了一个娱乐至死的物种。[5]”

孩子们在《小戏骨》系列作品不仅要经历情爱缠绵、生老病死、悲欢离合，甚至还会模仿成人进行厮杀，“学习”成人社会的“尔虞我诈”“阴谋诡计”“争权夺利”等。导演和观众认为孩子只是在单纯演戏，不会入戏，即便真正入戏，只要稍加疏导就会回归“儿童世界”。然而，这只是一种理想的状态，是导演的一种假设。潘礼平团队自称是良心团队，但对经典影视剧的选择并非像他们宣称的那样处处为孩子们考虑。选择模仿对象的最大原则或许是网友和观众最想看什么。

且不论成人影视剧本身大多少儿不宜，而其中部分经典影视剧题材更是不宜中的不宜，如《三国》题材、《水浒》题材，这些古典名著在成人世界都尚需用批判眼光去看待，但潘礼平团队却照搬不误。在《小戏骨之放开那三国》中，孩子们置身于残暴血腥、尔虞我诈的表演中，第一集中就出现了大量惨不忍睹的暴力场面，如上演董卓逼百官喝血酒的戏码。在戏中，孩子们“被迫”模仿成人互相残杀，让儿童以这种方式替成人向经典致敬，反映出来的已不仅仅是成人的无知了，而是某种难以言说的“无耻”。因此，说《小戏骨》弘扬传统文化，启发传统文化传承新思路，实在有过誉和抬高之嫌。

在《小戏骨》系列作品之前，活跃在荧屏的儿童演员大多遵循“孩子演孩子”的原则，孩子和成人之间的边界尚且存在，即便如此，“童星”的成长仍然令人担忧。但《小戏骨》系列作品的出现，则破天荒直接在影视剧中强行将儿童和成人的身份合二为一，让孩子装模作样演大人，彻底消除了儿童与成人的界限。

观看儿童演成人，别扭和不适感是存在的。但在娱乐的喧嚣中，这种伦理层面的不适感被消弭掉了。人们只看到了烟花般的表面，并不愿意进一步看到这华丽背后的荒谬。对于小戏骨现象，观众表现出很强的包容度，一边倒的好评即是明证。然而，人们赞美和认可的同时不仅失去了反思自我的意识，并为这场狂欢找到了诸多冠冕堂皇的理由，这才是最可悲之处。

经济利益的主宰：对大众媒介商业化的批判

随着媒介的发达和互联网技术的进步，人们的娱乐消费越来越受到大众传媒的影响和干预。除了传统的传播方式外，智能手机这一媒介载体的普及，更是将媒介对大众生活的干预推向无孔不入的地步。信息就像空气无处不在，人们在日常生活中被动或主动接受发达媒介传递的庞杂信息。显然，大众传媒给大众生活带来的并不都是福音，“大众媒介受消费意识的左右，大众媒介的感性化、复制性及人为的媒介权力使用的泛滥时代，造成了大众文化产品品味的降低”[6]。通过《小戏骨》系列作品，我们可以看到大众媒介及其制造的文化产品表现出明显的娱乐化、商业化等特征。

《小戏骨》的受热捧并非偶然现象，《小戏骨》系列作品对儿童的消费也不是个案。近些年，在各类选秀节目、真人秀节目中，屡屡可见儿童的身影，特别是在亲子类真人秀节目中，参与儿童被打扮成“明星范”，按照成人设定的规则进行“本色”表演。大众媒介热衷于制作和生产这类作品和节目，根本原因还在于市场需求，他们深谙观众的文化消费心理，商业利益驱动他们主动迎合和满足消费者（观众）的需求。

《小戏骨》系列作品重在模仿经典影视剧，是复制式的表演，其运作有一套标准化的生产机制，其特点和工业流水线生产并无多少差别，是典型的文化工业生产活动。法兰克福学派对“后现代文化工业”的批评至今仍然值得人们深思。法兰克福学派指出，大众文化是一种技术性的、商业化的、标准化的文化。就文化的标准化而言，该学派认为，艺术本质的丧失“像工业产品的零件一样，大众文化的‘原材料'走向文化生产流水线”[7]。《小戏骨》系列作品的生产模式正是法兰克福学派所要批判的对象，“文化被放在流水线上重复生产和批量复制。此时，丰富的文化文本吻合了消费社会中的‘物’的极度丰盛这一基本特征……文化在一定程度上也被‘异化’了，成为赚取商业利润的工具[8]“。因此，点赞《小戏骨》具有创新精神是站不住脚的，潘礼平开创的由孩子来“演经典、学经典”的模式只不过是文化工业生产的固有套路。

文化工业的本质是追求经济效益，而伴随着我国文化产业的兴起，过度追求经济效益的风气如熊熊烈火在燃烧，文化行业充斥着金钱的味道，“在今天的文化活动中，经济诉求即利润动机成了主宰一切的根本出发点，‘商业价值’‘票房价值’‘收视率’‘销售量’‘点击率’等，几乎统治了‘文化界’的思想”[9]。

潘礼平团队一再否认小戏骨作品是商业项目，坚持把品牌和社会效益放在第一位。他们宣称，“与小演员签的合约并不是经纪约，而是‘保护条约’，孩子们是不能接商演和广告的。这档节目主要以公益为主，能够不亏本，能够运转下去，不断给大家提供传承优秀的经典，就可以了”[10]。即便这种说法有几分可信，也掩盖不了小戏骨系列作品是以盈利为目的的文化产品，儿童沦为湖南广播电视台赚钱的工具。这是由作为文化工业组成部分的大众传媒商业化运作决定的。《小戏骨》团队难以“独善其身”。

在这场持续近两年的小戏骨娱乐狂欢中，我们有意或无意忽视这一文化产品所带来的负面影响，“消费主义思潮与大众媒介，形成了一股几乎无坚不摧的力量，深深影响并改变着人类的生活方式甚至思想意识。然而，人们在享受消费和传媒带来的乐趣时，也在被他们所奴役，沦落为物欲的符号……如果人们被自己创造的工具所奴役，且失去了人类特有的思想能力，造成文化创造力的钝化，或许这才是人类悲剧的开始”[11]。若不加以警醒和反思，“消费儿童”的狂欢只会持续下去，人们也将继续在娱乐狂欢中被媒介所奴役。

结语：

小戏骨现象是基于消费儿童的一次成人文化狂欢，透视出当今我国文化消费中某种特殊的扭曲和猎奇心理。娱乐应有边界、有底线，但潘礼平团队打着弘扬传统文化和致敬经典的旗号，突破了娱乐的底线。《小戏骨》系列作品所带来的“好处”远远少于它所隐藏的“危害”。就儿童的成长与文化的传承而言，《小戏骨》是一个本不该出现却被市场和传媒催生的反面教材。成人为满足自己的消费欲望，对儿童的消费已经达到肆无忌惮的地步。传媒主动地对儿童成长进行粗暴干预也已经达到无以复加的境地。小戏骨热就像一出闹剧，该休矣。

参考文献：

[1] 曾茂盛.《<小戏骨>启发传统文化传承新思路》[Z].中国文明网，2016-10-18

[2] 吴良琴.《湖南如何弘扬中华优秀传统文化？从<小戏骨>成为“网红”说开去》[N].《湖南日报》，2017 年 6 月 14 日第 2 版

[3] 尼尔·波兹曼.《消逝的童年》[M]. 桂林：广西师范大学出版社，2004 年 5 月第 1 版
[4] 陈文芳.《张以庆 < 幼儿园 > 之外的幼儿园》[J].《父母必读》2007 年第 1 期
[5] 尼尔·波兹曼.《消逝的童年》[M]. 桂林：广西师范大学出版社，2004 年 5 月第 1 版
[6] 韩玉洁.《大众文化与媒介》[D]. 郑州大学硕士学位论文，2014 年
[7] 何宇虹.《简析法兰克福学派的大众文化批判理论》[J].《安徽文学（下半月）》，2008 年第 9 期
[8] 隋岩、张丽萍、范明.《消费主义思潮下的大众传媒文化审视》[J].《新闻记者》，2015 年第 8 期
[9] 章国锋.《文化工业与消费主义》[J].《黑龙江社会科学》，2006 年第 1 期
[10] 郭雅琼.《版权费尚不抵千万成本 不做童星经纪的《小戏骨》计划如何构筑商业模式？》[Z]. 数娱梦工厂微信公众号，2017 年 10 月 13 日
[11] 陈利双.《儿童还是承成人？——消费主义与大众传媒背景下个人角色扮演的混乱》[J].《东南传播》，2009 年第 11 期

新时期中国影视跨文化传播路径探析

高佳妮[①]

摘要：在互联网和移动互联网迅速发展的新时期，经济全球化带动了文化全球化，文化融合与跨文化传播成为未来文化产业发展的大趋势！影视，作为一种便于产业化运营的综合性艺术，已然成为衡量一个国家文化产业的重要标志。在信息高度发达的互联网时代，中国影视如何在国家复兴的大好时期创作出票房与口碑双赢的高品质影片，将我们国家的文化精神、我们的主流价值观更广泛地传播到世界各地？本文在单波、赵玉宏等学者的研究基础上，以国际影片审美需求为参照，结合中国影视跨文化传播中存在的问题，以跨文化传播理论作为工具，对中国电影的跨文化传播路径进行探析，并提出相关建议。

关键词：新时期；跨文化；影视传播；路径；策略

一、中国影视跨文化传播的现状与机遇

文化是个宽泛的概念，包含着多样化的精神内核，既有语言文字、书法、绘画等具象化的符号或形式，也包括文化传统、价值观念、生活习惯等无形而抽象的内容，甚至人际关系的相处模式和生产方式等。文化传播需要载体，毫无疑问，在当下各种传播渠道中，影视剧是受众最为广泛、传播效果最为显著的载体之一。中国影视剧对外传播是中国文化对外传播总体战略的重要组成部分。

从2003年中国电影产业化改革起，中国影视进入了迅猛发展的黄金“新时期”！2017年年底中国拥有5万多块的屏幕和一万多家的电影院，电影历史性

① 高佳妮：西安交通大学新闻与新媒体学院博士研究生。

地突破了500亿元大关，达到559.11亿元，让世界都惊叹中国潜力巨大的影视市场，中国电影总票房在美国之后排世界第二，中国理所当然地进入了电影大国行列，但因其高品质影片匮乏，造成中国离影视强国美国、日本、硬度的差距不是缩小而是拉大了。一方面我们市场很大，成为世界影视强国环伺逐鹿的猎场，另一方面，因我们自身造血能力相对于20世纪八、九十年代相对减弱，高品质的影片不多，进口片和出口影片逆差悬殊。查看中国电影近年来的海外销售记录和惨淡的票房成绩来说，中国电影在跨文化传播这一块发力不足，这与逐渐强盛的中国经济、科技相比，中国电影对外跨文化传播严重滞后。

邓小平说："发展是需要机遇的。"中国电影中国影视的发展同样需要机遇。2017年，我国人均GDP已经超过5000美元，中国继美国之后成为世界第二大经济综合体。中国进入国际事务的参与中和国际秩序的维护中，开始在国际舞台铿锵有力地发声。世界众多国家，不仅是小国、弱国，就是欧美强国也开始重视中国，中文成为既英语之后，在世界各国掀起学习热潮的新语种，越来越多外国人开始了解中国和中国文化。这都为中国影视走出国门，在全球广泛地跨文化传播提供基础。

2013年，习近平主席提出了"一带一路"伟大倡议，为国际合作提供一个大框架。"一带一路"沿途涉及65个国家地区，横跨欧亚两大洲，涵盖亚太、欧亚、中东、非洲等地区，总人口44亿。还有不少非"一带一路"沿途的国家也在陆续加入到"一带一路"的战略合作中……国家搭好舞台，为中国文化和中国影视对外传播提供了绝好的机遇和便利条件。电影作为跨文化传播的媒介，显然对于中国文化有着诠释功能，也正是在诠释的过程中较好与他者实现文化传播交流，这对"一带一路"战略构想实施具有极大的现实意义。借助互联网和文化全球化大融合的发展趋势，有助于推动中国影视在国际领域的进一步跨文化传播，逐步提升国家文化软实力。

二、中国电影跨文化传播存在的问题

1. 高品质的影视精品不多，在国际市场和票房上难以与欧美大片抗衡；中国影片的人文内涵有待提高。

学者马坚《中国影视剧"走出去"战略的经验与思考》认为：当前我国

高品质的影视剧不多，国际影响力不足，“走出去”缺乏底气。据2017年统计数字，“我国文化产业在国内生产总值中所占的比例为4.3%，西方发达国家已经平均达到10%以上，美国则达到25%。2017年国产电影海外票房和销售收入42.53亿元人民币，同比上一年增长11.19%；而美国电影在本土以外的票房为288亿美元，约是中国海外票房的90倍。

中国电影每年产量近千部，能进影院的也有上百部，但能够代表中国走进国际市场的影视原创作品寥寥无几。虽然中国的不少文艺片在国际上口碑不错，但文艺片受资金和体量限制，在国内外的票房、传播力、影响力十分有限。

不仅是电影产业，中国的整个文化产业都不同程度存在着国际接受程度较低的现状。《光明日报》副总编辑沈卫星认为：“在过去的对外文化交流推广中，我们的一些方式显现出产业支撑力不强、文化内涵呈现不够、思维和欣赏习惯还有很多地方对接不准、市场推广力不强、可持续发展的后劲不足等问题。”

2. 因文化差异、受众喜好和风俗习惯不同，中国电影跨文化传播时“文化折扣”，接受度不高。

学者马坚《中国影视剧“走出去”战略的经验与思考》提到：在以往中国影视对外传播过程中，常常出现这样的尴尬局面：“走出去”因语言和文化障碍停留在表面，深度介绍中国历史、正面展现中国当代发展现状的影视产品少之又少。他以自己在广西电视台海外部多年的从业经验认为：中国影视剧之所以在东南亚各国中欢迎程度较高。究其原因，不外乎中国和东南亚各国国情相似、文化传统相通、风俗习惯相近、政治背景相仿等，聚居在这些国家好几千万的华裔人口也为国产影视剧进入东南亚提供了坚实的群众基础。马坚的观点也证明了国情和文化差异越小，跨文化传播越容易实现。学者卢冉在《中国影视文化对美传播的现状，问题及对策》提出：由于中美观众在认知结构和审美需求的不同，中国电影在美国传播时文化折扣很高，由于发行渠道不畅通等问题，中国影视在美国落地和发行都成问题，很难进入主流市场。

3. 中国电影在海外主动传播不足，被动传播容易让海外观众对中国形成刻板印象。

卢冉在《中国影视文化对美传播的现状，问题及对策》认为中国影视文化在美国主动传播不足，被动传播构建了美国公众对中国形成了刻板印象。早期中国电影《黄土地》《老井》《红高粱》《霸王别姬》等优秀影片传入美国市场，让美国观众在惊叹中国人原始生命力的同时，也对中国的印象形成了贫穷、落后的刻板印象。而反映中国当代变革题材的影片凤毛麟角，因其投资体量不大，宣发缺少资金，很难有机会进入美国市场。所以，这二十年来，中国电影在欧美国家主动传播不足，更没有将逐渐强盛的中国形象通过影视传播到世界各地。又因为中国影视市场潜力巨大，欧美等影视强国开始将一些中国题材搬上银幕。如《功夫熊猫》系列影片，虽然是中国题材和中国元素的影片，但从影片气质和价值观上来说，它仍是一部纯粹的美国片。这种被动传播更多的是商业方面考虑，在中国吸金获得好票房，并非美国好莱坞真正喜欢中国文化而自愿为之。中国电影要想主动在海外传播，还是要制作出观众人喜闻乐见的高品质的影片，如此才能主动传播中国文化和中国自己的价值观。

三、中国影视跨文化传播的路径探析

在互联网和移动互联高速发展的新时期，中国影视出路在哪里？如何广泛地将中国文化精神和中国主流价值观更广泛地传播到国内外，的确值得每一位电影人深刻思考。在众多学者研究基础上，本文对中国电影跨文化传播进行持续探析，并提出相关策略建议。

1. 影片策划前期，中国电影人应具有国际化的视野、思维和商业运作模式。

一般而言，影片的出路决定投资的体量和随之而来的商业运营模式。影片策划之初是面向国内市场还是国际市场，决定了演职人员的配备和投资体量。一般而言，电视剧主要针对国内市场，其观影人群主要是国内观众；而投资过亿元的电影面向的全球市场。受众不同，相应的人员配备和拍摄手法也不同。在互联网和移动互联网广泛覆盖的新时期，影院已经不是一部电影传播的唯一渠道，网络能让一部优秀的影片快速地在世界各地传播开来，口碑营销不容忽视！这就要求影片创作者在题材选择和前期策划时，要具有国际化视野、思维和商业运作模式。影片最好能配中英文字幕，便于不同国家的观众观看。

好莱坞不仅是美国的，更是世界的。它几乎聚集了欧美最优秀的影视演员和影视制作人才，值得中国乃至全世界电影人学习。《战狼》的导演吴京在参观美国好莱坞的制作场地和制作流程时感慨好莱坞产业化的成熟与制作精良。可能不仅仅是吴京，几乎所有去过美国好莱坞的业内人士都会感叹好莱坞成熟而优秀的影片制作流程和经验。在全球化一体化时代，中国电影对外传播可以参考美国商业大片的运营模式，细分受众和市场，有的放矢地进行传播，探索中国影片全球传播的策略和制片经验，让中国影视以大众喜闻乐见的形式在更多国家传播。

2. 增强文化自信，坚持中国文化精神内核，与欧美影视强国合作时掌控合作主导权，特别是内容合作方面。

通过赵玉宏、卢冉、李晓红等学者的文献分析，大家不约而同地提出我们要与强势的影视强国进行全方位合作，不仅在内容上合作，更要在联合制片、后期制作和发行渠道的拓展方面展开深入合作，并且提出了合拍影片是快速提升中国影视剧的制作水准和产业化流程的有效办法。对此，笔者也赞成，但全方位深入合作，究竟该怎么合作？合作中以谁为主导？是全盘西化地学习欧美影视，让自己成为附庸，还是合作除了互通有无之外，弄清合作主导权问题是中国电影人与欧美电影强国合作的基础。需要明确的一点是：文化上的主导权不是以经济和军事的实力强弱来衡量，而应以文明程度的高低与文化的先进为衡量标准进行融合，取长补短。中国虽然在经济、科技和军事上不能与强大的美国相比，但中国在文化上和文明进程上不仅不比美国为首的欧美西方国家的低，而是在很多方面要比西方文化和西方文明先进，我们的文明曾经创造强盛的汉唐文化，辐射欧亚，形成了强盛的大中华文化圈，直接滋养并促进了西方现代文明的发展。我们的文化工作者要从根脉上认识到中华文化的先进性和优越性，才能从内心树立文化自信，在中华民族和中国文化伟大复兴的新时期，中华文明将会重新影响世界，为世界文明和世界格局的变化带来新鲜血液。

3. 影片价值观：跨文化传播，传播什么？中国影视剧跨文化传播的重点是展现中国文化精神和主流价值观。

文化是一个民族精神内核和物质文明的综合体现。跨文化传播，传播什么？这是跨文化传播课题研究的重点。创作和传播要明确什么是中国精神和中国文化内核？

我个人认为中国文化的核心价值观是“仁义礼智信、忠孝廉耻勇”。传承千年的儒家文化的思想曾经深刻影响中国人和中国文化，至今依然适用，且具有普世价值观。仁，何为仁？孔子在论语中对仁给出解释：“仁者爱人”，爱就是悲悯，所以仁为悲悯之心，对万物心存悲悯是为仁。义：为“奉献精神”；礼：对“秩序”的尊重和遵循；智：知也，明理敏行为智；信：诚信；忠，忠诚坚贞。孝：好好侍奉父母和长者；廉：不取不义之财，不占有合法的财物；耻：对耻辱之事和行为怀有羞愧之心；勇：勃发的生命力和胆识。中华民族是一个谦和奋进的民族，“和”是中国人重要的人文信仰、思想观念和美学范畴，是中国文化和中国哲学的重要体现。中国人民大学一级教授张立文在2013年10月《人民论坛》杂志上发表《“和”的文化内涵》一文中指出：“和”的本意可以理解为：人人都有饭吃，天下就和平；如果没有饭，天下就乱了。引申为“和平”“和谐”。中国不管是在过去、现在还是未来都是主张和平的。在“仁义礼智信、忠孝廉耻勇”之外，再加一个“和”就是中国文化的核心价值观。文艺工作者了解这一点后，就会将中华文化的核心价值观融入到中国影视剧中。有这样的文化认知，再与欧美或者日韩同行进行交流合作，我们才能不失去自己。

跨文化传播，不是一味地讨好传入国的观众，迎合他们的喜好和口味，而是一种先进文明，优势文化的输入与传播。曾让中国屹立世界民族之林的传统文化所展现出的中国文化、中国精神才是中国影视、中国文化进行跨文化传播的重点。

4. 电影主题：摒弃“小国寡民”，以苦难、苦情求得世人同情的弱者心态，以“大国心态”平视艺术和影视创作，在影片中融入人道主义、人文主义等普世价值观。

电影作为一门特殊的综合性艺术，巨大的投资要求高额的票房，这就要求电影创作必须兼具商业和艺术双重标准。

电影不是宣教片，更不是政治的喉舌与逢迎者。但是一部好影片的确可以为国家形象的塑造与传播起到非常好的视觉效果。《湄公河行动》《战狼2》

和《红海行动》就是将电影艺术与商业价值结合得很好的案例。对一部电影而言，“好看”是第一位的，其他因素都是附着在此基础之上的。电影题材和主题的选择尽量具普世价值观，特别是面向国际市场的影片，摒弃“小国寡民”，以苦难、苦情求得世人同情的弱者心态，要有“文化强国”的自信和责任，站在占据社会大多数的中产阶层人群的角度来思维、以他们的生活和价值观为主要关注对象。因为电影是要付费的，最终靠票房来盈利和传播。愿意为电影付费的人群才是影片主流受众。所以占据社会大多数的中产阶层家庭中的父母和青少年将会成为影视主流观影人群，而这些人已经走出了物质困境，更关注生活品质和精神层面的提升。中国影视在内容和主题上，要贴近年轻人的生活和国际化的价值取向，融入真善美等人文关怀，尽量与中国和美国中产阶层人在生活和精神上产生和鸣共振，这将是中国影视对外广泛传播的重要基础。鉴于《战狼 2》国内票房爆红，而在欧美市场票房失利传播效果不佳的情况，导演吴京在采访中透漏，他将会筹备中的《战狼 3》增加人文关怀和人文精神，以便影片更好地在欧美主流电影市场传播。在电视剧创作形式上，探索季播剧、系列电影和大 IP 的开发等多种形式，以遍适合年轻人通过网络集中观看。

5. 影片风格：增强现代意识，多元化、多风格创作，逐步探索具有东方文化特质和东方审美的中国影片风格。

我们提倡艺术“百花齐放”，艺术风格多元化、多样化发展，繁荣文化产业。如果说中国文化精神是中国影视的魂魄，那么具有东方审美和东方文化特质的影片风格就是中国影片的血肉。以中国文化精神为核，探索东方文化特质和东方审美的中国影片风格东方审美的影片风格是中国影视跨文化传播的重点和主要类型。仔细去看美国输出到国际市场并获得广泛传播的大影片，基本都是弘扬美国价值观的主旋律影片；日本和印度的影片风格也非常鲜明，一看就具有他们国家的文化特色和审美特质。而中国电影在国际上除了古装片、武侠片之外，似乎并没有形成鲜明的风格和特色。当今之际，中国电影人要思考的是，什么是中国文化特质和中国的“主流价值观”？笔者以为：融入了现代意识、当代审美，具有东方文化内核和中国普世价值观的影片就是“中国的主旋律电影”，以此逐步探索形成具有东方文化特质的中国影片风格。《卧虎藏龙》《英雄》《一代宗师》《刺客聂隐娘》都是具有鲜明的东方文化内核和审美的中国古装影片，影片所传达的“侠之大者，为国为民”的侠义精神不仅是中国传统文化的优秀品质，也是与普世倡导的忠勇报国的价值观相吻合。所以这几部影片不仅在国际A类电影节斩获大奖，在国内票房过亿，在北美市场上更是口碑和票房双丰收，它们为中国影片在国外传播铺开了一条康庄大道，让世界知道了中国功夫和中国武侠片。

中国动作片（古装和时装）和中国仙侠片将是中国影视走向国际市场的非常重要的类型。当然，一些优秀的当代题材的影片，如《霸王别姬》《活着》《阳光灿烂的日子》《三峡好人》《图雅的婚事》《苹果》《我不是潘金莲》在国际上屡获大奖。这些具有独特视角的当代题材影片具有鲜明的中国风格，在国际上也获得不错的传播效果。

兼具艺术性和商业性的大投资影片和具有话题热度、年轻人感兴趣的影片是我国实现跨文化传播的重要影片类型。

6. 研究受众喜好，以主流观影人群喜欢的方式讲故事，点爆观众的“燃点”，有助于一部影片的广泛传播。

根据中国国家广电总局调查数据显示：买票去影院观影的人群主要集中在经济相对比较发达的城市，80% 的观众年龄在 15–35 岁之间，平均观影年龄 23 岁，研究 90 后甚至 95 后电影观影者（受众）的喜好和性格特点，以他们喜欢的方式讲故事，有助于一部影片广泛传播。研究主流电影受众心理和观影人群的审美和喜好，对影视创作者在创作前的策划、影片的风格确定和讲故事的方式等方面至关重要。一部影片能否能获得好票房，在遵循电影本身的创作规律和商业运营模式的前提下，能否适应主流观影人群的喜好和需求是获得高票房和广泛传播的基础。电影在对外传播中，不可能适合所有国家人的习俗和喜好，但只要研究全球青年人的性情和喜好，在不影响影片品质的情况下，植入年轻人的视觉、流行文化、关注点，对一部影片广泛传播也大有裨益。美国好莱坞拍摄的大片基本都是拍给 15–35 岁的年轻人看的，甚至不用什么高深的思想，光视觉冲击就点爆观众的燃点，自然能在全球广泛传播。

以受众喜欢的方式讲故事，即便是主旋律影片也会受欢迎。比如前几年的《建国大业》、近两年的《湄公河行动》《战狼》和《战狼2》都是非常不错的主旋律影片，在从影片的艺术价值、口碑、商业票房和传播效果来看，都非常不错，成为主旋律影片的代表作。

一部好的影片是可以兼顾商业和艺术双重标准的。对于文化产品而言，任何时候，都是内容为王。“皮之不存，毛将焉附？”一部成功的影片即使主题再好，思想再普世，如果没有一个高品质的影像做支撑，也难以取得好的传播效果。思想性、艺术性、观赏性是评判一部好电影的永恒标准。

7. 中国电影对外传播的目标国不是美国，而是亚非拉、欧盟一些国家和一带一路沿途国家！

卢冉在《中国影视文化对美传播的现状，问题及对策》认为美国是中国影视对外传播最主要的目标国，并以此来衡量中国影片跨文化传播成绩和效果。笔者不这么认为。哪里有市场，哪里就是中国影视对外传播的目标国。以美国为主的北美市场固然重要，但对中国影视而言，北美不是中国影视传播主战场。由于东西方文化差异，美国人对中国电影的接受与认知程度还停留在单纯的功夫片上。中国当代题材的影片和故事片在美国认可度不高。《战狼2》在美国遇冷，票房惨淡。中国文艺片、故事片、当代题材影片在美国传播不力，就说明了美国市场虽然大，但对中国影片来说需要一段时间来培养，且这个培养期不会太短。我们也没有必要一定要让美国人认同中国文化和中国影视，如果亚非拉、欧盟一些国家喜欢我们影片，这些国家就是我们影视跨文化传播的重要目标国。在文化传播这一块我们不妨借鉴好莱坞的制片和发行经验：市场在哪里，哪里就是电影的传播对象和输出国。在十年前，美国好莱坞在制作影片时基本不考虑中国市场，但当中国经济总量跃升世界第二，中国电影票房突破500亿时，好莱坞在投资一部影片时就会考虑，这部影片是否中国人会喜欢？如何能让中国人喜欢以便在中国获得好的票房。虽然基于市场考虑，但这种变通式的包容性值得中国电影人学习。

所以，中国电影目前对外传播的主要对象不应定为美国，而是与我们有着相似文化背景和风俗习惯的日本、韩国、新加坡、泰国、印度和东南亚等国，以及加拿大和澳大利亚等华人聚居的国家，特别是“一带一路”和“21世纪海上丝绸之路”的沿途几十个国家，这是中国影视对外输出，实现跨文化传播的第一目标梯队；其次是非洲、拉丁美洲与中国友好的国家，通过影视向这些国家展现经济、科技、文化日益强盛的中国形象。第三目标梯队，才是北美和欧洲市场。中国电影在北美市场的传播策略可以边宣传边培育市场，甚至政府可以设立影视专项基金对部分有利于塑造国家形象和传播我们主流价值观的影片进行北美市场和欧洲市场的补贴宣传发行。对北美和欧洲市场，因为东西方文化和生活习俗的差异性，中国影片在跨文化传播时会有折扣，甚至不被认同。中国投资体量大的一部分影片在欧美一些国家传播时可采用市场和政府扶植双向政策。影视作为一种文化载体进行跨文化传播时，内容永远是第一位的，当中国影片自身品质提升，在某方面强于美国时，美国人会慢慢接受，甚至反过来学习我们。李安导演的《卧虎藏龙》、张艺谋导演的《英雄》在美国广受欢迎就说明了这一点。美国作为一个移民国家，国民性中的包容性和利己主义决定了其对强者和优秀者有着极强的黏附性。随着我们的经济、科技日益强大，文化产品优秀了，很多美国人都开始学中文。当我们强大了，优秀了，自然有国家向我们靠拢学习，那时将是中国影片对美国传播的最佳时机，相信不久的将来这个目标一定能实现，中国电影与美国电影作为东西方影视代表并立世界电影市场。

结语：

在互联网和移动互联网迅速发展的新时期，在综合国力上逐渐强盛的中国需要影视这一直观的艺术表现形式向国际传播新的中国形象和中华文化。中国影视工作者要摒弃以前苦难、贫穷、落后为影像主体的弱者心态，以文化自信和文化自强的“大国心态”探索中国电影在全球传播的途径，在价值观和意识形态等思想文化和精神领域形成引领优势。同时，中国电影人要认真地研究欧美、日、韩、印度等影视强国在影视创作和制片方面的优秀经验，学习其优秀的制作流程和讲故事的能力，以及将高科技特效融入商业大片的成功经验，提升本国电影制作水准，创作出高品质的影视作品，为中国电影更好地对外传播奠定基础。

参考文献：

[1] 刘新业. 探究新媒体环境对影视传播的影响[J]. 电影文学，2012.

[2]影视蓝皮书《中国电影产业发展报告（2017）》

[3] 马坚《中国影视剧“走出去”战略的经验与思考》[J]. 中国广播电视学刊（2017年）

[4] 梁虹《“一带一路”语境下中国电影跨文化传播的思考——以《大唐玄奘》为例》[J]. 2016年

[5] 卢冉. 中国影视文化对美传播的现状、问题及对策 [J]. 青年记者，2013.（05）

[6] 赵玉宏. “一带一路”对影视文化传播的影响 [J]. 现代传播，2016（1）.

[7] 陈敏南 王雅琦.《跨文化语境下中国电视剧的海外传播策略——以电视剧《虎妈猫爸》为例》2017年。

[8]霍尔. 无声的语言 [M]. 北京大学出版社，2010.

[9]张语洋. “一带一路”语境下“丝绸之路”电视纪录片的跨文化传播 [J]. 中国电视，2015，（11）.

[10]蔡之国:《中国电视剧走出去问题及应对策略》,《中国出版》2014年第10期

[11] 张雷　甄鑫.《“一带一路”战略与我国影视剧国际传播路径创新》,《电视研究》2017年第2期

[12] 陈晓伟. 中国电影跨文化传播研究的维度、现状及方法 [J]. 郑州大学学报（哲学社会科学版），2014，（11）.

独立学院新媒体专业人才培养模式探析

尹媚丹①

摘要：近年来随着中国动画，电影学，数字媒体艺术三个专业结合越来越紧密，全国各大高校结合这三个专业共性特点创建了新媒体专业。也有许多含有艺术类的独立院校纷纷建立了新媒体专业，这也给独立院校扩大生源带来了契机。但由于师资短缺，课程设置不合理，培养目标不明确等问题，引发了社会需求与高校人才培养之间的矛盾。如何开办好独立学院艺术类院校的新媒体专业，如何依据本院校学生特点制定培养方案，如何培养具有创新创业精神的新媒体应用型人才，这都是目前亟待解决的问题。本文结合独立学院新媒体专业建设的实际情况，提出了新媒体专业建设的思考，希望能够探索出一条符合独立学院新媒体专业建设的可行之路。

关键词：新媒体；艺术设计；培养方案

一、新媒体专业的现状和特点

新媒体，严格地说应该称为数字化新媒体。联合国教科文组织对新媒体下的定义："以数字技术为基础，以网络为载体进行信息传播的媒介。"这是一个宽泛的概念，它涵盖了所有数字化的媒体形式，包括数字化的传统媒体、网络媒体、移动端媒体、数字电影、数字电视、手机媒体、数字报刊杂志等。数字性、交互性、超文本性、虚拟性、网络化工作构成了新媒体的基本特性。

数字化时代人人都离不开新媒体，《中国新媒体发展报告（2013）》认为，功能不断延展的新媒体与社会的融合在深化，成为成就"中国梦"的积

① 尹媚丹：首都师范大学科德学院教师。

极力量。新媒体在业界的繁荣使得对这方面人才的需求日益迫切。

在2017年教育部专业目录里，工学门类计算机类设有数字媒体技术专业，艺术学门类戏剧与影视类设有电影学和动画两个专业，设计学设有数字媒体艺术专业。随着电脑动画、数字电影、网络游戏、虚拟现实等构成了新一代的数字传播媒体日益普及，新媒体的边界不断变化而且呈现出媒介融合的趋势。在高校教学中，这三个学科结合得越来越紧密，专业方向交叉融合，形成了新的专业方向。新媒体专业就是在这种背景下，融合动画、电影、数字媒体艺术三个专业的特点而创建的新型专业学科，已经得到了全国高校广泛的认可。

二、独立学院新媒体专业的培养方向

由于独立学院实施本科层次学历教育，主要开设国家经济和社会发展急需的专业。因此，随着新媒体的发展，各高等院校都根据自身的办学风格和专业优势来开办这一学科课程，全国各地的新媒体专业教育呈现多样化，学校之间的学科方向以及课程侧重程度并不一致。经过综合分析可以发现，新媒体专业教育可以分为以下几种培养方向：以新闻传播类的网络与新媒体专业为基础的传媒类院系，以创意艺术为目的开设的新媒体艺术院系，以计算机图形图像为基点的技术性院系。虽然培养学生的侧重点不同，但都体现了一个共同点，那就是学生能够以计算机科技和现代传媒技术为基础，进行整合、交互，创新设计，并将创作者的理性思维和艺术的感性思维融合为一体，创造出新的艺术文化与传播形式。

此外，在招生时，独立学院通常要列入高校年度招生计划，并适当降低录取分数线，在本科三批中进行录取。也就造成独立学院“艺术类考生”高考录取时文化课成绩要求较低，更有些家长让自己的孩子半路学艺，通过艺考的形式使自己的孩子进入高校接受本科教育。造成了独立院校的学生艺术生专业知识水平较差，而且大多数学生是对所学专业并没有系统地认知，甚至有的对本专业并没有兴趣。这些是要求独立院校的新媒体专业不能盲目的照搬普通高校的培养模式，必须要依据自身的特点，制定适合独立学院学生的培养方案。

经过对独立学院新媒体专业培养方案的研究，能够总结出要具备以下三个特点：

1、以新媒体艺术教学为主，新媒体技术教学为辅。

新媒体艺术是以光学媒介和电子媒介为基本语言的艺术门类，表现方式为数字化的艺术作品。新媒体专业属于艺术类专业，因此要包含动画、游戏，影视等相关的新媒体艺术教学为主。新媒体技术是以计算机为交互中心，以数字为共识符号（语言），利用影视、计算机、网络、数字技术等最新科技成果作为创作手段的技术体系。因此，新媒体专业要做好计算机科学的基本理论和技能、各种数字媒体制作软件的教学。

2、新媒体艺术教学突出跨媒体艺术形态的特点。

新媒体创造了一个信息共存、共享、交互式工作的环境，作品的观看方式也将更多地由观众的个性化来随机选择，不同媒体艺术之间竞争，更多取决于作品的艺术结构和内容。因此，新媒体专业重在培养具有影视、动画、游戏、虚拟现实等跨媒体艺术形态的创意能力。

3、新媒体技术教学强调“与时俱进”。

新媒体是新的数字技术支撑体系下出现的媒体形态。新媒体技术所涉及的内容、关键技术、应用领域日新月异。新媒体技术教学既要教好数字媒体技术的基本知识，更要紧跟数字媒体技术发展趋势，吸纳新技术、新成果，致力于教学常教常新，防止知识老化。

在人才的培养上注意夯实专业理论及专业制作基础，素质教育与专业教育相结合，着力培养学生的跨学科设计创新思维能力，与新媒体有关的艺术和技术能力，教导学生对其职业生涯做好准备，使他们能胜任先进的数字艺术工作。

三、独立学院新媒体专业课程体系

新媒体专业属于边缘交叉的学科，专业方向定位应在新媒体艺术设计方面。主要开设动画、影视、游戏创作与制作相关课程，以及计算机图形图像技术。招收的学生则偏文科或文理兼收，艺术专业方面学生的能力参差不齐。这就要求在专业上首先要求培养学生的美术造型能力，美术基础越扎实越利于后期的专业课程学习。其次注重学生的交叉学科创新设计思维，将创新思维与相关专业软件课程结合进行作品设计、创作与制作。授课时强调计算机技术以及软件学习只是艺术实现的手段，重点在于培养学生综合素质能力，确定基本专业理论与制作技能的深度和广度，进行跨专业交叉学科教学，从而实现新媒体专业应用型本科人才的培养。

新媒体专业要求学生对于知识的掌握既有广度又有深度。创作的作品既有艺术性又有技术性。同时要求学生掌握动画的创作与制作方法，影视创作的拍摄方法和后期制作技术，游戏方面的绘画创作和交互设计制作。了解视觉传达、环境艺术设计、雕塑等相关方面的知识。这也体现了学校要求的素质教育与专业教育相结合，课程带有前瞻性的教学要求。

专业理论教学体系的构建紧密围绕在培养应用型人才目标展开，人才培养方案严格按照通识教育课程、学科专业基础课程以及专业课程大类设置理论课程。

合理架构新媒体专业基础理论、基础技能等相关课程体系，使学生充分掌握新媒体的基础理论、原理和创作规律。所教的都是一些紧贴时代发展且非常具有实践意义的课程。

1）专业通识课程，包括：素描、速写、色彩。

2）专业基础课程，包括：影视角色设计，影视场景设计，运动规律，动作设计，分镜头设计，视听语言。

3）理论课程，包括：动画概论，新媒体概论，剧本创作，影片分析。

4）软件课程，包括：Photoshop，Animo，Flash，MAYA，Zbursh，Premiere，AfterEffect，Unity。

5）实践类课程，包括：微电影创作，联合短片创作。

6）辅修类课程，包括：Illustrator，插画，UI设计，影视栏目包装，定格动画制作，字体设计，书籍排版，传统美学等。

从课程设置上来讲，大一、大二需要绘画的课程较多，大三软件课程多一些，大四主要是创作课程。

从教学方面，一、二年级是打基础的阶段，三、四年级是创作阶段。在相关课程的设置上，从第一学期就引入专业理论课程，改变以往一年级只强调绘画课的程度，由于新媒体涵盖广泛，学生在入学前就在学习绘画，入学后的绘画就有侧重专业性绘画。经过三届学生的实践证明，如果学生能较早地接触新媒体观念，那么在大学学习四年的过程中学生的学习目的会很明确。

另外，开办大量的选修内容，学生可以利用周六、周日进行个人的创作。这样，一些学生在大二的时候就已经开始显示出一些艺术创作的苗头，到了大三、大四完成的作品就已经基本符合学院奖评审条件，可以去参加海内外影视，动画等一些专业比赛活动。

四、独立学院新媒体专业教学模式

新媒体专业课程是艺术与技术相结合的课程，原有艺术设计类的很多课程都无法适应专业课程教学的需要，新的课程教学要与时俱进对课程大胆整合、大胆创新，对授课内容及时更新调整，课程内容进行及时补充，这也要求新媒体专业教师也要不断学习，不断更新教学内容，使授课达到教学要求的深度和广度。

1. 专业课程授课过程要求授课教师操作演示。如绘画基础课程，教师不仅讲授理论知识，也要为学生进行范画演示，告别只用 PPT 的授课模式。软件课程，授课教师边进行案例制作演示操作，边要讲解制作思路和操作原理，这样能够让学生举一反三，课下能够自学。

2. 实践课程要求授课教师具有较强的实践能力、创新能力。培养的学生才具备独立完成动画、影视，游戏，交互设计等方面的能力。实践课教学与企业结合，在项目进行的过程中企业导师可以通过网络对学生进行指导，学校任课教师则可以在学校进行校内辅导，在课程结束时，企业对学生的作品是否具备商用价值进行审核，校企合作的实践教学既可以锻炼学生的协调组织能力和团队合作精神，又能逐步提高学生的动手能力和加深理论知识的掌握。

3. 与国际接轨，强化学生的外文应用能力。新媒体专业在国际上也是新事物，我国的这个专业教育是可以与国际接轨的。因此，独立学院新媒体专业教育更应本着国际化理念，加强学生的外文应用能力。在学校英语公共课教学强化本科生的英语能力，使每一位学生的英语水平在毕业时达到应用词典阅读专业英文资料的能力。在专业软件课教学上尽量使用英文软件。

结论

作为独立学院的新媒体专业要充分认识到建设特色专业的重要意义。

明确培养目标，建立专业特色，创新培养模式，课程注重理论学习与实践学习相结合，使学生能够比较全面地了解新媒体各个领域的主要内容，为以后学习某个领域的扩展性高级课程，或在该领域继续深造打下了基础。另外，在独立学院新媒体专业要加大教学投入，加强教学管理，形成自己的专业特色，不断提升专业教师水平，培养出适应社会发展需要，具有实践和创新能力的双重应用型人才。

参考文献：

[1] 李明德 刘婵君，对网络与新媒体专业人才培养模式的思考，传播，2017 年 11 月。

五、文化资本

2017年中国文化产业资本动向分析

刘德良[①]

摘要：2017年，文化产业继续成为资本市场的热点，跨国、跨界并购时有发生；IPO文化企业较去年同期有所增加，大量的金融资本仍在通过各种渠道进入，但在监管趋严的背景下，整个行业融资规模、并购规模都有所下降。与前几年风起云涌的投资热潮、炒作、估值虚高相比，2017年文化企业在资本市场逐步回归理性。本文详尽分析了文化产业各个门类的资本动向。

近年来，我国文化产业快速发展，年增长速度持续高出同期GDP增速，成为促进产业结构调整、经济增长新引擎。在政策和市场的双向发力下，我国文化产业与资本的融合更加紧密，迈入黄金发展期。

（一）融资成果显著，债券、上市后再融资扛起大旗

2017年资本市场主流融资渠道流入我国文化产业的资金总量达5248.52亿元，较2016年增长11.25%，在资本市场监管日益趋严的背景下，文化产业资金流入依旧保持较高增速。通过债券、上市后再融资、私募股权、上市首发融资、新三板、信托、众筹等渠道流入的资金分别为2222.42亿元、1397.43亿元、1011.14亿元、290.18亿元、173.31亿元、143.00亿元和11.04亿元。其中，债券融资规模占比达到42.34%，是资金流入主渠道；其次为上市后再融资和私募股权渠道，分别占比26.63%、19.27%。

（二）子行业吸金情况波动不一，呈阶梯形分布

具体子行业间吸金规模表现出明显的差异性，综合资金规模、案例数量

---

① 刘德良：深圳文化产权交易所专家顾问、新元智库董事长。

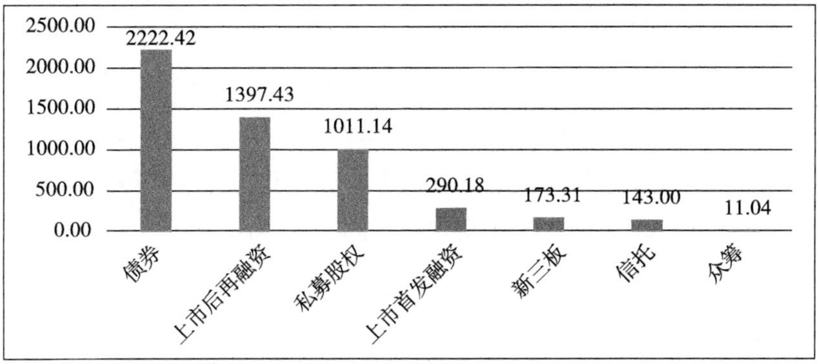

图 1　2017 年文化产业各融资渠道资金流入（单位：亿元）

数据来源：新元文智 – 文化产业投融资大数据系统（文融通）

注：计算资金流入时，为避免重复计算，上市后融资中不计相应的债券、信托融资，新三板融资中不计相应的债券融资。

及其他因素，大至可以分为三个梯队。

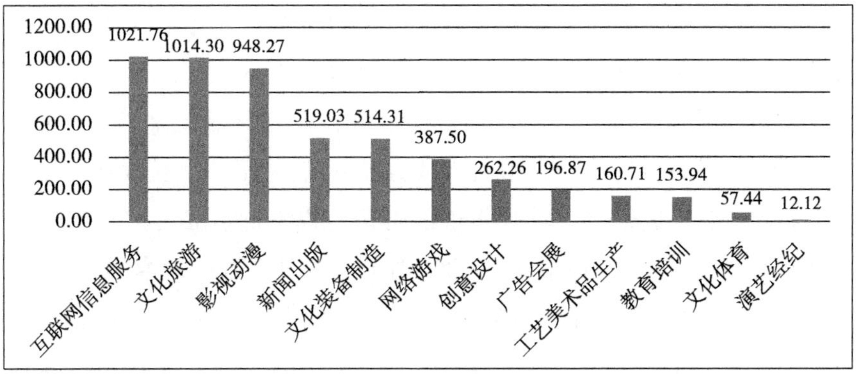

图 2　2017 年文化产业各子行业资金流入（单位：亿元）

数据来源：新元文智 – 文化产业投融资大数据系统（文融通）

第一梯队：互联网信息服务业、文化旅游业、影视动漫业。分别吸纳资金 1021.76 亿元、1014.30 亿元、948.27 亿元，各占比 19.47%、19.33%、18.07%。近年来，大众对旅游产品的消费需求不断提高，文化旅游倍受青睐，成为新消费背景下旅游业发展的重要力量，吸金规模仅次于互联网信息服务业。

第二梯队：新闻出版业、文化装备制造业、网络游戏业。网络和智能设备的普及、数字化技术变革、泛娱乐发展趋势也让新闻出版业迎来了发展新机遇。根据文化产业投融资大数据系统（文融通）统计，2017年新闻出版业资金流入量为519.03亿元；其次，文化装备制造业和网络游戏业资金流入量分别为514.31亿元、387.50亿元。据相关数据显示，2017年我国经国家新闻出版广电总局批准出版运营的各类游戏作品达9800款，市场总营收规模超过2000亿元，并保持高速增长，对文化消费的拉动作用明显。

第三梯队：创意设计业、广告会展业、工艺美术品生产业、教育培训业、文化体育业、演艺经纪业。

（三）互联网信息服务：募资渠道广，债券、私募渠道融资贡献高

互联网及移动互联网的快速发展，带动文化产业不断推陈出新、更新业态，缩短商业发展周期、促进产业转型升级，重构整个产业生态。互联网信息服务作用互联网+文化的典型代表，近来年发展显著，受到资本热捧。2017年互联网信息服务业融资渠道较广，通过债券、私募、上市后再融资、上市首发融资、新三板、信托、众筹七个渠道均有资金流入，合计募资规模达到1021.76亿元，在各细分领域中高居首位，占比整个文化产业资金流入规模的19.47%。其中通过债券渠道流入资金666.78亿元，占互联网信息服务融资总额的65.26%，远远高于其他渠道的融资规模；通过私募股权渠道流入资金规模位居第二，达226.12亿元，约相当于债券渠道融资规模的1/3，在互联网信息服务融资总额中占比22.13%；其他渠道资金流入规模均不及百亿元。

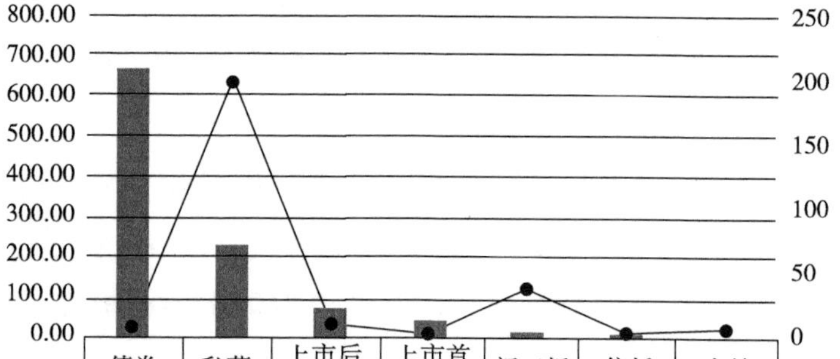

	债券	私募	上市后再融资	上市首发融资	新三板	信托	众筹
融资额（亿元）	666.78	226.12	70.97	40.39	14.72	2.32	0.45
案例数（起）	6	198	10	2	37	2	6

图3　2017年互联网信息服务业资金流入渠道

数据来源：新元文智—文化产业投融资大数据系统（文融通）

（四）文化旅游：债券、上市后再融资主导，私募和信托次之

在居民收入水平、中产阶级崛起、消费水平提高、文娱休闲需求升级等利好因素，及我国政府的高度重视、大力支持的作用下，中国旅游业发展迅速，根据国家旅游局数据中心提供的数据，2016 年国内旅游人数为 44.4 亿人次，收入达 3.94 万亿元，分别比上年增长 11% 和 15.2%；2017 年上半年，国内旅游人数为 25.37 亿人次，收入达 2.17 万亿元，分别同比增长 13.5% 和 15.8%。文化旅游保持较快发展可见一斑，资金需求也较为强烈。根据新元文智 – 文化产业投融资大数据系统（文融通）统计，2017 年，文化旅游业在资本市场上表现活跃，流入资金 1014.30 亿元，占比 19.33%，为融资规模过千亿元的两个领域之一，具体资金流入以债券、上市后再融资两个渠道为主，分别达到 444.30 亿元、401.67 亿元，各占总融资额的 43.80%、39.60%，合计占比 83.40%；私募、信托渠道，资金流入规模不相上下，各为 69.95 亿元、69.77 亿元，分别占比 6.90%、6.88%；新三板渠道再次之，募集资金达 24.16 亿元，占比 2.38%；通过上市首发融资与众筹渠道融资较少，分别为 3.94 亿元、0.52 亿元，各占比 0.39%、0.05%，合计仅 0.44%。

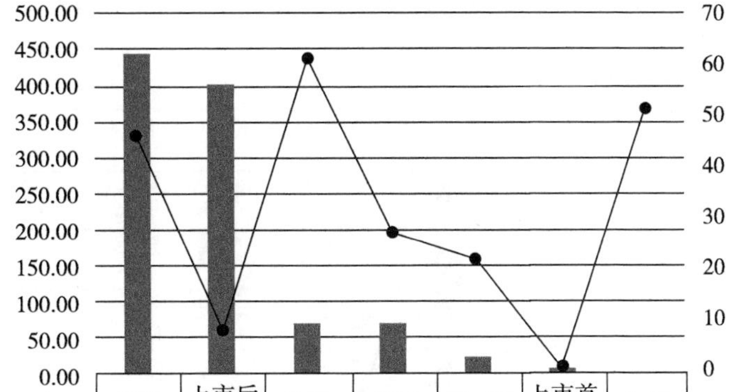

	债券	上市后再融资	私募	信托	新三板	上市首发融资	众筹
融资额（亿元）	444.30	401.67	69.95	69.77	24.16	3.94	0.52
案例数（起）	46	8	61	27	22	1	51

图 4　2017 年文化旅游业资金流入渠道

数据来源：新元文智—文化产业投融资大数据系统（文融通）

（五）影视动漫：上市后再融资、债券为主要资金来源，私募、众筹动作频繁

经过多年的发展与建设，我国影视动漫行业已经具有了一定的规模与基础。2017 年仅电影票房一项就达到了 559.11 亿元，同比增长 13.45%，市场回暖，票房增速大幅提升；动漫产业更是被誉为 21 世纪最具发展潜力的朝阳产业，正处于从幼稚期走向成长期的关键阶段，预计 2017 年产值将达到 1500 亿元。影视动漫作为居民文化娱乐生活的主要方式，有着巨大的市场需求，一直是资本关注的重点领域，2017 年流入资金达到 948.27 亿元，在整个文化产业中占比 18.07%。其中，上市后再融资、债券募集资金规模领先，分别达到 477.23 亿元、328.30 亿元，各占比 50.33%、34.62%。众筹渠道在整个文化产业中有着显著的融资项目数量多，募集资金少的特点，虽然 2017 年影视动漫领域发生了 165 起融资案例，在文化产业众筹数据中并不突出，但在影视动漫业中，融资动作最为频繁，案例数量占比达 40.15%；其次是私募股权渠道，发生了 129 起融资案例，占比 31.39%。上市首发融资渠道虽然只有 5 起融资案例，但募集资金达到了 23.01 亿元，平均每起案例融资 4.60 亿元，在各渠道中平均单起案例融资规模最高。新三板渠道案例数量与融资规模均在各渠道中居于中游。在信托渠道影视动漫通过 7 起案例流入 7.63 亿元，表现也较为不俗。

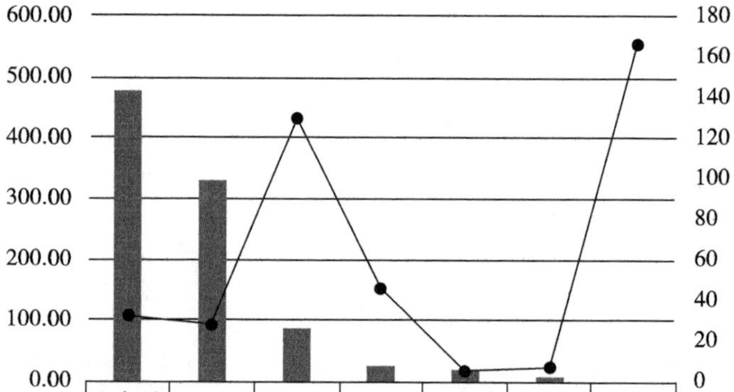

	上市后再融资	债券	私募	新三板	上市首发融资	信托	众筹
融资额（亿元）	477.23	328.30	87.01	24.05	23.01	7.63	1.03
案例数（起）	32	28	129	45	5	7	165

图 5　2017 年影视动漫业资金流入渠道

数据来源：新元文智—文化产业投融资大数据系统（文融通）

（六）新闻出版：债券是资金流入主渠道，占比超三成

2017 年 9 月，国家新闻出版广电总局关于印发《新闻出版广播影视“十三五”发展规划》，明确提出“智慧广电”战略和新闻出版数字化转型升级行动全面推进的发展目标。深化改革、技术创新、媒体融合、加大版权管理、提高内容生产和创新能力是主要任务。2017 年全国新闻出版发行业市场规模达 3566 亿元，同比增长 7.2%。据文化产业投融资大数据系统（文融通）统计，2017 年新闻出版业资金流入量达 519.03 亿元，资本关注度较高，占资金流入总额 9.89%。33.31% 的流入资金源于债券渠道，涉及金额 172.90 亿元；其次为上市首发融资和私募股权融资渠道，分别吸纳资金 140.30 亿元、117.00 亿元，占比 27.03%、22.54%；上市后再融资渠道以 75.77 亿元的资金流入量占比 14.60%；新三板和众筹融资渠道资本关注低较低，占比均不足 3.00%。综上，债券是 2017 年新闻出版业资金流入主渠道。

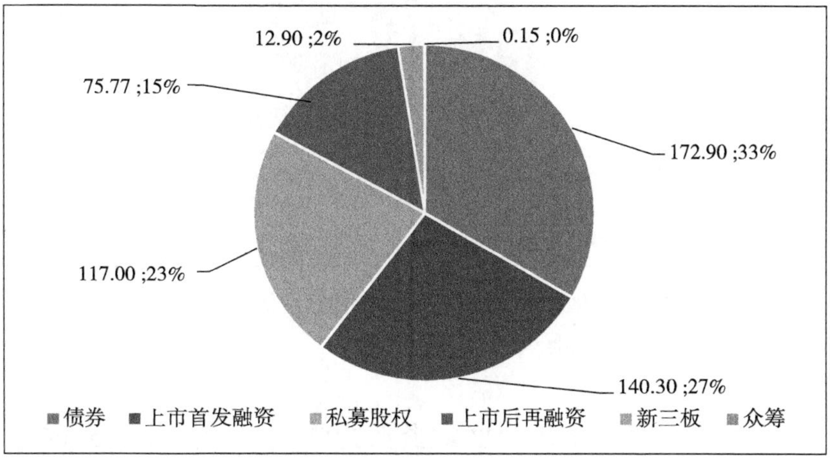

图 6　2017 年新闻出版业各融资渠道资金流入（单位：亿元）

数据来源：新元文智 – 文化产业投融资大数据系统（文融通）

（七）文化装备制造：债券渠道受资本青睐，56.02% 的资金由此渠道流入

2017 年 8 月 14 日，工业和信息化部正式印发了《制造业“双创”平台培育三年行动计划）》（以下简称《行动计划》），全面部署未来三年制造业“双

创”平台培育工作，推动制造业转型升级，加快制造强国建设。文化装备制造是推动文化产业融资发展的基础之一，在科技、政策环境的带动下，趋向于创新、智能、高端方向发展，显露出AR/VR文化设备、人工智能等热点领域的发展潜力，引起资本市场重视并成为新的投资热点。2017年各主流融资渠道流入文化装备制造业的资金为514.31亿元，占文化产业资金流入量的9.80%。债券是主要融资渠道，资金流入量达288.10亿元，占比56.02%；私募股权融资渠道流入资金107.38亿元，占比20.88%；上市后再融资和上市首发融资渠道分别为62.67亿元、30.55亿元，占比12.19%、5.94%；信托、新三板、众筹渠道资金流入量较小，占比均不足3%。

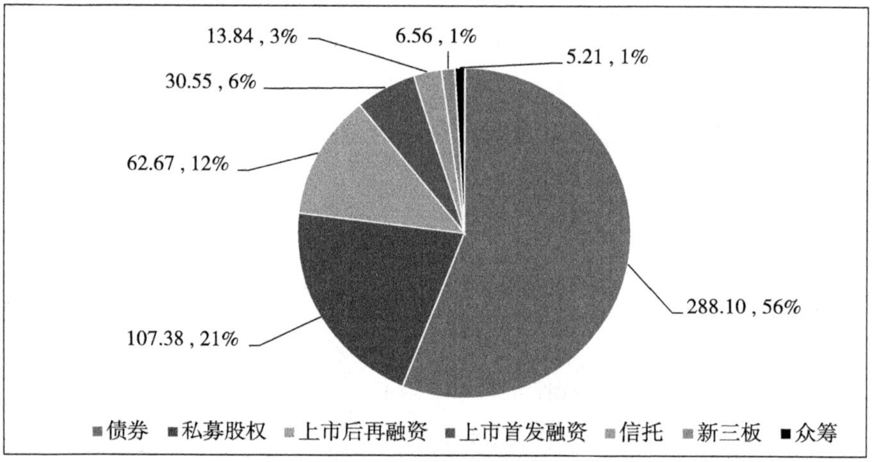

图7　2017年文化装备制造业各融资渠道资金流入（单位：亿元）

数据来源：新元文智－文化产业投融资大数据系统（文融通）

（八）网络游戏：上市企业融资实力强，吸纳资金近五成

2017年11月29日文化部官网发布消息“文化部严查网络游戏市场禁止内容开展手机游戏市场集中执法检查”；12月，中共中央宣传部、中央网信办、工业和信息化部、教育部、公安部、文化部、国家工商总局、国家新闻出版广电总局联合印发《关于严格规范网络游戏市场管理的意见》，部署对网络游戏违法违规行为和不良内容进行集中整治，在市场监管下，网络游戏未来发展将更为理性，机遇与淘汰共存。2017年流入网络游戏业的资金为387.50亿元，占全国文化产业资金流入的7.38%。其中，上市后再融资渠

道，流入资金 184.83 亿元，占资金流入总额的 47.70%；其次为债券融资，募资 138.04 亿元，占比 35.62%；私募股权以 42.50 亿元的资金流入量占比 10.97%。信托、新三板、众筹资本关注度较低，分别占比 3.38%、2.31% 和 0.02%。综上，上市后再融资是资金流入主渠道。

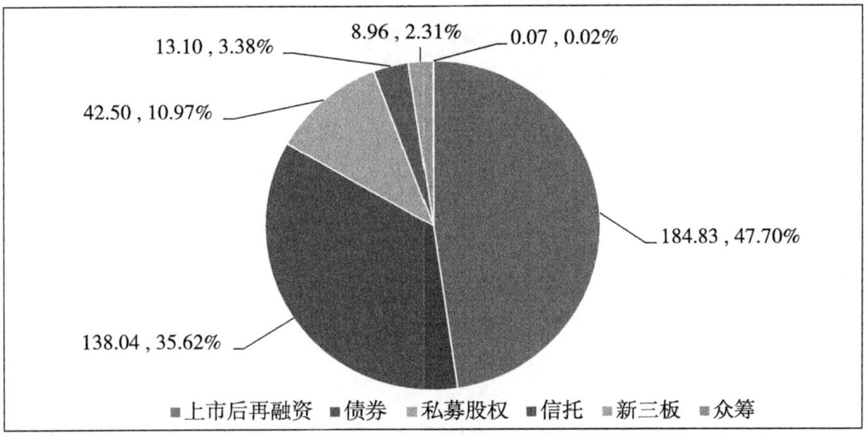

图 8　2017 年网络游戏业各融资渠道资金流入（单位：亿元）

数据来源：新元文智 – 文化产业投融资大数据系统（文融通）

随着生活水平的提高，以及消费结构不断升级，根据马斯洛需求层次理论，高层次的精神需求将日益增长，我国居民的文化消费支出将不断提高。加之，我国政府的高度重视，文化产业保持较快发展，文化创业、文化投资将继续如火如荼的进行，如利用大数据及算法等工具对信息进行的高效传递，借助互联网、信息、数字等技术的推动，并以网民规模世界第一、数字经济规模总量全球第二等为背书，互联网信息服务业处于蓬勃发展的时期，得到各路资本频频示好；文化旅游具有资源消费低、综合收益好等特点，具备极大的发展空间，在“十三五”规划提高生活性服务业品质一节中，明确提出支持发展文化旅游，文化旅游受到高度重视，是文化产业中具备极大投资潜力的领域之一；在国家的高度重视与鼓励支持下，影视动漫业同样发展势头强劲，优质企业不断向规模化、集团化的方向发展，高回报的投资案例在影视动漫业中已经司空见惯等等。

北京市文化产业资本市场发展报告

郭万超　马岚[①]

摘要：近年来，国家对文化产业的扶持政策力度不断加大，内地的文化产业风生水起，同时在改革开放不断深入推进的大背景下，借助一带一路整合海外市场的东风，以及亚投行、丝路基金等的助力，中国的文化产业在境外的并购成果不断。

"十三五"时期是实现文化产业成为我国国民经济支柱性产业的决定性阶段，文化产业的发展面临一系列关键机遇和严峻挑战。作为"十三五"的开局之年，

2016 年我国文化产业结构优化与转型升级不断深化，"文化"与"资本"的深度融合，为产业发展注入了强劲活力。一方面，越来越多的文化企业借力资本市场实现了自身的跨越式发展；一大批新兴业态在资本市场的催生下发展壮大。另一方面，资本运作也加快了产业内的优胜劣汰与结构调整，不断提升文化产业在稳增长、促改革、调结构和惠民生等方面的积极作用。

一、资本助力文化产业快速发展

2016 年，我国文化产业持续快速发展，全年文化产业增加值首次突破 3 万亿元大关，达到了 30254 亿元，占 GDP 的比重也首次突破 4%，达到 4.07%，文化产业由此站上新的台阶。

与此同时，一项针对全国规模以上文化及相关产业 5 万家企业的调查显示，2016 年这些企业共实现营业收入 80314 亿元，同比增长 7.5%（名义增长未扣除价格因素），增速较上年加快 0.6 个百分点。与此同时，文化及相关产

---

① 郭万超：北京市社会科学院传媒研究所所长，研究员。马岚：北京银行博士后科研工作站研究人员。

业 10 个行业的营业收入均保持增长，其中以“互联网 +”为主要形式的文化信息传输服务业、文化艺术服务业和文化休闲娱乐服务业 3 个行业的增速达到了两位数以上，分别为 30.3%、22.8% 和 19.3%。①

文化产业的跨越式发展得益于政策面的持续利好，以及投资和需求的双重拉动。2016 年，围绕文化产业的资本运作进一步升级，产业内投融资热潮和并购重组持续升温。无论是场内还是场外，文化产业都成为资金追逐的热点。

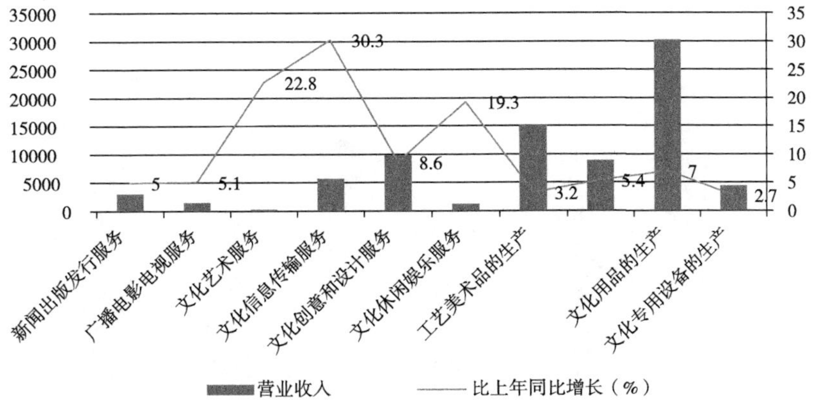

图 1　2016 年全国规模以上文化及相关产业企业营业收入情况 ②

从 VC/PE 情况来看，受政策层面多方利好的影响，2016 年文化产业投融资市场显著回暖。根据投中集团的统计，2016 年文化传媒领域的 VC/PE 融资规模达到了 38.37 亿美元，同比大幅上升 26.75%，融资案例数 241 起，同比上升 15.86%。其中，融资案例规模排名第一的是博纳影业集团有限公司获得 25 亿元融资（约合 3.8 亿美元）。与此同时，年内文化传媒并购市场宣布交易 316起，披露交易规模425.91亿美元，其中，完成交易规模达121.53亿美元。

其中，影视音乐成为 2016 年度 VC/PE 追逐的热点领域，该领域年内共披露 102 笔融资案例，融资规模达到了 11.78 亿美元，在各细分领域中居于首位，在整个传媒行业的占比达到了 50.75% 和 65.08%。此外，传媒出版领域的融资规模也达到了 3.49 亿美元。③

① 数据来源：国家统计局 .

② 数据来源：国家统计局 .

③ 数据来源：CVSource.

从 IPO 情况来看，在宏观经济和监管政策等因素的影响下，文化传媒领域的 IPO 融资规模较上年有所下降。数据显示，全年文化传媒 IPO 融资规模为 1098.4 万美元，同比下降了 22.52%。案例数量为 6 起，较 2015 年时的高点下降了 50%。其中，年内最大 IPO 为中国电影于 2016 年 8 月 9 日在上交所上市，募集资本总额达到了 416564 万元。值得注意的是，进入 2017 年以来，文化传媒领域的 IPO 出现回暖迹象，一季度 IPO 融资规模达到了 2 亿美元，同比上升了 27.03%，案例数量为 4 起，包括宣亚国际、华凯创意、中国科传和奥传思维控股。①

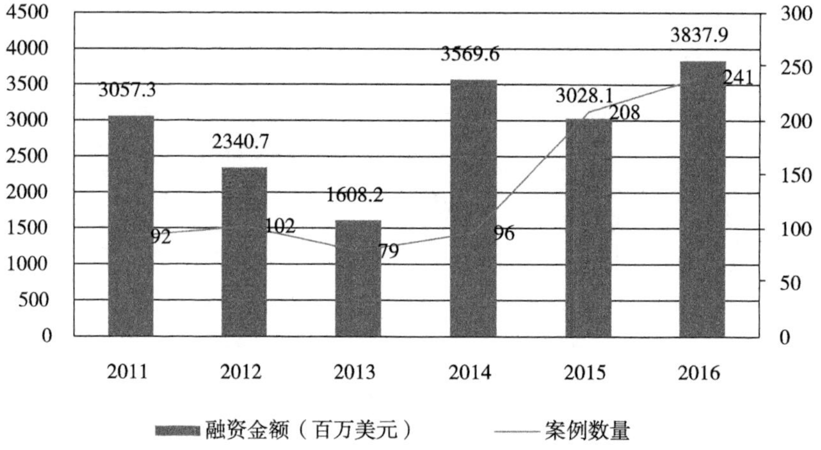

图 2　2011-2016 年中国文化传媒行业 VC/PE 融资情况 ②

最新数据显示，截至 2017 年 9 月，A 股共有传媒类上市公司 134 家，分布在全国 23 个省、市、自治区，其中，主板上市公司 61 家，中小板 37 家，创业板 36 家。2016 年，在消费升级和国家产业政策扶持的大背景下，文化产业上市公司的盈利水平也呈现出爆发式增长。134 家传媒上市公司资产总额达到了 8537.79 亿元，同比增长 31.19%。实现营业收入 4363.13 亿元，同比增长 32.88%，实现净利润 530.86 亿元，同比增幅为 27.38%。③2009-2016 年间，传媒上市公司的资产总额增长了 5.93 倍，营业收入和净利润则分别增长了 4.95 倍和 8.64 倍。

① 数据来源：CVSource，2016.12，2017.04.

② 数据来源：CVSource，2016.12.

③ 数据来源：Wind.

具体到行业领域，134 家公司主要涉及有线电视网络、影视动漫、营销服务、移动互联网服务、其他文化传媒、其他互联网服务、平面媒体和互联网信息服务等 8 个细分行业。其中，移动互联网服务、营销服务、影视动漫和平面媒体领域的上市公司占比最多，分别为 23.13%、19.40%、16.42% 和 16.42%。

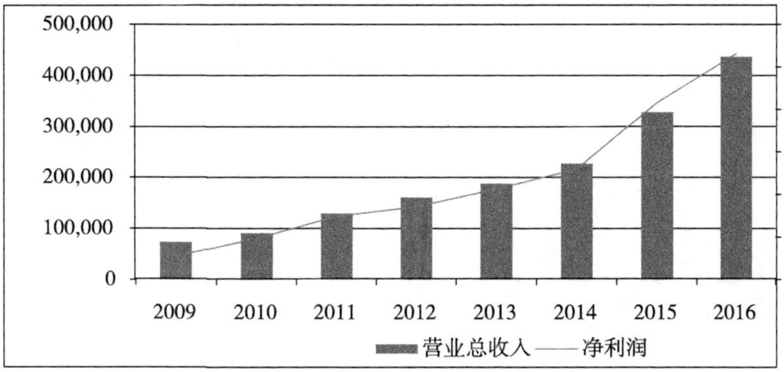

图 3　A 股文化产业上市公司营业收入及净利润（单位：百万元）

表 1　传媒行业 2016 年营收和净利润情况 ①

	2016 年营收规模（亿元）	2016 年营收同比增速	2016 年净利润规模（亿元）	2016 年净利润同比增速
有线电视网络	521.65	8.88%	79.16	4.04%
影视动漫	502.86	32.96%	86.53	26.62%
营销服务	945.34	46.63%	102.47	50.54%
移动互联网服务	578.39	50.72%	108.50	82.61%
其他文化传媒	20.85	66.29%	1.88	75.90%
其他互联网服务	24.76	224.29%	3.52	106.38%
平面媒体	930.56	8.94%	111.64	15.21%
互联网信息服务	838.72	60.24%	37.15	-17.74%
合计	4363.13	32.88%	530.86	27.38%

具体到地区分布，北京是文化产业上市公司数量最多的地区，达到了 25 家，占全国文化类上市公司总数的 18.66%。其次是广东省、浙江省和上海市，文化产业上市公司数量分别为 21 家、19 家和 12 家。

① 数据来源：Wind.

与此同时，新三板凭借其上市门槛低、周期短、手续简便等优势继续受到文化类企业的青睐。2016 年，文化企业挂牌新三板热度不减。数据显示，截至2016年年底，新三板挂牌企业已经突破一万家，总市值超过3.8万亿元人民币。其中，文化企业成为新三板的“主力军”，占挂牌企业总数的比重超过 10%。

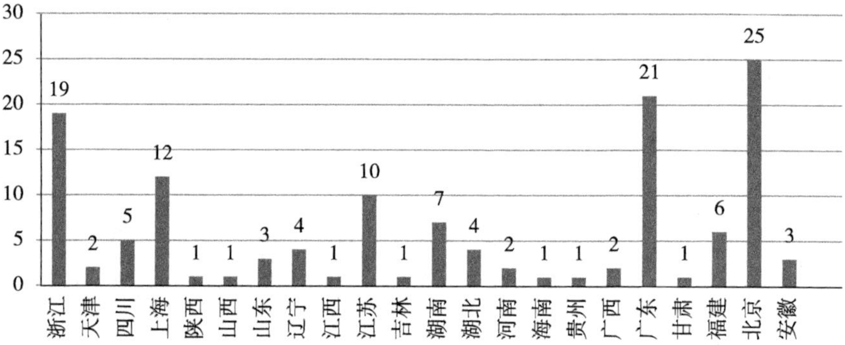

图 4　A 股传媒类上市公司地区分布（单位：家）

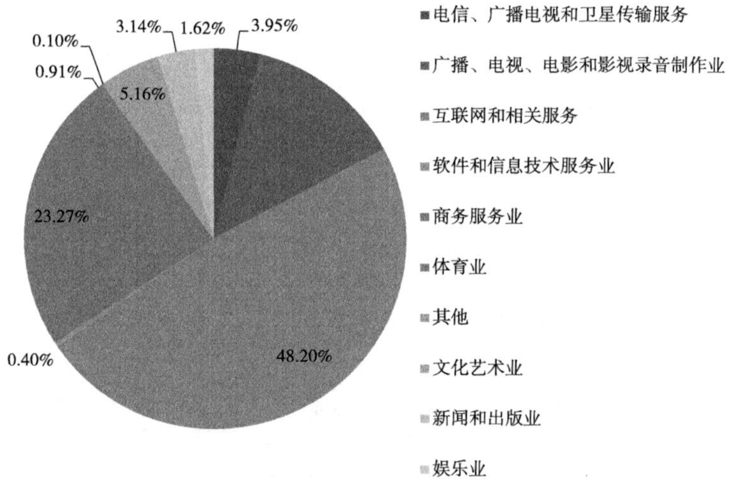

图 5　新三板文化企业细分行业分布情况①

据不完全统计，全国有 1000 余家文化企业在新三板挂牌，涉及电信、广播电视和卫星传输服务，广播、电视、电影和影视录音制作业，互联网和相关服务，软件和信息技术服务业，商务服务业，体育，文化艺术业，新闻和出版业、娱乐业等细分行业。其中，北京市企业有300多家，占比超过三成。

① 数据来源：Wind.

数据显示，已披露2016年年报的近1000家新三板文化企业的资产总额已经达到了1581.65亿元，2016年营业收入合计超过1600亿元，实现净利润29亿元。近四成企业营收同比增长超过50%，55%的企业2016年净利润实现同比增长，240家企业的增幅超过100%。①

二、北京市文化产业发展概况

2016年北京市文化创意产业继续领跑全国，全面实现增加值3570.5亿元，较2015年增长12.3%，占地区生产总值的14.3%，比上年提高0.5个百分点，对地区生产总值的贡献率达到20.3%。

此外，全市规模以上文化创意产业法人单位共实现收入13964.3亿元，增长7.3%，高于第三产业收入增速3.6个百分点，拉动第三产业收入增长2%，保持了2013年以来的较快增长态势；实现利润1031.5亿元，增长3.3%。其中，软件网络及计算机服务、广告会展、艺术品交易和设计服务四个领域的收入合计占比超过60%，成为拉动全市文化创意产业收入增长的主要动力。②

2017年，北京市文化创意产业继续保持快速增长势头。上半年全市文化创意产业实现增加值1734.7亿元，同比增长13%，占地区生产总值的14.0%；规模以上文化创意产业法人单位实现收入6902.7亿元，同比增幅为8.6%。文化创意企业实现利润总额349.8亿元，同比大幅增长30.6%。其中，文化艺术服务领域实现收入182.7亿元，同比增长21.5%，增速最高；软件和信息技术服务领域实现收入2836.7亿元，占总收入比重达到41.1%，保持着优势地位，是带动文创产业增长的重要领域。③

值得注意的是，北京市文化产业在资本市场上的表现也优于国内其他省市和地区。截至2017年9月，A股134家文化产业上市公司中，北京独占25席，占比达到了18.66%。其中，主板10家，中小企业板3家，创业板12家。主要集中在影视动漫、营销服务、互联网信息服务等细分行业。从上市时间上看，绝大多数企业在2010年以后登陆A股市场，2014年以后更呈现出扎

① 数据来源：Wind.

② 数据来源：北京市统计局："文创产业平稳发展 助力经济提质增效——2016年北京市文化创意产业发展情况".

③ 数据来源：北京市统计局.

堆上市的情形。仅2016年以来就有包括中国电影、新华网、中国科传、宣亚国际、元隆雅图、华扬联众、中国出版等7家企业在A股挂牌上市。

表2 北京市传媒上市公司概况

证券代码	证券简称	上市板	上市日期	所属行业
000802.SZ	北京文化	主板	1998-01-08	影视动漫
002148.SZ	北纬科技	中小企业板	2007-08-10	移动互联网服务
002739.SZ	万达电影	中小企业板	2015-01-22	影视动漫
002878.SZ	元隆雅图	中小企业板	2017-06-06	营销服务
300058.SZ	蓝色光标	创业板	2010-02-26	营销服务
300071.SZ	华谊嘉信	创业板	2010-04-21	营销服务
300104.SZ	乐视网	创业板	2010-08-12	互联网信息服务
300251.SZ	光线传媒	创业板	2011-08-03	影视动漫
300291.SZ	华录百纳	创业板	2012-02-09	影视动漫
300315.SZ	掌趣科技	创业板	2012-05-11	移动互联网服务
300364.SZ	中文在线	创业板	2015-01-21	平面媒体
300383.SZ	光环新网	创业板	2014-01-29	其他互联网服务
300392.SZ	腾信股份	创业板	2014-09-10	营销服务
300418.SZ	昆仑万维	创业板	2015-01-21	移动互联网服务
300431.SZ	暴风集团	创业板	2015-03-24	互联网信息服务
300612.SZ	宣亚国际	创业板	2017-02-15	营销服务
600037.SH	歌华有线	主板	2001-02-08	有线电视网络
600386.SH	北巴传媒	主板	2001-02-16	营销服务
600977.SH	中国电影	主板	2016-08-09	影视动漫
601858.SH	中国科传	主板	2017-01-18	平面媒体
601949.SH	中国出版	主板	2017-08-21	平面媒体
603000.SH	人民网	主板	2012-04-27	互联网信息服务
603598.SH	引力传媒	主板	2015-05-27	营销服务
603825.SH	华扬联众	主板	2017-08-02	营销服务
603888.SH	新华网	主板	2016-10-28	互联网信息服务

统计显示，截至2016年年底，北京市25家文化上市公司的资本总额已经逼近2000亿元，达到1841.96亿元，较2015年大幅增长38.25%，与2009

年相比增幅超过 17 倍。与此同时，2016 年 25 家公司共实现营业收入 970.84 亿元，同比增长 35.35%，实现净利润 81.51 亿元，同比增幅 11.88%。其中，20 家企业的营业收入突破 10 亿关口，万达电影、蓝色光标、乐视网的应收超过百亿；17 家公司年度净利润超过 1 亿元，万达电影和中国电影的净利润则突破 10 亿元，分别为 13.68 亿和 10.64 亿，这在一定程度上反映出 2016 年中国电影市场的繁荣。①

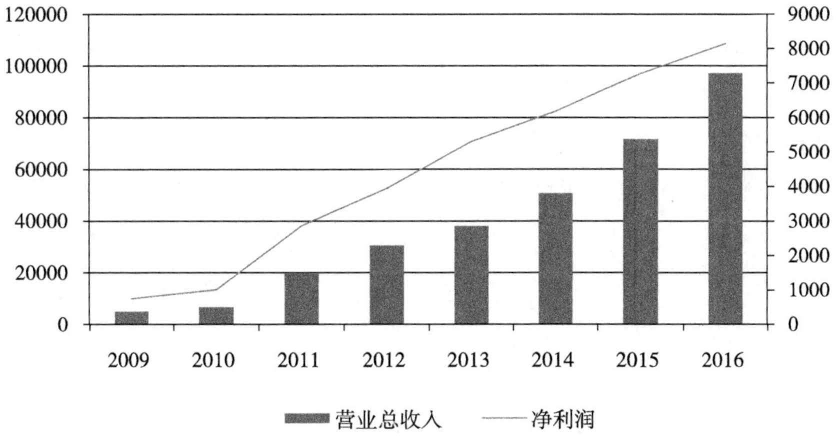

图 6　北京市文化上市公司 2016 年业绩表现

三、文化创意产业大事记

1. 中国财富传媒集团挂牌

2017 年 1 月 19 日，中国财富传媒集团在北京正式挂牌。中国财富传媒集团在中国证券报、上海证券报、经济参考报和新华出版社基础上成立，是新华社整合旗下财经媒体、着力打造的权威财经信息旗舰机构。

中国财富传媒集团将在巩固财经报道优势、媒体业态基础和传统传播优势基础上，向金融信息服务、金融领域和全媒体传播拓展延伸，逐步形成以媒体为纽带、以数据交易为特色、以金融服务为支撑的业务新格局，建设植根金融信息领域、服务资本市场、引领财经舆论、具有强大市场竞争力和国际影响力的现代财经传媒集团。这是新华社贯彻落实中央深化文化体制改革重大部署，提升主流媒体在财经信息领域传播力、影响力、公信力的重要

① 数据来源：Wind.

举措，同时也标志着新华社财经媒体资源的深度整合基本完成，开始了一体化、集约化的发展道路。

2.《电影产业促进法》正式实施

2017 年 3 月 1 日，《中华人民共和国电影产业促进法》正式开始实施。该法案从 20 世纪 80 年代就开始筹划，并最终于 2016 年 11 月 7 日经全国人大常委会三次审议获表决通过。《电影产业促进法》涵盖了电影创作、摄制、发行、放映等电影产业的各个环节，同时还对电影产业支持、保障、法律责任等分别作出了详细规定。作为我国文化产业领域的第一步法律，该法案的出台是我国电影产业发展的里程碑，是全面深化改革在文化领域的突破，同时也是全面依法治国在文化领域的落实，标志着我国电影行业在制度上的升级。

电影产业促进法的实施，为我国电影产业的规范、有序发展提供了法律依据和保障，也为中国电影“走出去”开拓了更为广阔的路径，对于中国电影产业的健康发展具有极为重要的意义。

3. 中国电影登陆 A 股市场

2016 年 8 月 9 日，中国电影股份有限公司（“中国电影”）成功登陆 A 股市场，正式在上海证券交易所挂牌上市，成为 2016 年度文化传媒领域融资金融最大的 IPO。中国电影此次公开发行 46700 股，发行价格为 8.92 元 / 股，本次发行募集资金总额为 416564.00 万元，募集资金净额为 409294.29 万元。

中国电影主营业务包括影视制片制作、电影发行、电影放映及影视服务业务，是我国电影行业中综合实力最强、产业链最完整、品牌影响力最广的领军企业。中国电影上市后也成为国内 A 股市场迄今为止第一家真正意义上的“全产业链上市的电影集团”。

4. 中国网络直播元年

随着移动通信技术的进步和智能化生活的普及，2016 年我国网络直播市场呈现出爆发式增长，网络直播成为社会生活中最热门的话题之一。包括在线直播课程、体育直播、游戏直播等在内，网络直播的内容与形式呈现出不断精细化和专业化的趋势。数据显示，2016 年，全国在线直播平台的数量已经超过了 200 家，用户人数达到 3 亿，市场规模超过 150 亿元，每日高峰时段同时在线人数接近 400 万，同时进行直播的房间数量超过 3000 个。2016 年也因此被称为“中国网络直播元年”。

网络直播的热潮不仅催生了宋城演艺、欢聚时代、9158、斗鱼、映客等公司的爆发式增长，同时还塑造了大批网红，刺激了网红经济的发展。但另一方面，随着监管的不断加强，网络直播野蛮生长的时代已经过去，各大平台将在资本的支持下继续洗牌。

5. 掌阅科技 IPO 登陆 A 股

2017 年 7 月 28 日，中国证监会发布公告显示，掌阅科技股份有限公司 IPO 获得通过，标志着这家数字阅读龙头企业即将正式登陆资本市场。掌阅科技以数字阅读业务为主，收入占比超过 94%，其数据阅读平台“掌阅”APP 在 2016 年及 2017 年一季度的用户活跃率和覆盖率排名行业第一。公开资料显示，“掌阅”平台累计注册用户超 6 亿，月活跃用户超 1 亿，日均阅读时长 35 分钟。同时，公司拥有超过 52 万册数字版权内容，并与众多版权机构、作者建立长期合作关系。自 2014 年下半年起，公司不断拓展数字阅读增值服务，经营硬件产品、版权产品、游戏联运和广告营销业务，充分挖掘平台用户和版权的价值。

掌阅科技此次向社会公众公开发行 4100 万股，发行价为 4.05 元。9 月 21 日，该股上市首日就受到资本市场追捧，封住“一字涨停”。

6. 完美世界溢价 412 倍回归 A 股

2016 年 1 月 7 日，中小板公司完美环球发布重组预案，公司拟向完美数字科技、石河子骏扬发行股份购买其持有的完美世界 100% 股权，交易对价 120 亿元，评估增值率高达 41201.77%。交易完成后，完美世界将成为公司控股股东，这家在美上市 8 年的老牌游戏巨头也将正式回归 A 股。这是继巨人网络、盛大游戏之后，第三家回归 A 股的海外上市游戏巨头。

公开资料显示，完美世界是中国领先的网络游戏开发商、发行商和运营商，自 2008 年成立之日起，公司从客户端游戏领域出发，先后涉足了网页游戏、移动网络游戏和电视游戏。从 2007 年起公司连续 7 年在中国网络游戏出口市场收入中排名第一。

7.《战狼 2》超高票房成现象级电影

《战狼 2》凭借超高票房成为 2017 年中国电影市场上的现象级电影。该片于 7 月 27 日晚 8 点在中国内地上映，上映首日仅 4 小时的时间，便取得 1 亿元票房。7 月 30 日（周日）《战狼 2》单日票房达到 3.35 亿，超越《西游伏魔篇》，刷新了华语影史单日票房新纪录。截至 2017 年 9 月中旬，《战狼 2》的票房已经超过 56 亿元，当之无愧问鼎华语电影票房冠军，北京文化 8 亿保底在上映 4 天内就顺利完成。随着《战狼 2》上映期延长至 10 月 28 日，该片票房将有望突破 60 亿元大关。

8.《王者荣耀》现最严防沉迷措施

2017 年，由腾讯开发并运营的手游《王者荣耀》掀起了全民狂欢的娱乐热潮。截至 2017 年 6 月，《王者荣耀》的玩家总数已经突破 2 亿，日活跃玩家最高达 7000 万人，自开测以来收入已突破 10 亿美元，并且还在不断增加中，成为 2017 年上半年移动平台游戏收入榜冠军。

《王者荣耀》风靡的同时也引发社会热议，手游行业政策监管持续从严，作为龙头的腾讯率先响应政策、表明态度。2017 年 7 月 2 日，腾讯对《王者荣耀》推出三道最严防沉迷措施：一是限制未成年人每天登陆时长。12 岁以下未成年人每天限玩 1 小时，并上线晚上 9 点以后禁止登陆功能；12 周岁以上未成年人每天限玩 2 小时，超出时间的玩家将被强制下线。二是绑定硬件设备实现一键禁玩。家长可对指定设备实行一键禁玩的操作。三是强化实名认证体系。未完成实名注册流程的账号无法进入《王者荣耀》进行游戏。

9.“中国出版”成 A 股第二家中央出版机构

2017 年 8 月 21 日，中国出版传媒股份有限公司公开发行 A 股股票，并在上海证券交易所成功挂牌上市，成为继中国科技出版传媒股份有限公司后，第二家在 A 股上市的中央出版机构。公开资料显示，中国出版此次公开发行 36450 万股，发行价格为 3.34 元 / 股。

截至 2016 年 12 月底，中国出版共有 23 家二级子公司，57 家三级及以下子公司，其中包括人民文学出版社、商务印书馆、中华书局、生活·读书·新知三联书店、中国大百科全书出版社等众多历史悠久的品牌出版社。

10. AMC 并购欧洲最大院线

2016 年 7 月 12 日，万达集团旗下美国 AMC 院线宣布以 9.21 亿英镑、约 9 倍 EBITDA 并购欧洲第一大院线——Odeon & UCI 院线，在此之前，AMC 已通过并购美国卡迈克院线成为全球最大院线。此次并购是万达首次在欧洲院线行业进行投资，交易完成后，万达将成为横跨中国、美国和欧洲的全球最大院线运营商，形成全球电影布局。2016 年 12 月 2 日，该项并购案通过欧盟批准，并成功完成交割。公开资料显示，Odeon & UCI 院线是欧洲最大的电影院线，拥有 242 家影院 2236 块银幕，占据欧洲约 20% 的市场份额，在欧洲主要大国电影市场份额排名第一。

四、北京市文化产业发展前景

2017 年 4 月，文化部印发《“十三五”时期文化产业发展规划》，强调到 2020 年，文化产业整体实力和竞争力要明显增强，培育形成一批新的增长点、增长极和增长带，全面提升文化产业发展的质量和效益，文化产业成为国民经济支柱性产业。①

北京市“十三五”规划纲要也指出，要加快推动文化产业发展。以整合优质资源、壮大市场主体、提升品牌服务能力为重点，巩固提升文化艺术、新闻出版、广播影视等传统优势行业，培育壮大设计创意、数字出版、新媒体等新型文化业态，提升文化产业竞争力和影响力。②

这意味着北京市文化产业的发展将迎来前所未有的战略机遇期，政策空间更加广阔，政策红利将得到源源不断的释放。2016 年以来，国务院及相关部门陆续出台相关政策，鼓励和规范文化产业发展。举例来看，2016 年 12 月，国务院印发《“十三五”国家战略性新兴产业发展规划》，提出以数字技术和先进理念推动文化创意与创新设计等产业加快发展，促进文化科技深度融合、相关产业相互渗透。到 2020 年，形成文化引领、技术先进、链条完整的数字创意产业发展格局，相关行业产值规模达到 8 万亿元。2017 年 3 月 1 日，《电影产业促进法》正式施行，对电影创作、摄制、发行、放映、电影产业支持、保障、法律责任等作出了详细规定，为规范电影产业有序发展提供了更加有力的法律依据和保障。同日，《公共文化服务保障法》也正式实施，对公共文化设施建设与管理、公共文化服务提供、保障措施、法律责任等进行详细规范，进一步提升了我国公共文化建设的法治化水平。

与此同时，北京市也出台一系列政策措施，推动和促进文化创意产业

---

① 资料来源：《文化部“十三五”时期文化产业发展规划》。

② 资料来源：《北京市国民经济和社会发展第十三个五年规划纲要》。

的发展。2016 年 7 月,《北京市“十三五”时期文化创意产业发展规划》正式印发,提出到 2020 年,北京文化创意产业增加值占全市 GDP 的比重将达到 15% 左右,文化创意产业的支柱地位将更加巩固。成为支撑首都经济创新发展、构建“高精尖”经济结构的重要引擎。同时,促进文化与金融融合发展,支持文化企业在主板、创业板、新三板等多层次资本市场挂牌上市,推进形成“北京文化”板块。[①]2016 年 12 月,市文资办在全国率先启动文创产业“补贷投”联动体系。其中“补”是每年以北京市文创产业专项资金补贴方式(含奖励、贴息、贴租、贴保)支持文创企业发展;“贷”是推动金融机构下浮贷款利率、简化审批程序,为文创企业提供贷款。“投”,是推动股权投资机构为文创企业提供股权融资服务。[②]

除了政策层面的利好因素外,我国文化产业的发展还面临良好的市场环境和广阔的市场空间。随着居民收入水平的提高和消费观念的转变,文化消费正呈现出持续、快速的增长态势,文化产品的消费结构不断优化,消费需求不断释放,为文化产业的发展提供了强劲动力。

以电影市场为例,数据显示,2016 年我国电影市场总票房达到了 457.12 亿元,同比增长 3.73%;城市院线观影人次为 13.72 亿,同比增长 8.89%。全年有 9 部电影的内地票房突破 10 亿元。2017 年电影市场更迎来爆发式增长,上半年全国电影票房达到 272 亿元,同比增长 9.6%。2017 年 7 月 27 日上映的《战狼 2》更是以超高票房成为现象级电影,截至 9 月底,该片票房已超过 56 亿元。

以数字阅读市场为例,根据中国新闻出版研究院发布的《第十四次全国国民阅读调查》,2016 年我国成年国民图书阅读率为 58.8%,较 2015 年上升 0.4%;数字化阅读方式的接触率为 68.2%,较 2015 年上升 4.2%;55.3% 的成年国民进行过网络在线阅读,较 2015 年上升 4.0%;66.1% 的成年国民进行过手机阅读,较 2015 年上升 6.1%。同时,截至 2016 年 12 月,我国手机网民规模达 6.95 亿,我国网民上网设备中,手机使用率达到了 95.1%,是第一大上网终端设备。手机阅读应用的使用率成为仅次于手机即时通讯、手机搜索、

① 资料来源:《北京市“十三五”时期文化创意产业发展规划》。

② 资料来源:北京市国有文化资产监督管理办公室。

手机音乐的第四类常用应用。[①]

值得注意的是，互联网及移动终端技术的普及和发展，在创造文化产业新型业态的同时，也改变着人们的传统消费习惯，进而引爆了一系列全新的消费热潮。艾瑞咨询的统计显示，2016 年我国游戏市场的规模已经达到了 1768 亿元，同比增长 23.2%。其中，移动游戏的占比首次超过 PC 游戏，达到了 56.3%。2016 年移动游戏的用户规模已经超过 5 亿人。从北京市的情况来看，2016 年北京动漫游戏产业产值约 521 亿元，同比增长 15%。移动游戏用户数达到了 420.6 万人，同比增长 11.56%，是用户增速最快的细分市场。此外，中国演出行业协会发布的《网络表演（直播）社会价值报告》则显示，2016 年我国网络表演（直播）的整体营收达到 218.5 亿元，平台数量 250 多家，用户规模高达 3.44 亿。网民总体渗透率 47.1%，其中 30 岁以下网民渗透率为 73.6%。与此同时，随着 VR、AR 被列入“十三五”规划，包括游戏、影视、直播等在内的泛娱乐领域将率先爆发，并引领新的消费热潮。据预测，到 2020 年，VR 游戏的市场规模将超过 100 亿美元。

---

① 数据来源：CNNIC.

民营文化企业利用文化资本与金融资本协同增值路径分析

——以开心麻花为例

陈端　谢紫仪[①]

摘要：民营文化企业融资困难成为普遍问题，因其文化企业的特殊性质，投资文化企业相关法律法规不完善，以及缺乏推动投资文化企业的中介机构，中小文化民营企业要想在资本市场上发展举步维艰。本文试从分析北京市民营演艺领域标杆企业之一——开心麻花从内容创作实现赢利到将文化资本与金融资本协同增值的路径，探索民营文化企业登陆新三板市场规律性的方式。

关键词：民营文化企业；文化资本；金融资本；新三板

随着人民文化消费结构优化升级，高层次的精神文化需求增加，政府不断加大对民营剧社扶持力度，为我国话剧发展提供契机。目前，我国话剧市场处于不断开拓的初级阶段，具有发展潜力，处于稳步持续上升态势，其中民营剧社是主力。

作为北京市民营舞台剧领军企业的开心麻花从事内容创作的深度垂直喜剧，主营业务为舞台剧演出，衍生产品有音乐剧、网络剧、春晚小品、电影等。于2003年首创“贺岁舞台剧”概念，并在此后13年时间里，陆续推出了26部舞台剧，逐步形成了独有的喜剧风格：精彩故事、动人情怀、智慧犀利盘点热点、新颖独特的喜剧风格这些已成为开心麻花的个性标签。

开心麻花总部位于北京，在上海、深圳、广州、天津、南京、沈阳、成

---

① 陈端：中央财经大学文化传媒学院副教授。谢紫仪：中央财经大学研究生。

都等地设有子公司及办事处。经过十三年的艰苦创业，开心麻花形成了强有力的品牌号召力与影响力。大剧场开心麻花舞台剧常年开展全国巡演，演出踪迹遍布上海、深圳、广州、天津、武汉、沈阳、南京等50多个城市，年度大剧场演出场次超过1000场次，直接给逾百万观众带来无限欢乐。目前，开心麻花在年度演出场次、观众人数、票房收入三个指标全面领先同行，成为中国舞台剧市场最具号召力的喜剧品牌。

话剧剧本创作是开心麻花的文化资本，在话剧剧本的基础上进行表现形式创新，如改编成电影、网络剧、浓缩成春晚小品等，实现文化资本增值。自2012年开始，开心麻花探索多屏整合发展模式，向影视及网络新媒体产业拓展。2012–2015年连续4年登陆央视春晚舞台，并在多个卫视春晚频繁亮相。2012年至今，开心麻花制作出品了《开心麻花剧场》、(1、2季)、《江湖学院》等网络剧作品。2015年制作出品了电影《夏洛特烦恼》，成为2015年国产电影领域的最大黑马，取得了14.44亿元的票房成绩。

一、开心麻花发展路径分析

(一)以独特的原创内容亮相春晚，传播开心麻花品牌形象

开心麻花成立初期阶段与其他民营舞台剧企业一样，一度处于亏损状态，这与话剧本身性质有关。其一，话剧难以盈利。每场话剧要投入场地费、道具费，剧本成型、演员排练到正式演出需要大量前期准备，每场演出观众数目有限，成本较高，收入难以预测；其二，话剧与重视感官体验的电影，重视故事情节、人物形象塑造的电视剧不同，其观赏性强，重视现场、氛围的把握，消费者群体较少，目前还属于小众的市场。

而开心麻花能够扭亏为盈的关键在于精确分析我国话剧市场，找准市场定位——年轻中产阶级，这类群体是文化水平较高且具有较强的消费潜力，是话剧市场的主要消费群体。年轻中产阶级工作压力大，产生释放压力的精神娱乐需求，开心麻花以消费者需求为中心，利用贴近观众现实生活、具有草根气息、有情怀的喜剧故事，将原本属于小众市场的话剧拓展为普适于大众的文化消费品，并在内容创作上以年轻中产阶级市场定位为核心，进行文化资本积累。

开心麻花创作符合年轻人偏好的新鲜、轻松、幽默的喜剧。舞台剧内容及语言风格与时俱进又发人深省，符合当下年轻受众的文化消费品位。并且开心麻花在内容制作上高标准要求，一般的剧本创作周期长达半年以上，排练周期长达三个月，每星期工作六天，每天十几个小时。[①]开心麻花拥有非常强的后续产品输出力量，每年保持至少2至3部原创剧的量。[②]通过强大的喜剧原创能力，形成开心麻花独有的品牌优势。通过原创话剧剧本生产衍生品，如电影票房、网络剧、音乐剧、综艺节目等，以内容的再创造实现文化资本增值。

在拥有强大的文化资本作支撑的基础上，开心麻花借助宣传推广，将品牌传播广泛涉足到年轻中产阶级日常接触的媒介，积极拓展多个推广渠道，建立立体传播网络——平面媒体、网络、广播、电视媒体精准有效的投放广告，如开通微博微信，与观众建立互动平台。同时，开展“会员制”，培养开心麻花的忠实客户。[③]通过观众的口碑效应，发挥人际传播的作用。

通过一系列与市场磨合的创新举措，在有高质量原创内容、口碑营销的推广下，开心麻花被邀请登上春晚舞台，2012年的春晚开心麻花推出《今天的幸福》，2013年《今天的幸福2》和《大城小事》二度登上春晚舞台，开心麻花成为唯一一支两个小品同时登上同一届春晚舞台的创作团队。高收视率的春晚成为开心麻花有效的宣传广告，带来更多观众的关注，带来了演出场次增加、上座率的提升。据总经理刘洪涛介绍，2010–2013年间，“开心麻花”整体收入增长20多倍，利润增长30倍。[④]在开心麻花快速发展的美好前景下，公司筹划进入资本市场，吸引投资来创造更多的机会和空间去开拓市场、扩大企业知名度，利用品牌效应进行商务往来、市场开拓、吸引人才、获取客户资源。

（二）借力私募股权投资，布局资本市场

作为一家民营未上市企业，开心麻花融资与一般中小民营文化企业同样

① 孙莉．民营剧社的品牌化运营研究——以民营剧社“开心麻花”为例［D］．暨南大学.2015.

② 金思．从“开心麻花”运营模式看民营剧团发展［J］．新丝路.2016（03）

③ 董越．开心麻花的创意管理之路［J］经营管理者.2016（12）

④ 王臣．话剧走向电影：“开心麻花”谋划喜剧公司上市样本［N］.21世纪经济报道.2015–10–13（020）

困难，其具备文化企业的特征，即大部分资产是无形资产，包括著作权、商标权、专利权，难以评估和变现，固定资产少、抵押担保不足。因为无形资产组合方式的多样性，内容排他性和共益性等有所不同，企业估值无法用传统方法计算。而且观赏话剧身为体验性消费，现金流、增长率及资金回笼周期长、市场不确定性强、发展前景难以预测、投资回报率不稳定，导致一些保守的投资者都对投资开心麻花持观望态度。

开心麻花想要成功融资，只能借助新三板平台。相比主板，新三板减少了政府审批，加快了融资进程，为企业的快速成长提供了灵活、低成本的方式。

但公司当时的性质是“有限责任公司”，想要在新三板挂牌必须首先变更公司的形式，成为股份有限公司。企业改制问题就成为企业新三板挂牌的第一步。

开心麻花有限责任公司股东为自然人股东，根据相关法律规定，改制时，自然人股东资本公积转增股本时不征收个人所得税；盈余公积及未分配利润转增股本时应当缴纳个人所得税。对于民营企业开心麻花来说，补税负担沉重，为避免承受大额补税负担有两种方案：

方案一：在企业改制时，以净资产整体变更为股份有限公司，改制完成注册资本不变，其余计入资本公积。公司挂牌满一年之后再将资本公积转增股本，实现股本的增加。虽然企业改制时没有实现资本的增加，但转增股本需要一段时间，承担了时间成本。

方案二：为了解决上述时间成本的问题，可以引入外部投资者。由股本溢价形成的资本公积转增股本时不征收个人所得税，因为这不属于经营所得，用这一资本公积来转增股本，原来的盈余公积不变即可以满足要求。[①]

开心麻花选择了方案二，引入私募股权投资来规避整体变更为股份有限公司后的大额补税，在短时间内实现登陆新三板的愿望。

正在开心麻花迅猛发展之时，以稳定的现金流和清晰的业务模式吸引到中国文化产业投资基金的私募股权投资资金。中国文化产业投资基金是由财

① 贾俊辉．“新三板”挂牌实务问题研究 —基于斯乐普公司新三板挂牌的案例分析［D］．暨南大学 .2015.39 页

政部、中银国际控股有限公司、中国国际电视总公司和深圳国际文化产业博览交易会有限公司共同发起成立的机构。其中，中国国际电视总公司是中央电视台投资组建的国有独资公司，是中国内地规模最大、赢利能力最强的传媒公司；中银国际是中国银行旗下的全资附属投资银行机构。文博会公司由深圳报业集团、深圳广播电影电视集团、深圳出版发行集团公司共同发起组建成立。该基金于2011年成立，首募60亿元，以私募股权投资形式，支持文化产业发展。①

开心麻花为了成功登陆新三板，确实需要借助外力，引入私募股权投资来评估公司的市场价值，同时相应的得到一些资源。而开心麻花选择了中国文化产业投资基金的原因是，其作为文化产业基金里面唯一一个国有企业，对公司发展、财务具有信誉背书，在未来上市审查的过程中提供便利，所以，此次私募股权活动是双方共同选择的结果。

中国文化产业投资基金利用专业知识和已经投资的企业资源，对开心麻花进行了业务改造，有效地提高了开心麻花的市场竞争力。据开心麻花董事长张晨介绍，中国文化产业基金帮助开心麻花梳理了整个公司的经营脉络。中国文化产业基金投资过的公司也给了开心麻花很多借鉴与启示。通过与同样获得基金注资的影视业、动漫业或者广告业的文化企业交流，开心麻花管理层的经营思路和眼界得以开拓。②

成功引入私募股权投资后，北京开心麻花娱乐文化传媒有限公司便于2015年7月16日整体变更为北京开心麻花娱乐文化传媒股份有限公司，初步具备挂牌新三板的条件。

然而开心麻花并未利用私募股权投资资金延续以往的大规模扩张活动，也没有跟风购买热门知识产权，依然潜心创作原创内容，不断积累文化资本。2014年，开心麻花再次凭借《扶不扶》和《魔幻三兄弟》三度登上春晚。

（三）利用《夏洛特烦恼》文化资本造势，挂牌新三板

开心麻花不断产出高水准的喜剧内容创作，使文化资本由量变发展到质变。《夏洛特烦恼》优秀的票房成绩就是开心麻花通过原创话剧改编电影，实

① 王妮娜．论多层次文化发展基金体系的构建［D］．中国社会科学院研究生院．2015.29 页

② 中国文化报《开心麻花 资本在企业背后踹两脚》，2014 年 2 月 15 日

现文化资本的价值增值的标志性事件。被誉为票房黑马的《夏洛特烦恼》使开心麻花的品牌形象被越来越多的观众熟知，提高开心麻花的知名度，也为投资者投资开心麻花带来信心。这部制作成本仅2100万元的电影却收获了超过14亿元的票房，实现了收入1.92亿元，占到主营业务收入的50.03%，《夏洛特烦恼》一部影片的收入，已经超过了公司的主营业务舞台剧收入，是开心麻花万事俱备后的东风，在其成功整体变更为股份有限公司后，为公司登陆新三板造势，使之后开心麻花挂牌新三板申请获得批准进行得顺理成章。

登陆新三板有利于开心麻花迅速解决融资问题。挂牌新三板之前，企业没有公允的价值数值，挂牌后，市场会赋予企业投资价值，评估企业未来创造能力，无形中放大企业的资产价值，而且开心麻花拥有中国文化产业投资基金做信用背书，受到授信和资金方面的青睐，起到投资示范效应，吸引其他渠道资本进入，为企业提供更多的机会和空间吸引投资。

同时，经过券商、会计事务所、律师事务所和转股公司等的联合推介享有了信誉保证。企业的经营状况、财务报表、年度报告、企业大事也会公开展示在全国性的平台上，受到公众舆论的监督，帮助公司完善规范治理。

（四）高价定向增发股票结合“高送转”，不断注入投资资本

开心麻花登陆新三板后，于12月31日进行第一次定向增发股票，增发股票152万股，价格仅为每股2.4元，且唯一增发对象为董事长张晨。2016年2月18日，开心麻花为了引入新增投资者发行股票，募集资金将用于补充开心麻花流动资金，再次进行定向增发股票，此次股票发行数量284.18万股，发行价格每股106元，募集资金3.01亿元。开心麻花的估值达到了58.76亿元，而公司成立时注册资本不过30万。开心麻花高价定向增发股票，意味着降低资产负债率、注入优质资产、整合各方面资源、获得强有力的资金支持等长期利好，给业绩增长带来立竿见影的效果。

据东方财富choice数据统计，截至2016年2月17日，在已经发布定增预案的新三板企业定向增发股票价格排名中，开心麻花则以每股106元排在第11位。[①]

① 三板富．“开心麻花”任性定增 老板赚足1.5亿［DB/OL］.http：//finance.sina.com.cn/zl/stock/20160218/104224304874.shtml，2016-02-18

新三板定向增发股票定价是参考公司所处行业、成长性、每股净资产、市盈率等因素，与投资者沟通后确定的。定增对象接受 106 元的股票价格，得益于 2015 年开心麻花出色的整体业绩：营业收入约为 3.83 亿元，较去年同期增幅接近 155%，归属于挂牌公司股东的净利润约为 1.31 亿元，较去年同期增幅超过 234%。

在《夏洛特烦恼》高额票房收入、中国文化产业投资基金国有企业股东信用背书、新三板宽松的定向增发条件下，开心麻花得以发行高价定向增发股票。

《夏洛特烦恼》的票房奇迹赢得了观众口碑，也树立了开心麻花品牌形象，提高知名度。开心麻花依靠《夏洛特烦恼》良好的口碑成功登陆新三板，为定向增发对象提供了投资信心。中国文化产业投资基金提供的国有企业背景，为开心麻花的定向增发提供了信誉保证。相比 A 股市场，新三板定向增发条件较为宽松。在定增审批流程中，A 股定增审批时间至少需要半年，规定每次定增的人数不超过 10 人；在定增价格的规定上，A 股以近期交易价格为依据，比如主板和创业板均规定定向增发价格不低于定价基准日前 20 个交易日公司股票价格均值，不仅如此，A 股定增股票还通常有一年的锁定期。而新三板市场在定增人数上，要求不超过 35 人，而且不包括在册股东；在发行价格上，企业定向增发股票价格参考公司每股净资产、市盈率以及企业的成长性来确定；在新股限售流动性上，定向增发股票无限售要求，股东可随意转让。[①]新三板宽松的定向增发规定本质上是为了解决中小企业融资难的问题，这也为开心麻花发行高价定增股提供条件。

2016 年第一季度，开心麻花继续保持增长势头。舞台剧演出场次、上座率增加，利润大幅增长。根据第一季报显示，开心麻花实现营业收入和利润较去年同期增长了 20% 左右。较高的未分配利润和经过私募股权投资、高价定增股发行积累的资本公积为开心麻花之后的“高送转”提供条件。

2016 年 5 月 17 日，开心麻花发布临时公告称，公司以现有总股本 4736.37 万股为基数，向全体股东每 10 股转 64 股送 1.5 红股。分红前公司总

---

① 三板富．“开心麻花”任性定增 老板赚足 1.5 亿［DB/OL］.http：//finance.sina.com.cn/zl/stock/20160218/104224304874.shtml，2016-02-18

股本为 4736.37 万股，分红后总股本增至 3.6 亿股，有望冲击创业板。

“高送转”的实质是股东权益的内部结构调整，在净利润不变的情况下，资本公积金转增股本与送红股将增厚股本，摊薄每股收益，股价低，使得资金门槛相对降低，方便更多投资者和资本金的引入，提高股票流动性，产生流动性溢价，活跃股票交易，最终实现开心麻花金融资本增值。

二、模式梳理与典型意义剖析

开心麻花由最初内容创作进行文化资本积累，频频亮相春晚，提高企业品牌知名度，进行私募股权融资，依靠票房黑马《夏洛特烦恼》为登陆新三板造势，成功挂牌新三板后发行高价定向增发股票，为企业注入大量资金，以出色的业绩向全体股东每 10 股转 64 股送 1.5 红股，降低投资门槛，提高股票流动性，引入更多社会资本进入，最终实现与金融资本协同增值。在由内容创作赢利到文化资本与金融资本协同增值的过程中，值得民营文化企业借鉴学习。

民营文化企业首先应具备强大的内容生产能力，文化资源是文化资源资本化的来源与基础。文化的创作和生产，从文学作品到舞台表演，抑或是形成电影、电视和音乐等现代化文化产品，文化产品的形式在不断变化，但是其内容生产的实质没有改变，都是对既有的文化资源的再创作和创新，其中都需要进行人力资本和知识资本的投入，[①]在此基础上形成文化产品通过市场变现，完成企业文化资本增值。只有源源不断文化产品输出，才能进行文化资本积累。开心麻花正是将话剧改编成电影，增加对电影制作设备、前期宣传等方面的要求，带动相关领域资本投入，电影票房收入就是资本投入的回报，实现文化资源向文化资本的转化，最终带来企业利润大幅上升。

然而民营文化企业保持优质文化产品高输出量需要借助金融资本。文化产品与一般产品不同，是一种内容产品，其赢利来自与文化创意和文化服务，只有保持产品的独特性才能打造出核心竞争力，为此需要引入大量资源进行创意和开发。同时，作为一种产业链特征突出的产业，文化企业还必须

① 尹逊婷 . 中国文化资源资本化研究 . [D] 广东省社会科学院 .2015.25 页

着力整合渠道资源、形成规模化经营，这也需要大量资金投入。[①]

虽然中小文化企业融资普遍困难，但当中小文化企业文化资本积累到一定程度时，可以通过适合的多渠道进行品牌形象的传播，提高品牌知名度，实现无形资产增值。开心麻花就是借助春晚舞台不仅带来了观众上座率的业务收入增长，从而以出色的业绩吸引到私募股权投资。

民营文化企业借助国有企业背景的企业进行私募股权投资活动，既可以得到政策支持，得到国有企业既有资源输入，又能获得国有企业信用背书，在文化产品具有风险性的性质下，起到投资示范效应，获得更多渠道的投资。

当中小民营文化企业已完成整体变更为股份有限公司后，可以通过挂牌新三板拓展资本市场，节省时间成本得到优质投资，与此同时，保证经营业绩、利润稳步上升，通过之前未分配利润以及企业投资资金定向增发股票或向股东转股、送股的方式，布局资本市场，实现文化资本与金融资本协同增值。

三、延伸案例

舞蹈家杨丽萍创立的云南杨丽萍文化传播有限公司通过歌舞剧创作实现文化资本积累，公司以《孔雀》《云南映象》《云南的响声》等剧目的定点演出和巡演为主要收入，从 2012 年到 2014 年，公司业绩逐年高速增长。2012 年营业总收入 3215 万元，净利润 894 万元；2013 年实现营业收入 5044 万元，净利润 1341 万元。2014 年实现营业收入 5760 万元，净利润 1720 万元。[②] 除了主营歌舞剧外，还从事纪录片、广告片等制作拍摄、舞台科技创造及制作、剧院设计建造和运营，通过多领域的市场扩展，形成系统化的产业集群，文化资本不断增值。企业销售收入、营业利润不断大幅增长，吸引深圳市创新投资集团有限公司创业投资资金注入，2012 年 10 月 24 日，深创投宣布向云南文化投资 3000 万元，占公司 30% 的股权。

2014 年 11 月 3 日，云南杨丽萍文化传播有限公司成功挂牌新三板，成为国内第一家封路新三板的舞蹈演艺企业。新三板市场为云南文化吸引更多投

① 徐鹏程．金融资本与文化产业融合障碍何在［N］．中国经济时报

② 蔡晓璐．基于文化资本理论的文化产业产融结合研究——以《云南映象》挂牌“新三板”为例

资资本的关注，通过财务信息披露，受到公众监督，规范企业经营运作，为未来转板奠定基础。

挂牌新三板后，云南文化通过连续定向增发股票，为企业发展提供大量投资资金、整合各方面优质资源。据 2015 年上半年年报显示，“云南文化”普通总股本 3710 万股，资产总额 17394 万元。控股股东杨丽萍，持股比例 56.96%，与 2014 年年末相比，总资产增长 94.25%。① 完成由内容创作赢利向文化资本与金融资本协同带动企业增值的转变。

与开心麻花相同，云南文化也是凭借强大的内容创作产出，进行文化资本积累，通过口碑传播等一系列宣传方式，树立品牌形象，提高品牌知名度，并获得优质企业投资，得以利用投资企业既有资源，指导企业进行商务合作往来、市场开拓，登陆新三板，获得更广范围的投资，为转板上市做准备。在新三板市场通过定向增发股票、向股东转股、送股等方式，获得更多投资资金注入，利用金融资本实现企业财富增值。

结语

从开心麻花、云南文化的案例中可以看出，中小民营文化企业融资是有规律可循的，通过内容生产完成文化资本积累，以品牌声誉吸引优质企业投资，借助优质企业资源登陆新三板市场，进行金融资本运作，实现企业扩张市场、转板上市的目标。

参考文献：

[1] 孙莉. 民营剧社的品牌化运营研究——以民营剧社“开心麻花”为例 [D]. 暨南大学.2015.

[2] 金思. 从“开心麻花”运营模式看民营剧团发展 [J]. 新丝路.2016 (03)

[3] 董越. 开心麻花的创意管理之路 [J] 经营管理者.2016 (12)

[4] 王臣. 话剧走向电影：“开心麻花”谋划喜剧公司上市样本 [N].21 世纪经济报道.2015-10-13 (020)

[5] 贾俊辉. “新三板”挂牌实务问题研究 —基于斯乐普公司新三板挂牌的案例分析 [D]. 暨南大学 .2015.39 页

① 蔡晓璐. 基于文化资本理论的文化产业产融结合研究——以《云南映象》挂牌“新三板”为例

［6］王妮娜. 论多层次文化发展基金体系的构建［D］. 中国社会科学院研究生院.2015.29 页
［7］中国文化报《开心麻花 资本在企业背后踹两脚》，2014 年 2 月 15 日。
［8］三板富. “开心麻花” 任性定增 老板赚足 1.5 亿［DB/OL］.http：//finance.sina.com.cn/zl/stock/20160218/104224304874.shtml，2016-02-18
［9］尹逊婷. 中国文化资源资本化研究.［D］广东省社会科学院.2015.25 页
［10］徐鹏程. 金融资本与文化产业融合障碍何在［N］. 中国经济时报
［11］蔡晓璐. 基于文化资本理论的文化产业产融结合研究——以《云南映象》挂牌“新三板”为例

六、文化园区

城市文化产业园优化发展路径分析

刘金祥[①]

构建文化产业园区是我国城市文化产业发展的主要特征和基本途径，是推动城市文化产业集群化、规模化发展的重要依托和有效载体。但由于我国城市文化产业园区发展尚处于起步阶段和初始时期，亟需在理论和实践两个层面对其进行深入诠释和客观分析。

文化产业园区是区域经济理论的集群化原理和增长极观点在文化产业发展中的具体体现和实际运用，是一种为提升文化竞争优势而构建的文化产业空间组织形式，呈现横向拓展、纵向延伸的专业化分工割据趋势，具有资源、技术、信息、人才等生产要素紧密协作和有机互补的特征，通过网络连接、要素整合、资源共享开发相关文化产品，实现文化产业的地理空间集聚，形成一个城市新的经济增长点。

一、城市文化产业园区的主要功能

一是有利于加速城市现代化进程。作为人口聚居最集中的空间组织——城市，具有庞大的市民社会和潜力巨大的文化消费群体，通过建设文化产业园区，可以充分利用文化市场信息，形成对于文化资源的吸纳能力；可以有效消化高新技术，提高文化产品的创新能力；可以直接面对庞大的市民社会和潜力巨大的城乡文化消费群体，增强文化产业的辐射能力，从而促进城市现代化进程。

二是有利于提升城市软实力。随着物质生活水平的不断提高，城市居民对精神文化产品和服务的需求逐渐加大。城市文化产业园区作为城市文化产业空间运动的固化形态，无论是文化生产还是文化服务，都直接面向城市广

① 刘金祥：哈尔滨工业大学兼职教授、黑龙江省中国特色社会主义理论体系研究中心研究员。

大居民。通过建设文化产业园区，源源不断地开发生产文化产品，可以满足城市居民的精神文化需求，可以提高城市居民的综合素养，从而提升城市软实力。

三是有利于优化城市经济结构。城市文化产业园区的主要构成包括复合型文化人才培养基地、文化产品生产经营企业、提供高新技术支持的研发机构、国际策划和市场推广以及信息咨询等中介组织等，这些相互关联相互接驳的企业在城市一定的地域范畴内集聚整合，构成立体的多重叠加多维交织的文化产业产销学研体系和网络，通过高效畅通的区域增长传递机制，产生强大的吸引、辐射和扩散效应，引领城市第二产业为其提供支撑和保障，带动城市第三产业实现集约化经营和规模化发展，从而不断优化城市经济结构。

2009 年国务院出台的《文化产业振兴规划》提出“加快文化产业园区和基地建设”之后，我国一些城市纷纷利用当地资源优势建设文化产业园区，文化产业园区如雨后春笋般迅猛发展，呈现出开发建设速度较快、入园企业数量较多、投资主体多元化以及中小型民营企业所占比例较大等主要特点。

二、目前国内城市文化产业园区的发展存在问题

应当指出的是，目前国内城市文化产业园区的发展仍然存在许多问题，主要表现在：

一是许多城市将发展文化产业完全寄托在建设文化产业园区上。城市经济文化系统的整体性和综合性的特征，决定了其必须利用自身资源禀赋和比较优势，确立可行的文化产业发展模式。导致许多城市将发展文化产业完全寄希望于建设文化产业园区上这一问题出现的根本原因在于，文化产业发展战略近年来的确开阔了城市发展思路，增加了新的经济增长点，但随着文化产业在我国的过热发展，部分城市的介入处于理性缺失的状态，导致大量文化产业园区“拔地而起”，诸多园区的发展流于形式，面临“有园无业”的窘境。另外有些城市的领导干部通过建设文化产业园区，可以享受征地、免税等优惠政策，可以争取上级文化产业发展基金的前期投入，为自己赢得重视文化发展的美誉并给自己的政绩加分。所以，当前已出现发展文化产业园区从大城市向中小城市扩展和蔓延的趋势。

二是许多城市文化产业园区缺乏科学定位和合理规划。由于文化产业

园区具有地理集聚的特征，其所承载的区域性文化产业集群能够有效地吸引相关的政府政策、学会研究、财政资金、金融资本和人才培训等诸方面的支持，凝聚和共享相关文化资源，形成区域性的核心竞争力，发展区域性的文化品牌，所以对城市文化产业园区必须科学规划和明确定位。

区域经济理论和产业经济理论表明，任何一个文化产业园区都应具有其他园区无法仿制或仿制成本很高的特质，具有避免项目重复建设和产业同构的特点。笔者将其具体概括为：

价值独特性，即能够给园区带来特殊的经济价值和显著的社会效益；

模式异质性，即其他园区在很大程度上难以企及并在与其他园区竞争中获得较大的差别利益；

形态不可模仿性，即包蕴和摄纳相关的经济要素和文化资源，是该地区在漫长的地质运动和长期的经济社会活动中蓄积锻造的，深深打上自身的烙印；

功能不可替代性，即竞争对手通过某些途径复制其部分属性，但难以从根本上取代其地位；

过程不可逆性，即一经实施就进入良性运转的轨道，呈现出持续、快速、强劲的发展态势。

总之，城市文化产业园区是由同一区域内相互关联的经济文化单元组成的、具有共同利益基础和内在链接关系的经济形态，揭示了一个城市经济文化由单一化向综合化、由低级向高级、由独立向协作的演变趋势和规律，是城市文化产业发展的主流模式之一。

目前，国内很多城市文化产业园区缺乏科学定位和合理规划，随风跟进，盲目建设。2005 年以来，我国城市文化产业园区迅猛发展，数量急剧增加。仅北京、上海、广州、深圳、杭州、南京、成都、天津、青岛这几座城市规划建设的动漫和数字娱乐园区已经超过 350 家，而达到这一数字仅用了五六年时间。客观审视各地已建或将建的各类文化产业园区，不难发现产业形态相似，产业内容雷同，势必造成文化企业集群的资源分散和文化产业的恶性竞争，最终不利于我国文化产业的持续快速健康发展。

导致城市文化产业园区缺乏科学定位和合理规划的根本原因，在于我国城市发展的行为主体简单机械地把文化产业集聚等同于文化产业集群。国外文化产业集群发展模式被借鉴到我国后，部分城市便提出了“打造文化产业集群”的发展策略，具体做法是通过文化产业园区的建设，促使文化企业在城市特定地域形成空间集中（实际上只是“产业集聚”的假象）来发展文化产业集群。

而从国外的案例看，文化集群战略发展的关键要素是大量的小型民营企业，而不是大型的国有机构或组织，文化集群也不是这些民营文化企业在地理上的简单组合。

真正的文化产业集群，文化企业之间的地域临近是一个相对概念，并不需要文化企业在地域上绝对的集中；对文化产业集群来说，也很难划定出一个完全确切的地域界限，在某种意义上一个城市都可以看作是整个文化产业集群的载体。

一些城市在利用“文化产业集群”策略力图实现“产业集群”的过程中，只是看到了文化产业集群的表面现象，没有把握文化产业集群发展的内在实质。现在全国大小城市建设文化产业园区之风日甚一日的状况，表明不少城市过于重视有形的载体建设，忽视了文化产业无形的经济效益和精神效能。

三是城市文化产业园区的集聚效应尚不明显。

城市文化产业园区的发展与壮大与一个城市的文化产业政策、制度密不可分。我们知道，文化产业园区是关联度高的文化产业集聚的载体，文化产业集聚度是由文化环境因素、文化需求条件、文化生产要素和相关的支持性产业四要素共同作用的结果，而“四要素”的激发与维护需要城市政府的直接引导和有效参与，需要城市有关部门充分发挥引领、调控、规范和监督作用。

当前，由于一些城市的管理部门缺乏对“四要素”的正确认识和精心培育，导致该城市文化产业园区内入驻的文化产业类企业数量较少，且企业之间缺乏内在关联，难以形成优势互补、利益共享的经济共同体，使得文化产业园区仅仅是一个地理空间概念，而非产业高度集聚的、形成完整产业链的经济组织。更让人匪夷所思的是，一些城市的党政领导干部为了追求 GDP 的增长，降低文化产业园区的准入门槛，允许一些非文化类企业特别房地产开发企业进驻，导致园区内文化生态环境和产业结构遭到破坏，园区不但起不到文化产业集聚发展的作用，相反成了容纳各种产业和各类项目的“大观园”。

尽管国内外理论界对文化产业园区规范标准的内涵界定不一，但在其包蕴的基本要素上还是趋于共同的，在此笔者引用北京大学文化产业研究院对城市文化产业园区内涵所做的结论，力求让发展文化产业的决策者对城市文化产业园区标准有一个明确的认知：

其一，一所在校学生至少4000人的文化产业学院。它承载着中国文化产业发展的希望，是造就城市文化产业中坚力量的摇篮。

其二，一座文化广场。它将为城市文化产业园区聚拢人气，成为为一个中心城市提供休闲娱乐的平台，它将以最人性化的康乐设施服务园区、服务社会。

其三，文化产业集聚区。这是整个文化产业园区的核心，它将根据文化产业的分类而设立产业区域，如传统文化产业（出版、影视、唱片等）和现代文化产业（网络游戏、网络视频、数码视听等）；在网络游戏类里，再设立网络游戏研发中心、制作中心、生产中心、交易中心等，将集中生产各种各样的文化产品。

其四，文化产业孵化区。它将对新兴的文化产业种类进行研发、孵化，从而为大众源源不断地提供新的文化产品，是文化产业的储备力量。

其五，国际会展中心。它是整个文化产业园区或者整个城市文化产业产品交易的平台和展览的窗口，是国际文化产品的代理机构，是文化产业思想、智慧、产品的国际交流中心。

即使将这一规范标准中的一、二、五三项删除，也会让许多国内一些城市的决策者面对自己精心培植的文化产业园区显得尴尬和难堪。事实上，一个发育成熟的城市文化产业园区在某种意义上就是一个城市的代名词，正如美国纽约前市长朱利安尼所说，“百老汇即是纽约的同义语”，“当然，这是一种站在全球文化市场顶端之上的‘赢家通吃模式’，全世界也就美国这一家，别无分店。”

不过，随着我国文化产业的日益壮大和产业园区的日渐成熟，未来文化产业园区可能会提供经济效益与文化效益的双重价值。我们有理由相信，中国文化产业园区也将会达到这种目标状态。当前对于学界与政府来说，深化对文化园区的理论认识、形成对文化产业园区建设的标准规范，比评价某一园区对于一个城市发展的作用更为重要和紧迫。”朱利安尼的上述分析对我们不无启示价值和警示作用。

四是城市文化产业园区的创新能力尚不显著。

我国城市文化产业园区建设起步较晚，2002 年 11 月党的十六大提出大力发展文化产业之后，全国各地竞相掀起文化产业园区建设热潮，初步形成长江三角洲、珠江三角洲和环渤海地区三大文化产业带，取得一定的经济效益和社会效益。但由于文化产业园区在我国毕竟是一个新生事物，又是涉及城市各方的系统工程，需要在一定规制下有序运作，需要在各种因素的综合作用下提升创新能力。

2009 年 9 月，国务院发布的《文化产业振兴规划》，成为指导包括城市文化产业园区建设在内的文化产业发展的纲领性文件。以此为契机和动力，很多城市加速了文化产业园区建设，吸引有实力有潜力的文化企业进驻园区，尽可能建立包括开发模式、管理模式、运营模式在内的运作机制，努力增强园区的创新能力。

我们知道，文化产业园区完善的软硬件配套体系、良好的竞争与支持竞合环境、较强的整体文化创新能力和健全完整的文化供应链，都吸引着外部文化企业的加盟，也鼓励园区内文化机构由于规模扩张而派生新的文化企业。

文化产业的核心竞争力是创新能力，而文化产业园区能够为文化企业提供良好的创新氛围，促成文化企业完成自己的创新行为。一方面文化企业比肩相邻，每时每刻都面临相互竞争的压力，迫使每个文化企业不断进行理念创新、内容创新、技术创新和管理创新；另一方面，在文化产业园区内各文化企业由于地理接近，合作紧密，新思想、新观念、新工艺和新知识将会在园区内迅速传播扩散，形成溢出效应，进而增强文化产业园区的整体创新能力。

而现实中许多城市文化产业园区整体创新能力比较脆弱，对文化产业发展难以起到引擎作用。竞相上马的城市文化产业园区在建设伊始就带有一定的盲目性，未能把握住本地的文化资源以及目标市场的需求特点，将精力无端地耗费在咨询策划、设计服务和工艺时尚等非主要环节上，造成了园区内的过度竞争和效益损失。

另一方面，园区内部尚未建立良好的协调互动机制，不同行政单元出于各自利益考虑，在引进高科技企业、高素质人才等方面难以达成共识，导致园区有企业无产业，有数量无质量，科技中介服务机构偏少，企业孵化器建设较慢，信息技术、传播技术和自动化技术等高科技手段对文化资源进行加工能力不足，没有实现科技与文化的紧密结合。

导致文化产业园区创新能力较弱的原因是多方面的，但笔者以为其中一个重要因素是一些城市沿袭了发展工业园区的做法，对国内外资本寄予过高的期望，企图通过招商引资，将跨国公司转移出来的文化产业链上的低端环节作为发展目标。

事实上，这种沿袭制造业的发展套路只能是引进被人家淘汰的项目和二流、三流设备与技术，并不能真正提升文化产业园区的创新能力，加之一些城市文化产业园区忽视自身孵化器建设，可能会使园区沦为全球文化产业布局中的制造车间。如今一些城市的动漫产业基地已经被国外大型跨国公司所买断和控制即为例证。

三、解决上述问题的对策分析

解决城市文化产业园区发展中存在的上述问题，必须按照科学发展观的要求，以科学发展为主题，以加快转变经济发展方式为主线，以文化资源为依托，以国内外市场为导向，以科技和体制机制创新为动力，统筹兼顾，突出重点，用改革和发展的办法加以解决。根据笔者了解和掌握的国内外一些运行成功的城市文化产业园区的发展经历和经验，建议重点做好以下三方面工作。

一是国家应加大宏观调控的力度，严格控制城市文化产业园区的数量和规模。

由于文化产业园区是提升文化产业竞争力、拉动文化产业规模化发展的重要举措，是调整产业结构、转变发展方式的重要载体，是吸引科技、艺术人才创业和大学生就业的重要平台，也就是文化产业发展的基本途径和通行模式。

所以，目前国内大中小城市对发展文化产业园区热情倍增，趋之若鹜，继开发区和大学城之后掀起一股文化产业园区建设热，不同层次的文化产业园区数量大幅攀升。据不完全统计，截至2010年年底，由文化部、广电总局和新闻出版署规划的各类文化产业园区和基地多达3600个，这不仅加剧了土地、环境、文化资源的紧张状况，而且使许多文化产业园区处于低水平重复性建设状态，给城市转变经济发展方式、调整经济结构、建设资源节约型和环境友好型社会带来一定挑战和压力。

因此，对城市文化产业园区的数量和规模进行严格控制势在必行。西方发达国家文化产业园区建设的成功案例表明，城市文化产业园区建设应当从实际出发，遵循创新竞争、产业集群规律和差异化错位化发展模式，统筹规划，科学布局，合理配置文化资源和产业分工。土地是园区建设和企业发展的基本要件。

国家有关部门应按照有关法律和政策规定，严把土地供应关，根据各城市的实际情况合理安排文化产业用地规模，杜绝“轰轰烈烈圈地，冷冷清清开发”的行为。应对文化产业园区在规划设计、产业定位、产业规模、产业形态等方面设定准入门槛和入园标准，并公开认定的程序，努力杜绝借建设文化产业园区之名行“圈地运动”之实的现象发生。应加强土地清理工作，对多占地乱占地的现象予以整治，进一步提高城市用地效能。应鼓励建成区的文化企业通过盘活整合原有土地资源扩大厂房，对互补性强和关联度大的文化企业予以集中，促进园区产业布局优化，切实提高城市文化产业园区土地的集约使用效率。

二是各级政府应加大扶持服务的力度，尽快提高城市文化产业园区的科学发展水平。

美国经济学家佛罗里达（Richard Florid）认为，一个能够通过文化创意产业来促进经济持续发展的地区需要同时具备至少三个条件：技术（Technology）、人才（Talent）和宽容（Tolerance）。而这三个条件只有城市才能创造和提供。因此，由城市政府对文化产业园区给予支持服务和进行把关定向，是实现其科学发展的重要前提。

第一，要完善园区发展规划。文化产业发达城市的成功经验告诉我们，园区要发展，规划必先行。要按照“不求大，但求精”的理念，高水准、高起点、高标准地搞好文化产业园区的总体规划，在编制规划时既要着眼未来，体现出战略性和前瞻性，又要立足现实，体现出针对性和和可操作性；

既要把握全面协调发展要求，对入区产业和企业统筹规划，合理布局，梯次推进，均衡拓展，最大限度地发挥园区的整体功能；又要坚持可持续发展战略，建立土地储备中心，预留适量土地资源，为后续发展留有空间。

同时，应严格按照土地利用总体规划和城市建设总体规划的要求，充分考虑园区所在地域的地理特点、基础状况、资源禀赋和发展规模等因素，力争使文化产业园区和中心城市实现最大的交汇和融合，形成优势互补、分工协作、资源共享、互惠共赢的都市文化圈。

第二，要明确市场定位。

要引导不同文化产业园区进行错位发展，努力化解当前文化产业园区建设中存在的重复建设问题。这种错位，除了根据各个城市文化产业园区的具体情况，对某些园区进行有针对性的政策倾斜和资金扶持外，还应当引导不同的园区就不同的文化产业门类进行错位发展，以减少文化产业项目的重复建设和各种资源的过度分散，换言之，就是要避免文化企业自主经营造成的重复性建设，使各个园区之间形成各有优势而又相互补充的不同文化产业门类，利用各自的优势项目找准市场定位并着力打造自己的特色产业。

第三是强化园区基础设施建设。

基础设施是文化产业园区发展的“硬环境”，包括能源、交通、通讯、供水等要素。应按照“政府主导、企业经营、市场运作、多元投入、项目带动、滚动发展”的原则，建立多元化的投资机制，搭建投融资平台，多渠道解决园区基础设施建设资金短缺问题。应鼓励各类社会投资主体通过投资、联营、入股、控股、独资、收购等方式参与园区开发建设，逐步进入由依靠政府投入向自我滚动发展的良性循环轨道。

第四要为园区营造良好的软环境。

软环境包括政策体制、服务效能、办事效率和市场体系等要素，是建设城市文化产业园区的题中之义。在竞争日趋激烈的投资市场上，城市软环境如何对于吸引投资具有越来越重要的作用。因为硬环境的各种要素除气候、地理和生态外，是具有全球性的科学技术的结晶，其发展是以新代旧的更替，一般只受资金和技术两大因素的限制，很少受到传统和习惯势力的制约，换言之硬环境在合乎规律地朝着现代化、国际化演进的同时，软环境的发展却常常具有反复性、迂回性和曲折性，因此，软环境的改善较之硬环境的建设要困难复杂的多。

这就要求城市政府要把软环境建设放在发展文化产业园区的重要位置之上，牢固树立“转变职能、简化程序、提高效率、服务到位”的理念，进一步理顺园区管理体制，大力优化园区政策、体制、服务和人文环境，为入园企业提供高效、周到、便捷、舒适的服务。

第五要促进高科技与文化资源有机融合。

近年来国际文化产业出现了文化创意与科技创新合流发展、文化内容跨区域合作、数字新媒体等新技术引领发展、文化产业链条向上下游延伸、文化产品国际化、文化消费爆发式增长、国际文化市场分割等新特点新趋势，而这些新特点新趋势的核心表现在于高科技与文化资源有机融合。文化产业不是对传统文化的简单复制，而是借助信息技术、传播技术和自动化技术等高科技手段对文化资源进行加工点绘，赋予其经济属性和人文价值。园区的文化企业要顺应电信网、广电网和互联网“三网融合”的趋势，运用3G、Web3.0、CMMB和IPTV等先进数字技术实现与本地区文化资源的无缝对接，发展具有民族特色的新型的文化产业，展现我国文化产业强劲的创新应变能力。

第六要加强文化人才队伍建设。发展文化产业，最根本的在于人才。

这就需要城市政府一方面要秉承“不为所有，但为所用”的原则，用优惠政策吸引国内外优秀文化人才特别是高科技、复合型领军人物；另一方面建立在职人员培训机制，引导本地高等院校加快建设文化产业重点专业和学科，引导各类培训机构、实验基地与文化企业进行合作，有针对性地培养专门文化人才。同时，深化分配制度改革，完善人才激励机制，探索建立以知识产权、无形资产和技术要素等参与分配的新路径，营造有利于人才脱颖而出的良好氛围，为文化产业实现可持续发展提供强大的智力支持。

第七要搭建园区公共服务平台。

目前我国的文化企业大多是中小企业，普遍缺乏资金、信息、管理经验和经营渠道，独立生存能力不强，这些特点决定了文化企业的发展离不开公共服务平台的支撑，城市政府应当在税收、融资、人才培训等方面给予文化产业园区适当优惠和扶持。同时，以政府授权挂牌的形式，有效保证真正的文化企业入驻园区，逐步淘汰非文化企业，维护文化产业园区的生态平衡。

三是城市文化产业园区应加大改革创新力度，不断做大做强文化产业集群。

壮大文化产业集群，延伸文化产业链条，形成产业规模扩张的“集聚效应”和龙头企业带动配套企业发展的“雁阵效应”，是发展文化产业园区的设想和归宿。

城市文化产业园区应结合各自的产业定位，根据内容生产集聚、产业链条培育、初创成熟分层等原则，遵循一定的市场调查和经济依据，按照文化产业内容分类、功能分类特征，实施错位战略，推进产业梯度发展。要以国内外市场为导向，加快主导产业的培育和集聚，努力形成以大型文化企业为龙头、以专业化协作为基础的产业集群，使文化产业园区成为品牌企业多、规模企业大、配套企业密集、产业竞争力强的经济板块。

首先要明确文化产业园区定位。

真正意义上的文化产业园区，必须对园区的功能和特色有明确的定位。一座城市往往集聚了多个文化产业园区，每个园区的定位只有坚持专业化、差异化、特色化，避免同质化和恶性化竞争，才能增强各园区的生命力。

其次要构筑园区内完整的产业链。

文化产业园区应通过有效的管理机制和中介组织，最大限度地整合共享资源，形成创新能力和创新网络，实现高度专业化的分工和合作，在园区内加强上下游企业的互补合作，形成完整的产业链，放大集聚效应，最大限度地提高园区整体竞争力和产业实力。

第三要培育以内容产业为核心的文化产业新业态。

目前以数字技术为载体的内容文化产业正在迅速崛起，并以惊人的速度不断更新和广泛渗透。但我国在发展动漫游戏、数字音乐、数字电影等数字内容新业态方面尚步履维艰。各城市文化产业园区要准确把握科技与艺术、数字与内容的结合点，加速文化产业与高新技术的融合，增加文化产业的内容含量、科技含量，用高新技术带动提升传统文化产业。

第四要强化对知识产权的保护。

园区内的文化企业要在利用高科技不断开发原有文化品牌派生品和衍生品的基础上，加强对知识产权的保护，对文化品牌进行版权登记和商标注册，建立产学研知识产权联盟，编制自主知识产权的主要产品名录，在文化品牌受到侵权时拿起法律武器维护自身权益。同时，开展大范围、高层次、多频率的知识产权交易，努力向国外输出中国文化品牌版权，逐步扩大在国际市场上的占有份额。

第五充分利用文化资源禀赋。

文化资源禀赋是文化产业区所在城市所具有的文化要素和文化环境。这一因素使文化产业园区在建设过程中必须考虑的主要因素。城市文化产业园区能否彰显自己的特色，能否体现独具的文化个性、文化风格、文化品位，关键看其能否利用好自身文化资源禀赋。

考察中外城市文化产业园区的一些成功范例，不难发现这一因素所起的重要作用。英国曼彻斯特北部文化产业园区的形成与发展，与当地深厚的与众不同的音乐底蕴和享有国际声誉的滚石流行音乐密切相关。布里斯托尔国际著名的电视和数字媒体集群，则是建立在该区域具有悠久的电影制作历史基础之上的。

我国北京琉璃厂文化产业园区依托的是一条具有700多年历史的、闻名中外的文化长街。四川省德阳市建立的文化产业园区，依凭的是一处距今具有3000年至5000年左右的三星堆历史文化遗址。由此可见，富有典型意义和鲜明个性的地域文化资源积淀地，是文化产业园区的首选地。文化产业园区具备了文化内涵这个资源禀赋，更容易形成自己的文化品牌，而只有具有自己文化品牌的城市文化产业园区，才能在激烈竞争的国内外文化市场占有一席之地。

在信息如此快捷的当今社会，如果不去利用文化资源禀赋、挖掘历史文化底蕴，很多文化资源就可能被发达国家开掘。例如建国历史较短的美国，本土文化资源有限，于是就把触角伸向其他国家，好莱坞拍摄的影片《花木兰》就是通过点绘中国传统文化资源，成为畅销全球的大片，并获得了丰厚利润。

第六发挥园区内中介组织作用。

文化中介机构是指在文化经济市场中，为交易各方提供信息、促成交易的文化服务机构。城市有关部门要大力培养并积极发挥园区中介组织的作用，促其积极从事文化产业的策划、代理、咨询、出租等经纪活动，为园区内的各类文化组织提供文化信息、文化产品、文化人才、文化设备和技术等市场要素，使园区内文化企业之间交流合作增多，从而形成良好的竞合网络，吸引更多文化企业入驻，推动园区实现良性发展。

城市更新视角下北京市文化产业园区发展研究

亓冉[1]

随着我国社会矛盾的转变，满足人民的美好生活需要成为城市经济社会发展的大方向，文化产业在此背景之下，也迎来了发展的春天。文化产业园区作为文化产业发展的空间载体，在城市的文化创意氛围提升、经济转型升级以及城市功能优化调整以及经济社会的全面可持续发展方面起到重要的作用，而北京市作为全国的文化中心，在文化产业发展方面一直起着引领示范作用。目前，北京市立足于“全市一盘棋”，把握文化科技融合、文化金融融合两大主线，统筹整合资源，形成了全市30个市级文创集聚区和国家文化园区，以及包括天坛－天桥核心演艺功能区、CBD－定福庄国际传媒产业走廊功能区等17个功能区，明确了文创产业错位发展的空间格局。[2]全市正以“北京速度”加快向建设中国特色社会主义先进文化之都迈进。

一、北京市文化产业园区发展形态

北京市立足于文化创意产业质量效益型发展的新阶段，不断优化产业园区的发展模式，通过一系列改造，进行了一场腾笼换鸟，不管是从古都北京蔓生出来的园区，老厂房改造成的园区，还是新址新建的园区，文化产业园区正在打破传统的聚集观念，塑造新的产业形态，发展出新的服务形式，引导着整个区域人口、经济、信息以及城市空间的更新发展。

（一）融入古都文化，和谐共生

北京市古都文化在全国独树一帜，不仅历史文化资源丰厚，更具有极富

---

① 亓冉：中国传媒大学文化发展研究院硕士研究生．

② 北京市文化创意产业功能区建设发展规划（2014–2020年）

地域特色的古都文明。独具特色的大院文化与胡同文化，已经成为彰显北京特色的文化名片，也记录着老北京人的生活拾趣。

1. 胡同里的创意工厂

北京市东城区内分布着近800条独具老北京特色的胡同以及一批具有深厚历史底蕴的工业遗址，东城区政府在保留旧建筑形态和历史痕迹的基础之上，将小规模、渐进式的院落改造模式与高端集聚、特色突出的产业更新模式相结合，打造出了一系列“胡同创意工厂”，植入附加值高、成长性好的文化创意企业，使文化创意产业成为连接文物古迹、胡同风貌和工业遗存的纽带，促进了城市文化自身的有机更新。嵌入古都文化生态的文化产业园区，不仅仅具有产业集聚的功能，更成为园区、社区、街区协同一体的纽带，既保留了原有的和谐人居环境，又在此基础之上，让传统的历史空间焕发出创新创意活力，使得空间的置换更新带来了多元的文化生态以及城市产业经济模式的新发展。

2. 极富京韵的传统文化产业集聚区

随着时代的发展，传统文化产业活力渐失，如何进行转型也是城市发展的一项重要内容。从诸多的中华老字号品牌，到久负盛名的京剧国粹，北京市以大力的资金投入以及政策扶持，推动传统文化产业活力再生。东城区的前门传统文化产业集聚区，保留完整的古都风貌成为发展旅游业的优势资源，“三街三区”的风情体验再加上中华老字号的业态布局，如今已经成为北京市文化旅游的文化地标。丰台区的卢沟桥文化创意产业集聚区，依托于卢沟桥的红色文化、滨水生态、园博园以及古镇遗产，通过发展一系列创意改造活动，发展成为展示区域特色文化和历史文化的新空间。独具特色的京韵文化以文化产业园区的形式，通过创意加持以及产业间的融合发展，实现传统文化的活化利用。

（二）改造旧工业厂房，资源再生

城市更新的过程，工业城市时代产生的厂房遗留是个绕不过去的战场，而将过去充满机器车间的工业场景，通过功能置换与创意改造，完成到文化场景的转变，以文化创意延伸出商业功能，成为城市实践发展更新的主要方式。2017年12月31日，北京市人民政府《关于保护利用老旧厂房拓展文化空间的指导意见》的发布，对于推动老旧厂房资源向文化创意产业园区转型，实现“双效统一”具有重要意义。

1. 开放式的文化社区

正如爱德华格莱泽所说，城市不是建筑，城市是居民，文化产业园区不仅仅是产业集聚的载体以及为企业提供服务的驿站，更能够以文化社区的形态融入人们日常生活，深化人们的文化艺术体验，让文化浸润生活。以旧厂房改造而成的郎园 Vintage 身处 CBD 核心区，以开放式的社区生态成为连接商业与文化生活的大院儿，丰富的社群活动成为企业员工与社区居民之间交流联系的纽带，专注于演艺活动的“虞社演艺空间”、电影爱好者自发组织的“电影晚自习”以及为白领提供艺术体验课的“放学别走”等文化活动，也成为郎园 Vintage 的独家文化品牌。开放包容的运营心态，共建共享的运营理念，将文化产业园区与人们的生活社区无缝融合，打造出和谐共生的邻里单元。

2. 多功能的文化综合体

安静舒适的园区环境，丰富多元的综合配套设施，开放包容的城市公园是文化产业园区的另一种形态。新消费时代的来临代表着人们愈加注重生活品质，旧式的工业厂房转变为嵌生于居民生活空间内的文化产业园区，在产业集聚的基本功能之外，也注重以人为本的都市居民服务。CBD- 定福庄一带，是国家文化产业创新试验区的核心承载空间，在这里，北汽齿轮场完成了由制造业工厂到文化创意产业园区的转变，北汽齿轮场秉承 24h 开放运营的理念，不仅容纳了办公、公寓、秀场、电影院等综合配套设施，还为都市居民提供健康步道、运动空间、工业遗址博物馆、电动车示范中心等服务。在城市发展进入到由文化引领的新阶段，老厂房本身所承载着周围居民对于历史的情怀记忆，因此旧厂房改建而来的文化产业园区，在为企业提供全面的成长性服务的同时，也承担着提升区域文化涵养与环境品质的重任，拥有着企业发展的孵化器与城市居民公共活动空间的双重身份，进而实现经济效益与社会效益的双效统一。

3. 垂直产业的主题文化园区

专注于单一主导产业的文化产业园区，在企业的培植孵化以及产业的发展方面具有更加全面专业的产业服务链条。一方面园区对于入驻企业具有更加明确的指向性；另一方面，产业链的中下游企业可以在园区内直接完成产品的开发。地域上的接近性为企业提供了创意创新的交流空间，在主题性和专业性方面都比其他类型的园区更加完善。诸如朝阳区的铜牛电影产业园，从电影的策划、剧本，到投资、制作与发行，入驻企业涵盖电影产业链的中下游。由原北京正东电子动力集团厂房改造成的751时尚设计广场，利用厂房资源优势，将独特的工业资源与科技、时尚、艺术、文化等元素紧密结合，以时尚设计为主题，以服装服饰设计为引领，推动以时尚设计为核心，并涵盖多门类跨界设计领域的创意设计产业发展，老厂房所具有的历史厚重感在这里也转变成为了充满时尚感的记忆元素。

（三）依托优势资源，创新融合

北京作为国家的文化中心、科技创新中心，拥有全国最为丰富的历史文化资源以及教育创新资源，是文化产业园区萌芽簇生的绝佳土壤。以高校为核心的创新型园区以及依托历史文化资源产生的融合型园区，让城市资源经创意滋生，聚集具有持续影响力的文化创意圈层，进而转化为生产力。

1. 依托高校科教资源的创新型园区

如以斯坦福大学为核心蔓生而来的硅谷，是美国最重要的信息技术中心，这里因为斯坦福大学而长期保持着创新创业的激情，从而没有因为单一产业失去吸引力，更何况周围还分布着全球最具有创新能力的企业。高校一向是人才的集中地，也是智慧、科技与创意的集中地，依托高校资源所产生的文化产业园区能够长久的保持创意创新的活力。以中关村海淀园与石景山园为核心，至丰台科技园、大兴国家新媒体产业基地一带是教育科研资源最为丰富的区域，也是北京市文化科技融合最具活力的区域。以中国传媒大学为核心，则形成了以动漫产业、影视产业以及音乐产业为主的文化产业集聚区。文化产业园区依托高校与科研院所，产、学、研得以深度融合，从而进一步集聚科教资源、人才资源以及资本供给，形成具有持续创造力的创意圈层，实现创新成果的高效转化、创意的自由流动以及资源的跨区域共享。

2. 依托历史文化资源的融合型园区

作为一座拥有三千多年历史的古都，北京市拥有丰富的历史文化资源，依托于历史文化资源发展起来的文化产业园区，深度融合其他业态，为历史文脉注入新鲜流动血液，并且不断创造出经济效益。北京市西城区琉璃厂文化创意产业园区是西城区市级文化创意产业集聚区，凝聚了宣南文化的深厚底蕴，体现出文化产业、创意产业、旅游产业的有机融合。近年来，经过科学规划和翻建修缮，琉璃厂的古城肌理得到梳理，形成了图书、字画、古玩、文房四宝等文化艺术产品的集散地，汇集了一批原创技术及特色产品，强化了骨干企业的龙头示范作用，整合形成了鲜明的品牌群，并成为著名的古都风貌游览区。文化创意产业如今已经成功带动了北京历史文化遗产和传统街区风貌的保护、传承与复兴，实现城市更新与旧城保护的有机协调，同时也成为北京突破文化差异，对外展示中国形象，传递中华文明的形象窗口。

二、文化产业园区与城市发展相融相生

（一）互动契合，推进城市更新

如今北京市正处于迫切需要解决大城市病，疏解非首都核心功能，建设城市副中心的新的城市发展时期，发展文化产业成为带动传统产业转型升级，提高空间使用效率，联动周边区域协同发展，促进城市功能优化与有机更新的重要手段。如今文化创意产业已经成为北京市重要的支柱性产业，文化产业园区在城市发展中的功能进一步凸显。

1. 延续城市文脉，推进城市复兴

城市文脉是城市在长期历史发展过程当中形成的具有地域特色的文化环境，是物质和人文的历史积淀，也是城市特色化发展的资源基础。一方面文化产业园区解决了城市历史建筑保护成本过高的问题，并将历史文化资源通过创意转化为产业资源，以合理的功能置换，使历史文化与时代潮流相结合，以旅游、休闲等形式带动城市发展。另一方面，伴随“退二进三”战略实施，大量的城市工业遗产成为文化产业园区形成的天然场地，或者是自下而上的市场自主演化主导，或者是自上而下的政府主导形成，通过老厂房等的传统产业空间置换以及适应性改造，使城市历史环境重生，促进城市有机更新。北京市遗留有大量的工业遗产，工业遗产的空间利用成为解决大城市病问题，促进城市空间集约使用效率的关键。由酿酒厂改造成的 ART 国际艺术园，由纺织厂改造成的莱锦创意产业园，还有专注于老厂房改造完成百园

连锁运营的I工场皆完成了由“厂”到“场”的华丽蜕变。

2. 活化历史资源，优化城市功能

文化产业园区以城市历史文化资源以及民族民俗文化资源为基础，以创意创新资源为驱动，通过对资源的合理利用开发，在创意企业以及政府的推动之下，使得城市功能发展置换以及转移，多中心的城市形态逐渐取代了原有的单一化的城市功能布局以及高密度的单中心城市形态，相关的产业在某一空间形成集聚效应使得地域的经济功能也更加集中。另外，文化产业园区通过对旧城衰败地区或者是新兴技术中心的发展，推动城市功能的创新转换，通过产业提升一级价值链的创造，形成产业和城市空间的高度互动，进而拉动了区域经济的增长，推动老城复兴。古都北京，是中华文明的金名片，通过建设文化产业园区，能够有效引导历史文化资源的合理开发利用，促进文化与旅游、文化与休闲的深度融合，使北京厚重的历史文化得以创新性保护与传承，传统技艺得以重新焕发活力，传统文化的价值得以实现。在前门、大栅栏、王府井等老字号品牌聚集区，成为集旅游、商贸、文化、展示、消费等多项功能为一体的重要文化功能区域。

3. 调整产业结构，拉动城市经济

文化产业园区不仅仅是文化资源活化的加速器，还能够有效促进区域产业结构调整。一方面，文化产业园区集聚创新资源，将创意阶层以及创意的生产、营销、消费等环节连接在一起，通过构建产业生态链条体系，提供各项服务以及政策保证，为产业转型升级以及可持续发展提供坚实的基础，另一方面，具有能力的企业能够形成产业的核心竞争力，不断聚集新的产业资源；再次，文化产业园区能够有效推动区域文化相关产业的不断发展，以产业附加值的提升、产业间的深度融合促进区域制造业、农业等的转化升级。作为全国的文化中心、国际交往中心以及科技创新中心，发展文化产业以促进产业转型、融合、创新、升级，使首都功能更加凸显。

（二）互惠共生，构建创意城市

文化产业园区建设要与城市发展战略、区域发展规划相结合，在推动城市更新的同时，对于改善城市发展质量，提升周边区域人文环境品质。文化产业园区与城市整体功能的完善、城市品牌的构建、城市社会网络的形成融合共生，文化产业园区的区域带动、创意经济的创新驱动，能够有效促进城市创意经济的发展、城市间的互动合作以及创意城市构建。

1. 凝聚人才提升城市创新活力

文化产业园区不仅仅是文化企业的集聚空间，也是文化产业高端人才的从业之所。随着文化产业园区的不断发展，文化市场不断扩大，对于文化产业相关人才以及科技创新资源等城市发展核心要素的需求不断增加，信息、资本、技术、人才等创新要素在区域内不断集聚融合。文化产业园区的发展能够促进创意、思想、知识在区域内的交流，也促进了人才在城市间的流动，为城市发展提供了精神动力以及智力支持，从而进一步提升城市创新活力，与此同时，创意创新资源也是文化产业园区不断扩大影响力、保持吸引力、提升辐射带动力的动力源泉。CBD- 定福庄国家传媒产业走廊，依托中央电视台、北京广播电视台以及凤凰传媒等大型机构，凝聚传媒影视类的文化产业园区，形成了空间上的有机联系以及极具专业性和指向性的园区网络体系。[①]据《北京市文化创意产业功能区建设发展规划（2014–2020年）》，下一步将以此发挥区域功能优势，通过传媒产业辐射带动通州新城发展，进一步支撑北京城市副中心建设。

2. 开放互动优化城市人文环境

都市居民与园区企业所共同经营的文化产业园区，是提升区域环境品质，美化城市生活空间，提升城市生活品质的人文社区。一方面，文化产业园区以其优惠的政策环境、良好的基础设施、优美的园区环境以及创意资源优势，吸引创意阶层以及国内外文化企业入驻，并以圈层文化形成持续吸引力，构建城市新的经济增长空间，发展城市创新区域空间网络。另一方面，园区又通过凝聚社区共识，进行文化社区的总体营造，以创意＋社区＋产业，促进城市居住环境提升以及对就业吸纳能力的提高，以创造联通步行交通体系，以设计关联周边景观风貌，以建立具有文化认知性的场所，以规划与周边历史氛围相协调的文化项目，多角度改善城市的整体风貌，将城市的文化特色依靠公众与企业的力量共同营造出来，带动社区的可持续发展。北京市

① 北京市人民政府关于印发《北京市文化创意产业功能区建设发展规划（2014–2020 年）》和《北京市文化创意产业提升规划（2014–2020 年）》的通知（京政发〔2014〕13 号）

东城区的青龙胡同，就探索出了一种新的“邻里文化”，东城区管委与歌华设计有限公司联合起来，共同改善胡同环境，为居民解决了健身、垃圾回收等问题，设计师在保留传统元素的前提下，以更新、共生的理念唤醒了街区活力，让企业的创新可以共享给周围居民。

3. 创意氛围营造培育城市品牌

文化创意产业园区以其独特的创意资源以及开放的创意空间吸引创意阶层集聚，以创意思想的交互、创意活动的交流以及创意产业之间的合作，提升园区整体创意氛围，构建起园区创意生态，形成开放性、包容性、创新性城市形象。城市形象品牌构建核心动力在于城市的产业发展，特色产业是城市形成个性化形象体系的基础前提，文化产业园区使创意产业的符号化特征转化为具体的文化产品，同时以创意产业集聚进行着城市历史空间的重塑，使传统与时代交汇，以“文化 +”在更加现实的角度提升城市的文化内涵，重塑城市形象，形成城市差异化竞争优势。同时，城市基于自身特色资源优势以及产业优势，以文化产业园区为载体，构建起城市新型特色品牌，提高城市的外在影响力以及吸引力。事实上，发展成功的园区本身就具有品牌价值，能够作为城市的文化名片成为城市品牌推广的载体，以中国当代艺术为特色的北京 798 艺术区，2003 年被美国《时代》周刊评为全球最有文化标志性的 22 个城市艺术中心之一，如今已经成为中国当代艺术的展览、交易中心，以及中外文化艺术交流的重要交流与宣传平台，是北京的城市名片和文化地标。

4. 区域带动促进城市协同发展

文化产业园区以产业生产要素集聚吸引创意文化资源，以文化企业、非营利机构以及艺术家之间的交流互动营造文化产业和文化事业发展的创意环境，能够最大程度的发挥规模效应以及协同作用，然而文化产业园区面对互联网思维的冲击，边界的外延拓展呈现出更加开放的形态是其必走之路。2014 年具有全国性、行业性、非营利性的中国文化产业园区联盟成立，2016 年京津冀文化产业园区联盟的成立，文化产业园区联盟的成立构建区域之间文化产业的融通互动，实现园区之间的资源共享以及合作共赢，为园区内企业、项目的发展打通区域壁垒，在平等互利、优势互补的基础之上，构建文化产业协同发展体系，优化区域文创发展格局，促进城市资源互动共享以及城市间协同发展。

文化产业是关联性很强的产业，这种关联性不仅仅能够影响到文化产业内部的诸多产业，还能够促进跨行业的多产业深度融合，形成上中下游紧密结合的产业链，并且衍生出各种新兴业态，成为区域经济发展的增长极。

三、文化产业园区与城市共同发展

文化创意产业既是北京市的重要支柱性产业，也是满足人民美好生活需求的幸福产业。2017 年 1 月至 2017 年 11 月，北京市规模以上文化创意产业法人单位的收入总值达到 1.36 万亿元，同比增长 9.4%。随着近年来的持续快速发展，北京文化创意产业的规模不断扩大，结构不断优化，发展质量和效益不断提升，支柱地位更加巩固，成为拉动首都经济发展的重要增长极。

（一）互动融合，和谐共生

未来，随着产业升级、经济转型以及“两化融合”进程的不断深入，文化产业园区的发展建设与城市发展之间的互动将更加紧密。一方面，在产业集聚的背后，往往是技术和人才的集中，文化产业园区以资源的集约、集中、集聚，构建创意文化产业功能区，引领产城融合，助推创意文化产业发展。北京市的文化产业发展专注于文化与科技、文化与金融的双线融合发展，随着文化产业发展步伐的不断加快、文化市场的不断扩大、新兴文化业态的不断创新，文化及其相关产业和文化跨行业之间的融合将更加深入。另一方面，文化产业园区以推动城市老城区历史资源合理再生，既保护了城市传统文化肌理，又形成以休闲娱乐为主的旅游开发模式；以推动城市旧城区工业遗产的合理改造，既节约了城市更新的成本，又以文化产业的发展构建推动城市经济、社会、产业空间结构的优化转型；以开放的社区营造，关注周边，把园区打造成为周边市民综合体验的场域，让大众参与园区建设，让园区资源惠及居民，两者共同创造出一个和谐宜居、绿色健康的文化场景。

（二）情怀耕植，多元融合

未来，文化产业园区在互联网思维的驱使之下，将呈现出更加开放的形态，不仅仅是园区空间上的开放，同时也是园区理念上的开放。十九大报告中提出当今我国社会主要矛盾已经转变为人民对于美好生活的需要同不充分不平衡的发展之间的矛盾，大众消费结构已经由生产型消费向享受型、发展型消费进行转变，“情怀驱动购买”在文化产业方面表现得越来越突出，在文化产业园区方面更是如此，未来，文化产业园区将把核心价值观与生活方式种到人们的心里，以生活化、人性化的方式来发展园区，园区的功能将不仅仅是发展产业，更是具备社交、娱乐、休闲、旅游等多种功能于一体，园区、社区、街区三区融合的文化园区，这也是互联网给当今社会、经济、产业发展所带来的逆向促进，情怀驱动与文化耕植成为园区发展必然。以情怀经营的文化产业园区，不仅仅是人们文化消费的需要，也有利于城市环境品质的改善、城市文化氛围的营造、城市品牌形象的构建、城市幸福感的提升。

（三）互联互通，智慧园区

未来，文化产业园区将打破边界纵横拓展，在区域空间上与其他园区合作联动，在园区模式上实现有机更新的品牌模式输出。北京市为进一步加快示范园区建设，提升文化产业园区发展质量和效益，鼓励采取“主园 + 分园”、园区共建的方式输出经验与运营模式。北京郎园即在郎园 vintage 的基础之上，又在石景山开拓出郎园 park，将纺织仓库改造为郎园 station，成功将“绿色、生态、创意”的空间改造理念和“文化大院、鱼塘生态、郎园大学”的运营理念实现输出。另外，身处互联网时代，文化产业园区未来将更加注重场景构建以及体验提升，包括在微信、公众号、APP、网站、微博等移动网络触点方面的传播工作，也包括未来利用数字技术建设线上园区，突破园区空间概念局限，根据互联网思维，打造独特的商业模式和服务体系，更加注重用户的需求，把用户的互动参与设计到园区的运营当中来，并以此来设计园区的建筑、布局、产业、活动、服务等，为用户提供更多好玩有趣的服务，因此未来，进园区进行娱乐休闲消费将成为一种时尚的消费形式。文化产业园区内部运营网络在拥抱互联网的同时，也应该接纳一些新的元素，如人工智能，云计算，大数据，在这些前沿科技业态当中跟进时代发展的步伐，打造智慧型文化产业园区。

（四）循序渐进，有机更新

未来，城市将依靠小尺度城市更新来实现大范围城市影响，人本主义的城市更新更加注重人的需求，以有机更新促进城市可持续发展。社会学家简雅各布斯在《美国大城市的死与生》当中对于大规模的更新的缺陷做出了论述，指出大规模更新造成了资源的极度浪费，破坏了城市的多样性，并不能从根本上解决城市问题，这对于我国城市建设同样具有意义，文化产业园区本身就是小尺度产业发展空间组织的一种形式，尽管不同类型的园区在区位选择、发展模式、布局形态等方面存在着差异，但是作为产业布局的一个共同特征，园区通过基础网络设施的共享以及公共配套设施的集约利用，为园区企业发展提供优越的发展环境，为城市小尺度更新节约资源、环境建设成本。随着我国社会矛盾的转化，关注人们的生活需求成为各行业的发展共识，城市建设同样如此，未来的城市更新将更加强调人的地位，在更新和改造过程当中更强调人的需求以及自主性，通过合理的城市设计增加人们对于城市的归属感，真正的以人为本。未来的城市建设将朝向多元化发展，提倡小尺度的循序渐进的更新方式以及社区邻里更新，提倡公众参与，提倡政府、居民、开发商的共同协作，实现可持续的有机更新。

（五）带状辐射，国际互动

未来，文化产业园区的集聚功能与辐射功能将更加凸显。2017 年在国家发改委等八个部门联合发布的《关于支持“飞地经济”发展的指导意见》当中，明确创新“飞地经济”合作模式，突出两地比较优势，这为两地园区合作共建，共同拓展文化市场和发展空间，促进区域协同发展做出了政策支持。另外，随着“一带一路”国际合作倡议，京津冀协同发展战略以及长江经济带建设步伐不断加速，文化产业成为带动区域产业发展的又一增长极。在此机遇语境当中，文化产业园区正在迈向面向区域协同联动发展、触媒国际合作创新发展的新阶段。近年来，国家文化产业创新试验区作为国际文化展示交流的重要窗口，培育出蓝海电视、普罗派乐、华韵尚德等一批国家文化出口重点企业，还举办了“丝绸之路”沿线国家中国电影巡回展，邀请英国、荷兰、巴基斯坦等“一带一路”沿线国家驻华文化官员参加 2017 试验区发展论坛等交流活动，积极服务国家开放大格局，推进国际交流合作。[①]下一

① 北京朝阳文明网：国家文创实验区助推文化产业“走出去”

步文化产业园区将以京津冀文化产业园区联盟的建设为开端，积极搭建各类文化交流合作平台，以文化产业园区为纽带，推进雄安新区建设与京津冀创新融合发展。围绕“一带一路”建设，推进与“一带一路”沿线国家项目合作，借此机遇实现文化产业园区模式的内部运营创新与外部跨越输出，进一步推动文化“走出去”。

（六）数字智能，创新发展

《“十三五”国家战略性新兴产业发展规划》中，数字创意产业首次被纳入国家战略性新兴产业发展规划。2017 年 2 月，国家发改委《战略性新兴产业重点产品和服务指导目录》明确了数字创意产业的主要内容，文化部在《关于推动数字文化产业创新发展的指导意见》当中，明确提出到 2020 年，数字创意产业将成为产值规模达到 8 万亿元级的新支柱产业之一。以人工智能、大数据、物联网为代表的新一代新兴科技无疑已经成为下一个产业发展的风口。文化产业园区作为创意成果孵化、科技成果转化的应用载体，下一步将走向数字化、智能化，成为推动数字经济发展，提升城市创新活力的支撑点与源动力。2017 年 11 月，启迪数字中国研究院发布《产业园区数字化建设通用要求》，为国内产业园区数字化建设模式的形成和复制提供了强有力的支撑，为中关村数字产城联盟团体建设提供了统一标准，目前，启迪控股已经建立 200 多个创新基地，构建起了覆盖全球的创新生态网络，成为业内标杆，产业园区的数字化升级进一步促进了信息、资源、创新的协同一体化，以数字创意产业的发展为产业核心，以产业园区建设为产业载体，进一步为城市发展提供创新动能。

以传统工业区改造促进城市更新

——以北京 24H 齿轮场为例

刘晓菲[①]

城市的快速发展和产业结构的调整遗留下了大量的工业遗存，如何保留工业遗存，实现工业文明的延续和传承，对工业厂房的空间实现功能置换，避免资源浪费成为城市更新中值得关注的重点，而文化产业轻资产、高附加值、绿色环保的特点使其成为疏解北京市非首都功能，促进传统工业区改造升级的最优选择之一。近年来，老旧厂房向创意产业园区改造升级的模式层出不穷，呈现出遍地开花的良好发展态势。在老旧厂房转型升级的改造中，北京 24H 齿轮场以其创新的理念为传统工业区的改造提供了一种新思路，从齿轮场的个案研究中，我们可以看到传统工业区改造成为文化综合体后，其作为城市中的一种文化空间载体，在丰富人们精神文化消费，引领新的生活方式，激发城市内在活力，促进城市更新等方面的重要作用。

一、创意产业园与城市更新的互动

（一）北京市传统工业区改造的背景

自习近平总书记明确指出首都的城市战略定位是“四个中心”，即全国政治中心、文化中心、国际交往中心、科技创新中心后，北京市就开始大力推进疏解非首都功能的进程。时代的快速发展推动产业的更新迭代，经过新一轮的科技革命，我们的社会已经从以往的工业时代迈入了如今的信息时代、数字时代、知识经济时代，传统的制造型工业已经明显不符合北京市的城市战略定位和时代发展的趋势，协同京津冀协同发展战略的结构布局，大

---

① 刘晓菲：中国传媒大学文化发展研究院硕士研究生。

量的工业企业开始向津冀等其他地区转移，随之出现的一大问题就是这些企业所遗留下来的大型的工业厂房。这些厂房曾见证了我国工业时期的繁荣，承载着一代工业文明的记忆，具有重要的历史价值和文化价值，如何实现对传统工业区合理的保护再利用成为北京市城市更新中的急需解决的一大难题。

随着社会的快速发展，文化创意产业的发展潜力开始显现，创意经济的发展水平成为反映一个地区竞争力的重要指标。创意人才对于创意氛围和充满艺术感的环境空间需求与老旧厂房的艺术特质完美契合，厂房高大的建筑空间给予了空间改造的无限可能，传统工业区开始备受创意人才的青睐，纷纷向创意产业靠拢。而文化创意产业的产业特征也符合北京市文化中心的定位，有助于疏解非首都功能，构建高精尖的产业结构。近年来，北京市也开始大力扶持老旧厂房的改造项目，在2018年4月4日正式发布了《关于保护利用老旧厂房拓展文化空间的指导意见》，提出老旧厂房的改造应坚持“保护优先，科学利用；需求导向，高端引领；政府引导，市场运作”的原则，进一步规范老旧厂房的空间改造。北京市委宣传部副巡视员、市文促中心主任梅松介绍称，北京全市腾退老旧工业厂房242处，总占地面积共计2517.8万平方米。其中，109个已经改造利用，占全市249个老旧厂房总面积的23.88%，26处正在保护改造利用。此外，107个老旧厂房待保护利用，占地面积1778.48万平方米，占全市的老旧厂房总面积70.64%[①]。由此可见，老旧厂房拓展文化空间的改造依然在路上，通过对改造成功的产业园区进行个案分析和经验总结对于未来老旧厂房的改造将具有重要借鉴意义。

（二）创意产业园区有效促进城市更新

文化创意产业与城市发展紧密联系在一起，它包括了土地置换、旧厂房利用、环境整治、引入文化要素等内容[②]。传统工业区的老旧厂房作为文化创意产业园的空间载体，在拓展为创意空间后有力的推动了城市更新的步伐，缓解了一线城市巨大的土地资源压力，对城市的发展具有显著作用。

---

① 搜狐网．北京正式发布老旧厂房保护利用意见，改建影院每厅可获100万元补贴［EB/OL］．（2018-04-04）［2018-04-08］．http：//www. www.sohu.com/a/227326262_197694.

② 张胜冰．文化产业与城市发展［M］．北京：北京大学出版社，2012.

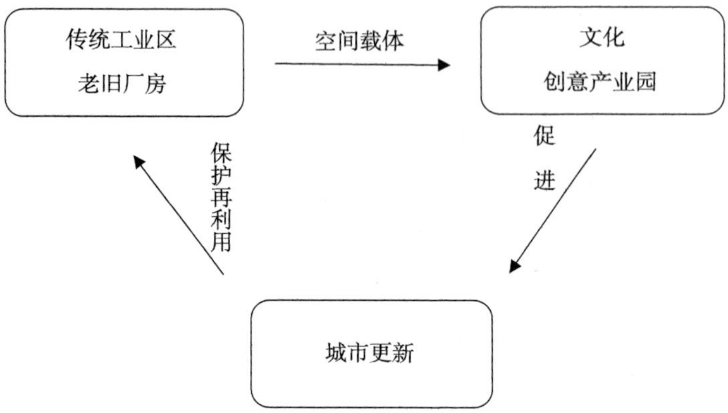

1. 产业结构转型，促进城区功能转变

城市化进程推动产业结构和生产布局的调整优化，城市中废弃的旧工业厂房通过产业功能的置换打造为文化产业创意园区，实现了产业的提质升级，完成了传统工业向文化产业的跃升。文化产业作为新时代的朝阳产业，又被称为“黄金产业”，在未来的产业发展中具有优化产业结构，提升产业发展水平的重要作用。文化创意产业自身的轻资产和重强体验的特点使得文化生产和文化消费得以在同一个场所同时实现，原有的工业生产空间也跃升为文化生产和消费的空间。厂房空间的功能置换释放了建筑空间的发展潜力，有效提升城市的发展动能。

传统的老厂房主要功能是制造业类型，在构建文化产业园区之后，成功转变了老厂房的功能与类型，从传统的依赖资源和污染型的制造型工业转变为新兴的创意服务型产业。园区为文化产业的发展创建完善平台，为文化产业工作者带来更多的灵感，奠定较多的文化底蕴①。以往城市中繁荣的工业区历经破败后重获新生，对于区域经济的发展和城区功能的重塑具有重要的作用。

2. 产业集聚形成，熔铸城市新的产业生态

基于场域理论，文化创意产业的集聚可降低企业间经济互动产生的交易成本。文化企业自身集聚所形成的文化社群使企业间形成一种非交易性互赖关系，这种互赖关系区别于传统的经济互赖关系，有助于产业集聚区形成一种良好的社群文化形态的意识氛围。文化产业所具有的轻资产、可复制性、

① 黄绍斌. 浅谈文化产业园区的构建对区域经济的影响［J］. 中国国际财经（中英文），2017（09）.

高附加值等特性使其拥有与其他产业融合发展的先天优势，文化创意产业与其关联企业的集聚也能促使创意文化产业的蓬勃兴盛。而创意仰赖脉络与组织环境的互动，是相互串连的过程，艺术家们会选择群聚在同样的空间氛围中进行创作，并形成特殊风格的艺术空间①。这种特殊风格的艺术集聚将会产生巨大的虹吸效应，将会吸引具有同样艺术风格的企业和人才加入，进而有助于加固园区的整体独特的风格特色。

文化创意空间实现了相关产业的集聚，还有助于提升区域的规模化效益，完善相关产业的产业链建设。将产业链条上各个环节的企业集聚，打造一条龙式的全面型服务，形成一条闭锁循环式链条，打造成为绿色生态型可持续发展的产业生态。文化产业园区的一个重要功能就是通过园区的建设加快城市经济的转型和城区复兴，为城市的现代发展提供一种有效模式。文化产业园区的空间辐射作用，也进一步促进了城市文化、旅游、商业的结合，熔铸出一种新型的产业融合发展的生态系统。另外，创意园区所营造的SOHO式家居办公模式、文化创意生活的生存模式成为新城市生活发展的潮流。旧工业厂房改造为文化创意产业园区的改造理念符合未来生存发展的趋势，这种创意空间所打造的创意人文的生活理念和生存方式恰恰满足了人们对于美好生活的期待。

3. 工业建筑改造，有效延续城市文脉

城市在发展过程中留下的一系列痕迹和烙印，延续至今形成的文化脉络，就是城市的文脉。城市文脉是一个城市独有的魅力和价值，一旦断裂，城市原有的文化积淀和传承将消失殆尽，城市也就缺失了底蕴深厚的文化内涵及灵气②。工业建筑作为工业文明的见证，蕴含着一座城市的空间记忆与历史文化的遗存，具有宝贵的历史文化价值。在城市的更新过程中需要保护其文化价值不被破坏。通过对于空间的改造再利用，实现工业建筑新旧融合，在保护工业建筑的同时融入现代化发展的元素，使其在现代化环境中得以良好生存。通过对于旧厂房的改造，实现城市文脉与历史文明的延续，丰富城市文化的多元性与多样性，激发城市特质的形成，避免千城一面。另外建筑

---

① 姚瑶．创意产业园与城市更新的互动发展机制研究［D］．上海：华东师范大学，2009（05）．

② 曾金胜．城市文脉危言［J］．时代潮，2003［23］：6-7.

空间的设计改造，使原有空间结构焕发出新的活力，满足入驻企业的多元化需求，有助于扩大园区的企业规模。同时，文化产业的空间集聚，为城市空间注入了大量的创意元素和发展活力。文化产业的发展营造了一种新的生存方式，创意空间的发展更加注重人们精神文化需求的满足，产业发展日趋特色化、个性化，这一趋势与未来人们生活方式的转变十分吻合。创意产业集聚所爆发出的创意与活力，营造出一个开放、互动的文化生态空间，有效激发城市发展活力。

4. 文化地标建设，增强城市品牌形象

文化创意产业园区作为空间产业集聚的载体，是城市形象和功能重塑的重要动力之一。文化是城市的灵魂，没有文化，城市形象就缺少了根基；作为展现城市文化的重要载体，文化创意产业其自身的发展将大大提升城市的文化品位和文化内涵，进而提升城市的竞争力和价值；同样，通过塑造人们心目中理想的城市品牌形象，城市也进一步对自身进行推广，从而推动文化创意产业的发展①。通过对于老旧厂房的改造，原有的工业建筑改造成为博物馆、美术馆、独立书店、文化综合体等文化创意空间，通过强化其风格特色和文化内涵，增强设计规划，使其成为区域知名的地标性建筑，形成独有的文化景观，成为一张彰显城市文化特色的名片。将旧厂房改造为文化创意空间，有助于推进城市文化产业的发展，使城市文化能够得到更直观、更具体的彰显，调整文化产业供给侧结构性改革，推进城市的文化建设，增强城市的知名度，提升区域核心竞争能力。

二、北京 24H 齿轮场的空间改造实践

北汽齿轮场文创园原名为北汽齿轮厂，前身为北京齿轮总厂，坐落于北京市朝阳区定福庄西里，位于国家文化产业创新实验区核心区，占地面积为 6.6 万平方米。齿轮场文创园是北汽集团响应国家京津冀协同发展战略，疏解北京市非首都功能而对原工业厂房进行的改造工程。齿轮场通过空间改造旨在以以下三条主要路径促进城市更新。一是以传媒产业为触媒的有机更新，

① 俞剑光．文化创意产业区与城市空间互动发展研究［D］．天津：天津大学 .2013（06）．

二是以工业遗产为亮点的特色更新，三是以引入城市活动为途径的逐步更新，最终将传媒产业、工业遗产、城市生活三大要素相融合，形成一个良好的城市更新系统①。齿轮场依托自己建筑的特色优势，周边CBD-定福庄传媒走廊的区位优势，毗邻中国传媒大学、北京第二外国语大学的人才优势以及国家大力扶持文创产业的政策优势，走出了一条文创园改造的创新之路。

（一）以“文化+”理念聚合多种业态

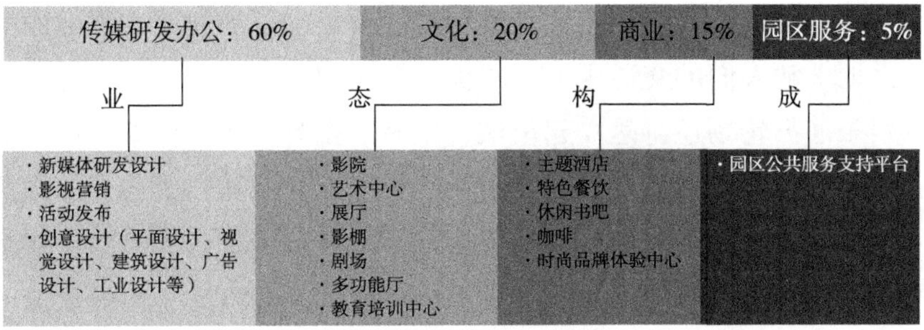

图2　园区业态构成图②

文化是多种业态聚合发展的纽带。齿轮场以“文化+”的发展理念，积极引进“文化+金融”“文化+科技”“文化+商务”等多领域的企业，以此来引领文创园区的发展模式，通过对入驻企业的合理布局来打造一个全方位的空间生态圈。园区还利用自身的空间优势，成为时尚秀场的举办场地，文化创意及产品设计会展中心。目前，齿轮场内已经入驻了30余家企业，其中既有参与制作《见龙卸甲》等电影的“锋漫影视”，也有跑步爱好者网络社区“悦跑圈”以及互联网母婴创业品牌“爸爸的选择”等。随着建设工程的逐步竣工和招商项目的不断推进，越来越多的企业正在入驻到齿轮场。多种业态企业的入驻，一方面为产业园区注入了新的动力因子，一方面也可以满足园区内企业的多种需求。

---

① 梁颖．多元协作规划机制下的工业区改造规划探索——以北京齿轮厂改造为例［J］．新常态：传承与变革——2015中国城市规划年会论文集（06城市设计与详细规划），2015（09）．

② 梁颖，环迪．存量工业用地更新规划探索——以北京齿轮厂用地改造规划为例［J］．规划60年：成就与挑战——2016年中国城市规划年会论文集（06城市设计与详细规划），2016（09）．

（二）以全新理念引领生活方式

全方位立体化的生活服务体系的建立实现了对新时代人们生活方式的引领。齿轮场被称为“平面版芳草地”，致力于打造成为一个集吃住行游购娱于一体的文化综合体，既承载有北京三里屯的商务功能，又兼具 798 的艺术气息，在这里，艺术与商业完美融合，相互成就。园区内分有品质办公区、联合办公区、动感活力区、主题生活区、商务休闲区、水塔艺术区等多个分区，此外园区内还建有全功能秀场、创意集市和创客公寓。将办公、生活、休闲和公寓多种功能集于一体，将重塑起一种新的更加便捷和舒适的生活方式，极大地缓解人们的交通压力，减少通勤时间，人们也将拥有更多的时间来休闲娱乐。齿轮场还将建立起全域、全时、全龄的服务体系，做到对各个领域、时间和年龄的覆盖。“24H 齿轮场”一方面彰显出广大创业者在这里为实现梦想不眠不休奋斗的热情，也代表着齿轮场 24 小时为市民提供服务的贴心关怀。在齿轮场，不仅可以拥有自由个性化的办公空间，在餐饮休闲区的咖啡厅进行商务洽谈，更可以在时尚运动空间修炼自己的人鱼马甲线，在品质商业街挑选来自各国独立设计师的最新作品，或抑在工作之余来到 22 个电影放映厅任选心仪的影片，在凯洛格书店、TED 讲堂、艺术长廊中汲取知识，为大脑加油充电①。立体化停车楼将会为人们提供最贴心的服务，园区还注重内部智能化管理的体验，未来将实现智能化操作，集放映与影视制作的齿轮影城也正在建设中，一个集文化、智慧与体验的新兴文化综合体正在逐步成型。

（三）以社群生态打通区域藩篱

营造良好的社群生态是实现园区可持续发展的重要因素之一，文化活动的举办搭建起园区内外互动沟通的桥梁。从“厂”到“场”的一字之变，意味着园区空间形态和产业发展的巨大转变。齿轮场致力于打造成为一座开放包容的城市公园，不仅在里面办公的人员能够拥有一个良好的创意氛围，同时也是一个面向普通市民的一个“文化大公园”。齿轮场通过与周边社区、校

① 搜狐网 . 从“24H · 齿轮场”到“品牌智造”［EB/OL］.（2015-10-30）［2018-04-08］. http：//www.sohu.com/a/38846586_136866.

区的联动，与周边社群构筑起一种良好的互动关系。园区内还将为市民提供健康步道、运动空间、工业遗址博物馆、电动车示范中心等服务，通过举办创意市集、时尚秀场等活动，营造出室内室外皆具有交流性的文化场景，使来到园区的每个人都能找到自身的兴趣着力点和具有相同兴趣偏好的群体。

（四）以生活美学构筑文化场景

齿轮场集高端时尚和艺术美感于一体，以生活美学的理念打造独一无二的文化场景。依托齿轮场自身的建设建筑特色，将原有的生产车间改造成为时尚高端秀场，连接园区内各个建筑的走廊创意性的打造为酷炫的“空中跑道”，曾经在工业时代大放异彩的那些制造齿轮的机器设备则被创意性的重新组合为园区内的标志性建筑，文化符号所营造的创意景观使整个园区充满浓浓的工业风和艺术感。为了增强园区的工业和怀旧之感，齿轮场在改造之时还故意将园区建筑的外貌做旧。当人们在园区内穿行，历史和现实流转，时间和空间交错，传统与现代拼接，科技与人文碰撞，老工厂在新与旧的融合共生中焕发了新的生命力[①]。园区内独特的工业气息备受影视制作者的青睐，不少综艺节目都将齿轮场作为节目的拍摄场所，流量明星的到来使得齿轮场的人气也迅猛提高。2017 年夏季，世界足球先生 C 罗空降齿轮场，也使得齿轮场一时间成为人们谈论的热点话题。随着 2017 年底文创园二期工程的逐步竣工，园区内的巨幕影城、室内冲浪场、工业博物馆和艺术画廊也将逐步落成，这座昔日陈旧的老厂房将实现全面性的升级，成为一座独具特色的多元化文创园区。

（五）以企业需求为重要考虑

园区入驻企业的发展需求是园区设计发展需要关注的重点。齿轮场的文创企业多为创业公司，齿轮场在进行改造时从创业团队的需求出发，力求将每个细节都做到体验上的极致，为公司提供良好的办公体验，在空间设计上也尽可能为企业留出更大的空间改造度。与传统的创业产业园相比，24H 齿轮场为创客们提供的不仅仅是物理空间的升级，更重要的是内容服务的升

① 梁颖，环迪 . 存量工业用地更新规划探索——以北京齿轮厂用地改造规划为例［J］. 规划 60 年：成就与挑战——2016 年中国城市规划年会论文集（06 城市设计与详细规划），2016（09）.

级[①]。这些内容服务不仅只是传统意义上为企业提供注册、财务法律等基础性服务，而更多的是从人性角度出发，为他们营造出一个更具有创意激发性、生活便利性、交流共享性的环境与氛围。从这个角度出发，园区创意性的提出打造两大生态圈的理念，即“全方位空间生态圈”和“全产业链服务生态圈”。服务圈将为企业提供吃住行游购娱全方位立体化服务，使企业在办公和成长过程中成本最小化，效率最大化，整个过程省去大量的时间和精力去解决核心业务领域以外的繁琐事务，集中精力在主营业务上快速发展。另外，品牌孵化和对企业的投资能力也是园区的重要竞争要素。园区应与企业协同发展，努力建设品牌化产业集群。一个好的文创产业园区，不仅能够产生优秀产业集群的集聚效应，拥有完整的产业链，还应为企业提供资源交流共享的平台，对企业进行品牌孵化和企业投资。齿轮场帮助创业者对接天使投资人、投资机构或众创平台，同时设立孵化器自己的种子基金，帮助在孵企业融资，在创业培训方面，聘请创业导师驻场，举行创业培训课程，给创业者提供咨询、辅导、政策、法规等的讲解，协助创业者梳理商业模式，解答创业过程中的种种疑问，在商业社交中，24H 齿轮场聚焦着大量的投资者、创业者与高创造力的群体，通过创意路演、线下沙龙、人才对接会等活动，连接这里面个人与企业的最佳能力，其实质就是高效利用每种资源和每个利益相关者[②]。通过一系列的努力，24H 齿轮场将打造成为一个 360 度全方位全产业链全周期服务的创业生态园，努力扶持每一个创业团队打造成为知名品牌。

三、齿轮场实践对传统工业区改造文创园区的启示

（一）以人为本需求导向，塑造消费新模式

以人为本是园区转型升级中始终贯彻的重要理念，实现对人们消费习惯的引领是园区未来努力的方向。齿轮场规划之初就关注民生，通过完善公共服务设施、绿地等开放式空间对区域进行了补充，有效改善了周边居民的生活。齿轮场的规划理念还明确指出了满足企业需求的重要性。一方面，园

---

① 搜狐网 . 从“24H · 齿轮场”到“品牌智造”［EB/OL］.（2015-10-30）［2018-04-08］. http：//www.sohu.com/a/38846586_136866.

② 搜狐网 . 从“24H · 齿轮场”到“品牌智造”［EB/OL］.（2015-10-30）［2018-04-08］. http：//www.sohu.com/a/38846586_136866.

区要努力为文创企业营造充满创意氧气的文化氛围，为园区内企业搭建合作共享的平台，解决园区内部企业的日常需求，完善配套化体系的基础设施建设，另一方面还要从入驻企业的自身性质出发，协助企业持续健康发展。园区内企业多为中小型文创企业和创业团队，自身规模较小，靠自身力量进行融资十分困难，园区可以通过建立创业基金、引入天使投资等方式来提供相关的金融服务，搭建起园区内部金融服务平台，解决企业融资难的问题。对于初创型企业，协助其进行品牌孵化，共同打造优质品牌产业集群。其次，园区不仅仅只是一个企业集聚的平台，更要承担起将企业衔接起来的纽带作用。通过举办各种主题类型的论坛、文化沙龙等文化活动，为园区企业提供交流展示的平台。最后，挖掘存在潜力的消费领域，塑造消费新模式。在十九大报告中指出当前我国社会的主要矛盾已经转化为人民日益增长的美好生活需要与不平衡不充分发展之间的矛盾。消费升级的时代背景下，人们的这种美好生活需要不再仅仅停留在物质层面，而是更多的上升到精神文化需求。园区中不论是大型的商业综合体还是文创企业，都应牢牢把握人们消费需求的发展趋势，满足人们日益特色化的精神文化需求，实现关注点从“人们喜欢什么”向“人们需要什么”的转变，从“被动跟随潮流”到“主动创造流行”，引领新消费时代。

（二）合理规划彰显优势，弥补区域发展短板

对厂房改造后的创意空间，产业形态和结构布局要进行合理规划，有效利用周边资源，避免恶性竞争，弥补区域发展的短板。首先，在对老旧厂房改造后的文化创意空间产业业态进行定位时，要考虑到周边市场的产业竞争状况，对行业发展现状进行详细调研，分析市场中的威胁与机遇，有效整合周边资源和优势企业。在引进相关产业业态，进行产业布局时，要对引进的企业进行合理规划，制定严格的驻入标准，避免同类企业陷入恶性竞争，完善相关产业上下游产业链，构建起互利共赢、共生共荣的企业发展格局。其次，协同城市整体规划，梳理厂房改造相关设计。在旧厂房的规划开发中，协同城市发展的总体规划，对于厂房改造后的空间进行整体的功能定位，再进行具体的土地利用、产业布局、历史文化保护、综合交通、公共服务设施、绿地系统等相关规划。从关注民生需求的角度出发，弥补区域发展中缺

失的领域以改善周边居民的生活，满足区域发展的需要。在空间改造过程中，要做好园区空间及定位的顶层设计，从园区定位出发，合理布局产业业态，分配功能分区，完善相关配套设施。

（三）文化邻里消弭界限，构建良好社群生态

紧随时代发展是文创园区持续发展的不竭动力，邻里单元的建设是打破园区与社区割裂状态的重要渠道，文化事件是积聚人气培育园区知名度的重要活力因子。首先，厂房的改造规划应着眼未来，紧跟时代发展。随着时代的不断进步，在创意空间的改造中要更加重视老旧厂房未来的改造趋势，充分渗透互联网、新媒体、信息技术和计算机技术来对空间进行改造，对厂房空间进行功能置换，引入智能化建筑的概念，打造智能园区。通过构建数字化一站式增值服务平台助推园区内企业强强联合的聚集效应。其次，要营造开放氛围，共筑社区生态。改造后的文化创意空间并不是一个封闭的系统，要努力打破厂房高大围墙的物理限制，实现园区内部空间与周边社区的良好互动和深度沟通，使周边社区的人民自觉融入到创意空间的文化氛围中，并成为其中重要的组成因子。园区的运营者和管理者应不间断的推出文化活动，调动园区中的每一个文化企业推出自己的特色活动，加强企业与企业间的文化交流，也使园区内的人员与周边社区的居民可以加入进来。社区居民的加入为园区的生态系统注入了活力要素，使老厂房真正实现了重生，也促进了文化创意产业与传统居民社区的和谐共生。文化活动的举办，有助于形成更强的城市发展驱动力。

（四）文化地标创意触媒，承载区域文化品牌形象

文化地标的打造对产业园区的品牌形象和知名度具有重要意义，应努力加强园区文化地标的建设，发挥其城市触媒作用。首先，应挖掘自身文化内涵，打造特色文化产品。旧厂房在进行创新型的空间改造时，要注重挖掘自身园区建筑的特色与原工业文明的内在价值，避免空间改造因循守旧，千篇一律，以自身独特的闪光点作为文化支撑构筑园区的生态系统，塑造园区的可识别性，努力将创意空间打造为所在地区的文化地标。齿轮场依据自身空间特色打造的时尚秀场和空间跑道都是园区的标志性象征。园区规划者依据

齿轮场自身建筑较低而周边建筑较高的地理态势，创意性的转换视角，通过在屋顶上设置花园和活动场所来营造出一个人与建筑人与人互动交流的开放式空间。参照日本秋叶原（动漫文化产业的聚集地）的经验发现，一个具有显著主题和标志性的文化地标是创意产业延续的根本。在日本游走会发现，当离开某一个特定区域（如奈良、六本木），是很难再找寻到相似的设计和产品，独特的地域带来独特的文化产品同时独特的文化产品又为该地区注入生命力和活力[①]。因此在厂房空间的改造过程中要做到因地制宜，因势利导，摈弃厂房空间改造的固有经验的桎梏，融入创意因子，打造属于自身独一无二的文化魅力和空间吸引力。

其次要发挥创意空间的城市触媒作用，加强园区与周围元素的交流互动。20 世纪 80 年代末，美国学者韦恩奥图和唐洛干提出城市触媒理论，认为城市环境中的各个元素都不是独立存在的，都具有一定的关联性，当其中的某些元素发生变化是，就会像化学反应中的“触媒”一样，影响或促进其他元素的变化[②]。园区与周围元素的互动有利于将园区打造成为城市磁场，聚集人气，成为城市中最具活力的动力新区。齿轮场作为国家文化产业创新实验区的一个单元，就通过触媒的方式辐射周边区域，形成文化微集聚活力区域，同时与走廊上其他先期项目相互串联，促进区域发展。园区与周围的创意单元相互连接汇聚成网，将辐射和带动整个地区的发展活力。最后，遵循政策导向，合理利用政策红利。近年来，老旧厂房向文化创意空间的拓展备受重视，各地纷纷出台相关政策来扶持老旧厂房的改造。在对园区空间进行规划时，管理者应合理把握政策红利，遵循政策的方向引导，在完善区域功能的同时缓解园区资金周转困难的困境。

---

① 毛毅静 . 创意产业园区的历史遗存与文化——以田子坊为例［M］. 创意与设计，2010（04）.

② 韦恩·奥图，唐·洛干 . 美国都市建筑：城市设计的触媒［M］. 王邵方，译 . 台北：创兴出版社 .1995.

七、文化消费

社会主要矛盾转化背景下 北京文化消费升级路径研究

齐骥[①]、田卉[②]

改革开放以来，我国居民消费结构随着经济发展开始向高收入国家迈进而经历了“排浪式”变化，以“互联网+”为基础的传统产业改造以及相应的新模式、新业态、新经济，共同推动居民消费转向对多元丰富的精神性产品和服务消费需求更加旺盛的阶段，文化消费类型开始从以中低端文化产品和服务为主的基本文化消费，转向逐渐注重品质与体验价值的发展型消费和注重个性化与精品化的享受型消费类型[③]，这已然表明，世界已进入消费时代，消费者逐渐上升为市场经济的重要的主导者，并在一定程度上决定着文化生产。[④]北京作为首都和全国文化中心，在文化发展中起着重要的引领示范和先导创新作用。当前，北京市大力实施京津冀协同发展战略，有序疏解非首都功能，为文化消费升级和文化产业发展提供了良好的基础，也提出了更高的要求。如何把握全球经济文化一体化的时代特征，抓住世界消费升级的整体环境和发展态势，围绕经济发展新旧动能转换和非首都功能疏解等结构性战略，以文化消费促进文化产业发展，提高市民文化文明素质和城市文明程度，创造体现首都水准和北京特色的文化精品，发挥北京历史文化名城的国际影响力和辐射力，成为北京文化发展和经济升级的重要议题。

---

① 齐骥，中国传媒大学经管学部副教授，硕士生导师，博士。

② 田卉，中国传媒大学经管学部副教授，硕士生导师，博士。

③ 齐骥《文化产业促生经济增长新动力研究》，《山东大学学报（哲学社会科学版）》2017年第3期。

④ 邓安球：《文化产业发展研究》，中国社会科学出版社，2010年版，第37页。

一、北京市文化消费的整体环境与发展特点

（一）文化消费整体发展水平较高，进入爆发增长阶段

当前，北京经济社会持续健康发展，经济发展质量不断优化提升，北京城乡居民的精神文化需求日益增长，文化中心建设发展空间更加广阔，对外文化交往日益广泛深入，文化中心建设国际舞台更加宽广，全国文化中心的影响力和辐射力不断增强，文化消费升级和文化产业优化的环境氛围更加优越。北京市将文化创意产业作为疏解非首都功能、构建“高精尖”经济结构的重要支柱产业，近年来发展成效显著，产业规模扩大，对经济的贡献作用进一步提升，增加值占比、文化消费指数、对外文化贸易等多项指标在全国领先；行业发展稳中有进，文化科技融合业态发展强劲；文化与资本接轨深度推进，助力文化创意产业发展态势良好。数据显示，北京文化创意产业增加值由 2005 年的 671.4 亿元上升到 2016 年的 3581.1 亿元，占全市地区生产总值的 40%，成为重要的支柱性产业。北京市文化消费规模总量接近 900 亿元，位列全市服务型消费的前三位。2017 年上半年，全市文化创意产业实现增加值 1734.7 亿元，按现价计算同比增长 13%，占地区生产总值的 14.0%；规模以上文创产业法人单位实现收入 6902.7 亿元，同比增长 8.6%，比 2016 年末和 2017 年 1 季度分别提高 1.3 个和 0.2 个百分点；文创企业实现利润总额 349.8 亿元，同比增长 30.6%。

随着北京市产业结构不断优化升级，北京市居民文化消费的时间、频次、支出出现大幅度增长。2016 年北京人均教育文化娱乐消费支出达到 3687 元，占消费支出总数的比重首次超过 10%，达到 10.6%。随着恩格尔系数的不断下降，北京市居民对旅游、文化、体育、健康、养老、教育培训等“幸福产业”提质增效的要求进一步加强，对创意、科技、绿色和共享等“新兴业态”创新融合的要求也进一步提高，以传统消费提质升级、数字消费蓬勃兴起为主要内容的新消费，及其催生的相关产业发展、科技创新、基础设施建设和公共服务等领域的新投资新供给，将成为未来北京市文化创意产业发展的重要着力点。

（二）文化消费基础设施相对较好，消费载体不断丰富

文化基础设施建设是文化消费的根基，反映了城市的文化精神风貌和文化品位。近年来，北京市以强化文化功能为基础，注重文化基础设施的品质提升、功能更新和均衡化布局，积极搭建多样便捷的文化消费平台。《2017 北京市城乡居民文化消费与文化供给和需求调研》[①] 数据显示，北京市居民经常进行文化消费和体验的场所排名前 6 位的分别是电影院、图书馆 / 书店、景区、博物馆、剧场 / 剧院和美术馆，其中电影院、图书馆 / 书店和剧场 / 剧院的人数占比分别为 68.1%，55.5% 和 30.7%，丰富的历史文化资源和发达的文化创意产业，为北京市居民文化消费提供了良好的平台。

伴随互联网、多媒体和数字技术的兴起，文化创意产业和科技融合发展深入推进，文化产品和服务更加数字化和网络化，网络消费日益便捷，在线消费、线上支出、虚拟体验已成文化消费主流。调研数据显示，北京市居民进行文化消费的支付方式主要是支付宝和微信，分别占比 51.7% 和 43.5%，使用银行卡进行文化消费支付占比不到 10%。居民进行文化消费的购买方式也以网络购买为主，占比 57.9%，几乎为现场购买的 2 倍。在互联网时代，更多的文化资源从线下转移到线上，文化消费方式的深刻变革将进一步倒逼文化产品和服务与互联网的全面嵌入和融合。

（三）文化消费类别和动因合理，市场理性并富于弹性

“十二五”期间，北京市文化创意产业呈现融合、联动、集聚、创新的发展趋势，北京文化消费综合指数和文化消费能力指标继续位居全国首位。2016 年，全市规模以上文化创意产业法人单位实现收入 13964.3 亿元，增长 7.3%，高于第三产业收入增速 3.6 个百分点，拉动第三产业收入增长 2.0 个百分点，保持了 2013 年以来的较快增长态势；实现利润 1031.5 亿元，增

① 《2017 北京市城乡居民文化消费与文化供给和需求调研》（以下简称“调研数据”）围绕文化消费行为，文化消费目的、文化消费满意度和文化消费意愿进行了问卷设计，调查对象包括北京市十六区县城乡常住居民和游客，并在样本分布上对各区县保持均值。调研采用了网络调查和街头定点拦访的问卷调查方式收集定量数据，以期对具有普适和共性的问题进行调查，获得“面式”的综合数据，确保数据获得的丰富和全面。居民社区、影剧院、旅游景点、中小学校、公共文化服务机构、商业中心等 6 个在地居民和旅客活动和文化消费场所，上述各地点的样本数量约为 160 份，共收集有效数据 917 份。

长3.3%。文化创意产业涉及的九大领域中，软件网络及计算机服务、广告会展、艺术品交易和设计服务四个领域拉动作用明显，收入合计占比超6成，带动了全市文化创意产业收入增长。在文化创意产业新业态层出不穷，文化创意和设计服务与相关产业融合更加紧密的背景下，北京市文化消费市场更加活跃，消费主题更加多元，在部分消费领域呈现出较强的放量增长趋势。

根据调研数据，北京市文化消费支出占家庭消费总支出比例排名前六的分别是：教育培训、文化艺术、旅游参观、影视欣赏、图书报刊和休闲娱乐，分别为44.8%、32.7%、32.4%、28.2%、22.3%和12.5%。这也进一步说明，随着二胎政策的实施，儿童文创产品的供给将进入一个新的增长期，这既拉动了教育培训、文化艺术以及图书报刊等相关领域的文化消费，也为其他类别的文化内容创造了广阔的消费空间，高雅文化、精英文化的地位也将在教育和知识水平逐步提高过程中不断提高，对文化消费的价值取向起到正面引导作用。而根据对北京市居民进行文化消费的目的的调研数据，我们发现，文化消费的动因集中休闲娱乐、培养兴趣爱好、获取知识和信息和陶冶情操、了解异域/本地风俗文化等领域，按照百分制进行评价，上述文化消费目的评分均接近70分。在未来，居民计划提高的文化消费支出类别排序前三位的是旅游参观、教育培训和文化艺术，分别占比为62.4%、51.2%和40.9%。上述数据均表明，大多数居民的文化消费意愿强烈，希望能在文化消费中能得到精神上的满足和愉悦。“美好生活”的文化需求进入理性成长和弹性发展的阶段。

（四）享受型和发展型消费增值，产品和服务供给升级

随着非首都功能的疏解和北京市城市发展品质的不断提高，北京市居民文化需求层次不断提高且日益多样化，文化创意产业消费类型正经历从以中低端文化产品和服务为主的基本文化消费逐渐转向注重产品和服务的品质和体验的发展型消费，以及更加注重个性化与精品化的享受型消费阶段。调研数据显示，北京市居民文化消费呈现出以享受型和发展型消费为主的文化消费特征。在未来，居民更愿意提高的发展型消费（教育培训、图书报刊、文化艺术）总占比为50.4%，而享受型消费（旅游参观、休闲娱乐、影视欣赏）总占比为45.4%，几乎占据文化消费的半壁江山。与此同时，北京市居民对

于享受型和发展型文化产品和服务供给满意度相对较高。其中，享受型文化产品和服务供给的满意度评分为72.2，发展型文化产品和服务供给的满意度评分为71.4，两类文化产品和服务供给均具有不错的满意度评分。但从匹配度来看，享受型文化产品和服务与消费的匹配度要高于发展型文化产品和服务的供给。

从北京市文化创意产业的行业发展领域看，2017年上半年，北京市文化艺术服务领域实现收入182.7亿元，同比增长21.5%，增速最高。这说明，文化艺术服务已经跳出行业界限开始融入居民文化生活领域。北京市城市更新和产业升级中，越来越体现出文化场景和艺术氛围在提升城市品质中的重要价值。2017年上半年，北京市软件和信息技术服务领域实现收入2836.7亿元，增长13.4%，占总收入比重达到41.1%，继续保持着优势地位，是带动文创产业增长的重要领域。互联网+已经渗透到文化和生活的全领域，并改变了文化消费的渠道，创造了文化消费的平台。2017年上半年，北京市设计服务领域实现收入167.1亿元，增长17.0%，以文化+破除传统定式，开拓新兴市场，以设计+重塑文化美学，创造产城融合，已成为文化企业的重要共识。未来，如何进一步在现代文化市场建设中，提升服务管理水平，拓展服务维度，精细服务环节，延伸服务链条，发展智慧服务，积极运用互联网等现代信息技术，改进服务流程，扩大消费选择，无疑将是文化创意产业供给侧改革的重要着力点。

二、北京市文化消费与文化供给存在的主要问题

（一）文化消费认知不足，文化产品供给侧亟待创新

文化的多元化使文化产业呈现出综合性、渗透性、关联性比较强的特征，文化生产、消费和传播也因此与多个产业存在天然耦合关系。[①]正是因为文化消费的多元混合性，对文化消费的认知和实操一直以来难于界定并存在多重误区。以文化消费试点城市[②]建设工作为例，在第一批第一次和第二次全

① 齐骥《文化产业促生经济增长新动力研究》,《山东大学学报（哲学社会科学版）》2017年第3期。

② 2016年5月，文化部、财政部联合发布通知，决定在2015年“拉动城乡居民文化消费试点项目”取得成效的基础上，在全国范围内开展引导城乡居民扩大文化消费试点工作，并分别于2016年7月和2017年2月分两次公布了第一批国家文化消费试点城市名单，共计45个城市。

国共计45个试点城市中，28个城市的文化消费主管部门在推进文化消费的实际工作中，对文化消费和文化惠民、公共文化服务的关系界定边界不清，或在专项工作中存在着职能交叉、工作重复问题，占62.2%。这也进一步凸显出文化消费作为一种以产业引导释放内生动力的市场行为，所体现出的理论误区和现实困境。而在对文化消费本身的认知和理解上，传统消费观念和保守经济理念仍是当前制约北京市文化消费升级的主要原因，而消费方式的升级和消费渠道的变化则不断对传统消费进行冲击并造成挑战，并且随着北京市人均收入和精神生活水平的提高，文化需求层次不断提高且日益多样化，更加注重个性化与精品化的发展型和享受型消费升级的需求更加强烈，文化消费的时代变化和发展方式之间的矛盾将愈加凸显。在当前北京市非首都功能疏解、人口调控任务依然艰巨，区域发展不平衡、不协调、不可持续问题仍然存在，文化产品和服务的供给与北京市构建高精尖产业体系实现提质增效还有一定的差距的境况下，北京市文化产业全域供给创新势在必行。

从文化消费的观念认知看，需求结构和经济结构对文化消费的触点爆发构成一定制约。当前我国居民需求结构仍然不够协调，投资率偏高，消费率偏低。加上我国的传统消费观念相对保守，趋于稳健性消费。居民边际消费倾向相对较低，发展型、享受型消费需求增长较缓慢。居民消费观念使我国整体居民消费率偏低，文化消费的支出受到一定的制约，寻找新的产品和服务形态，以优质供给促进文化消费迫在眉睫。而从文化消费的管理层面看，大多数政府部门对文化消费的概念内涵、统计标准、发展路径还不太清晰，系统的文化消费培训也亟需提上日程。从文化消费的方式和渠道看，消费方式的快速变化对北京市文化消费供给侧改革的时效性构成挑战。当前，经济发展的新动力正在异军突起，数字经济和互联网消费构成了新经济发展的巨大动力。根据调研数据，在北京市居民文化消费的购买方式中，网络购买占据了消费方式中57.9%的比重，互联网使服务可以跨越时空，网络购物、广告、租车、旅游、教育等网络消费兴起，一方面对东城区文化消费的实体、门店经营模式带来挑战，另一方面对东城区文化产品和服务的优质供给提出了更高的要求。

（二）文化消费高峰欠缺，特色精品类消费亟待挖掘

随着北京市文化创意产业发展环境不断优化，文化消费产品和服务的供

给内容和方式更加丰富，居民参与文化消费的内容和形式也更加多样化。但整体来看，具有北京特色和首都风貌的文化资源缺少深度开发，具有北京文化气派和中华文化精神的文化服务的品牌性文化精品供给不足。根据对北京市居民文化产品和服务供给满意度的调研数据，文化耐用品的满意度相对较低（倒数第二位），仅为67.1%，而从计划提高的文化消费类别中看，文化耐用品的占比仅为8.8%（倒数第一位），这说明，相对于文化快销品，文化耐用品的市场前景堪忧，一方面使文化精品开发缺少高峰，精品力作的文化影响力缺少长效影响力，居民满意度有待提高。

而对标国际数据可以发现，从文化消费支出占总消费支出比重上看，欧美发达国家文化消费支出占总消费支出比重长期保持在15%以上的水平，韩国、新加坡、英国、美国、日本等国家文化消费支出占总消费支出比重甚至已经达到30%，而我国文化消费支出占总消费支出比重一直徘徊在7.53%，远低于发达国家水平，尽管北京市文化消费支出超过10%，但与国际水平对标，文化消费仍有较大的推升空间。从调研数据中，可以发现，61.4%的北京市民希望在旅游参观中加大投入，52.2%的市民希望在教育培训中加大投入。但综观当前全国文化旅游市场看，国内部分领域的旅游消费需求有所下降，而海外相关领域消费却不断激增，需求外移的速度也不断扩张。而随着互联网+的不断渗透，以互联网为载体和渠道的教育培训不断激增。北京市居民文化消费潜在市场份额最大的消费类别，均遭遇海外市场和全国市场的双重挑战。

（三）文化消费空间不足，虚拟体验型消费亟待完善

北京市人口众多且分布相对集中，线下文化消费多集中在人口密集地区，文化设施和文化场景也多分布在中心城区，从而导致中心城区人口密度较大，人均场地面积不足，可供开发空间狭小，部分文化基础设施、公共文化服务难以满足居民生产生活的需要，空间改造的制约性较强。根据调研数据，在对北京市文化消费目的和文化产品和服务供给满意度的评价中，围绕“获取知识”和“培养兴趣爱好”为主要目的的文化消费占比较高，分别达到74.6%和73.9%，但居民对教育培训的满意度相对较低，仅为62.5%。这说明，空间因素制约了提升型文化消费的拓展。

在针对北京市文化消费场景的相关调研中，我们发现，北京市尽管作为文化中心和科技中心，但在消费中文化与科技融合及其所发挥的市场凝聚力和行业引导力尚未释放出来，主要表现在，传统场景和线下消费较多，虚拟场景和体验消费不足。根据调研数据，在北京市文化消费场景中，以电影院、图书馆/书店、旅游景区等为主导的文化消费，博物馆、剧场/剧院和美术馆等公共文化空间的消费，在北京市文化消费的排名中均较为靠前，占到半壁江山。这些消费方式相对于文化与科技结合的业态趋势和消费需求而言，相对传统刻板并缺少体验交互。尤其是在对消费服务的满意度中，我们发现，北京市文化耐用品和网络文化服务的满意度相对较低，虚拟消费和体验消费不足，影响了文化精品的长效供给和文化内容的优质供给。

（四）文化消费辐射不够，联动性区域消费亟待破题

形成京津冀协同发展、互利共赢的新局面，提高城市发展质量、人居环境质量、人民生活品质和城市竞争力，是北京市十二次党代会提出的发展要求。东城区文化消费的关注重点和实践路径尚未跳出辖区本身，全域型联动式消费亟待破题，以文化消费促进京津冀文化产业协同发展有待进一步突破。从北京市居民文化消费的区域对比看，发展不平衡不充分问题仍旧是文化领域的重要表现形态。北京市城六区经济相对最为发达，文化消费水平表现也最为突出。而对于平谷区、延庆区等生态涵养发展区，经济较城六区和城市发展新区相对落后，其文化消费综合指数排名也都相对较低。[①]从北京市主要文化消费集聚地区看，目前北京十大文化消费圈分别是长安街核心圈、东四剧场圈、工体潮流圈、鸟巢休闲圈、南锣文艺圈、潘家园古玩圈、798新锐圈、首体演出圈、天桥演艺圈、五棵松文体圈。这十大文化消费圈主要集中在东城、西城、海淀和朝阳四个中心城区，在文化消费的形态上呈现出复合发展和融合发展的特点，但整体而言，以文化消费圈为主要集聚方式的线下消费，辐射范围有限，文化传播幅面较窄，文化消费也难以发挥共享机制。

一方面，北京市远郊区的文化消费整体来说相对落后，公共文化场馆、文化场景的配套不足，现代文化消费产品和服务的优质供给相对缺乏，与中

① 金元浦、刘敏：《2014北京市文化消费指数实证调查与分析》，《文化产业导刊》2014年10期。

心城区的消费市场难以形成要素流动和资源共享。另一方面，京津冀三地之间的文化消费因为历史原因、现实因素和规制问题等，缺少有效的整合方式。一直以来，京津冀区域一体化的整体效率偏低，区域发展水平差异较大，文化产业的对接难度也相对较大，在业态布局中，难以形成线路性资源构架。同时，京津冀三地“条块分割”式行政管理模式弊端突出，缺乏高效的协调工作机制，文化产业发展所需的创意、人才、技术、资本等要素“倒流”，未形成统一的区域文化要素市场。① 经济发展基础和产业合作环境也对京津冀文化消费市场联动和文化线路整合带来了一定的制约，以特色文化线路和创意消费体验破解区域制约和发展掣肘，势在必行。

三、繁荣北京文创市场，促进文化消费升级的思路和建议

（一）重新认识文化消费，推进文化产业供给侧改革

十九大报告指出，我国社会主要矛盾已经转化为人民日益增长的美好生活需要和不平衡不充分的发展之间的矛盾。这一重大判断为我国进一步扩大和引导文化消费指明了方向，也提出了更高要求。在新时代，人民的美好生活需要正从过去的物质需要为主转向文化的、精神的、环境的需要。促进文化消费升级应当在充分认识文化消费内涵和外延的基础上，加强文化消费升级与文化产业更新之间的对接。当前我国居民消费呈现出从注重量的满足向追求质的提升、从有形物质产品向更多服务消费、从模仿型排浪式消费向个性化多样化消费等一系列转变。只有围绕消费市场的变化趋势进行投资、创新和生产，才能最大限度地提高投资和创新有效性、优化产业结构、提升产业竞争力和附加值，实现更有质量和效益的增长，进而实现文化消费升级对文化产业升级的导向作用。

发挥消费在新时代的引领作用，是实现文化产业供给侧改革、推动文化产业提质增效的重要途径。发挥文化消费的重要价值，关键是以消费为引领，以创新为驱动，通过市场主导和政府引导，完善现代文化市场体系，培植文化消费持续发展的内生动力。未来，北京市推进文化消费结构升级，应着力在“北京”+领域进行区域破壁和行业突围。一是以北京传统文化为着力

---

① 郭万超、马明：《京津冀文化产业协同发展的路径选择》，《中国文化报》2015年7月26日第7版。

点，着力于构建“老北京，新体验”为主题的不离本土的文化生态圈，弘扬传统文化、传承北京风貌，让人们在生生不息、日出而耕、日落而息的生活生态中，感受到文化自信的力量；二是专注于创造“老胡同，新生活”为主体的不分彼此的美好生活圈，以疏解北京非首都功能，构建高精尖产业结构体系为重点，让人们在生活、生产和生态的融合、社区、园区和景区的融合中享受生活之乐；三是创造以“老传统、新阐发”为主题的不同凡响的创意产业圈，以北京建设全国文化中心为载体，以城市更新和文化复兴为驱动，让朝气蓬勃的创业者改造城市单元，让安心栖居的居住者体验创新创业带来的空间改变。

（二）把握消费升级契机，加强消费引导和习惯培育

北京市提出到2020年，文化消费对全市经济增长的贡献率达到8%以上。目前北京已经构建了涵盖各领域、多业态、融合并进的大消费矩阵和促进文化消费的系列化长效机制，以期通过文化消费行为的引导和文化消费习惯的培育，进一步促进文化消费对文化产业发展、城市单元更新、经济结构转变的影响。这为北京文化消费升级提出了新的要求。只有将文化消费与文化产业、公共文化服务体系建设结合起来，以公共文化服务满足居民的基本文化消费，保障基本的文化权益；以文化产业满足居民多样化、个性化的文化消费，提供更高品质的文化享受，以文化消费与城市发展融合，与居民生活融合，与构建高精尖产业结构体系融合，发挥消费升级对文化产业产品结构和服务形态优化的作用，释放传统文化和城市引产对文化产业体验性和沉浸性拓展的作用。

培育面向新时代的文化消费理念，引导实现美好生活的文化消费行为，是构建文化消费升级长效机制的核心。一方面，要把握当前文化产业业态多元化、产业融合化、组织网络化、发展个性化、要素成果分享化的特征规律，搭建覆盖北京城乡居民并向京津冀辐射的文化消费服务平台，充分利用文化产业的融合性和迭代性发展特征，吸纳文化企业广泛参与文化消费平台建设，通过文化产业与旅游、信息、制造、建筑、体育、休闲、会展、商贸、零售等相关文化消费形态的深度融合，创造新消费形态，创造北京文化产业新供给。通过优秀传统文化与科技、创意、资本、市场、人才、品牌、

渠道等相关消费要素的跨界融合，创造新的生活方式，开辟北京文化生活新体验。另一方面，应当把握文化科技融合的趋势和线上消费不断扩张的趋势，加快释放“互联网+”力量，充分利用云计算、大数据、互联网等现代科技和微信、微博、微视频以及客户端等新媒体，加强北京优秀传统文化和优势传统资源的整合，创造文化交流展示、文化博览交易、文化开放共享的全息体验平台、科技阐发平台和嵌入生长平台，更好地满足当前消费习惯和消费追求下城乡居民对美好生活的新期待。

（三）推动文化产业融合，创造生动的文化消费体验

文化产业和经济活动的本质都是生产活动。生产、分配、交换、消费是整个社会生产活动的四个环节，它们互相联系、互相制约，共同组成生产过程，生产在整个过程中居于支配地位，但消费的作用是不可忽视的。消费不仅决定着生产的实现，而且提供生产发展的动力。[①]实现文化产业结构的高度化和合理化离不开文化消费的升级。2016年，我国第三产业占比为51.6%，预计到2020年会达到60%左右。“十二五”期间，北京的文化消费年均增速达到了20%，发展势头向好。当前，北京市第三产业占比已经达到了80.3%，全市文化消费规模总量接近900亿元，位列服务型消费的前三位。这一趋势寓意着，我们即将进入个性化、多元化、数字化的文化消费时代，人们的消费需求已经从“吃、穿、住、用”转向“安、享、乐、知”。以“安全、享受、娱乐、求知”为诉求的“美好生活”，进一步激发了生动文化消费体验的市场需求。

数字文化消费的主要特点是，以高科技、新技术创造虚拟体验，提供全息生动的沉浸式体验，创造身临其境、富于质感的在线消费场景。推动文化产业融合发展，实现文化创意与城市更新场景融合，与城乡居民的生活地景融合，创造出生动的文化消费体验，是北京市建设全国文化中心，实现消费结构升级的重要路径，因此，北京市文化消费需要“固本溯源”，从浅层次的技术借鉴、媒介交叉、生产合作逐步向深层次推进，将文化、创意、品牌、情感、价值观和科技融入产品和服务设计研发、生产传播、展示体验、营销

① 柴冬冬：《论文化消费与经济转型》，《文化产业导刊》2014年第9期。

策划、增值服务的每一个环节。其次，需要“技术共享”，从推进技术创新到实现业态创新、内容创新、模式创新和管理创新的多维创造，进而促进文化消费与日常起居、公共社群、街区空间、城市更新、乡镇生态等有机融合。此外，还需要“产融结合”，将文化消费与城市空间优化结合，与文化经济带延展融合，在长城文化带、运河文化带、西山文化带建设中，实现文化消费线性串联和渐进式升级，在胡同更新、旧厂房改造、非首都功能空间腾退中，实现文化消费的植入式与嵌入式更新，在扩大内需战略的带动下，进一步发挥文化消费的触媒作用和文化产业的蔓生价值，通过消费结构升级带动居民消费潜力有序释放，真正实现“美好生活”。

（四）理论引导、实践先导，打造美好共生的文化高地

统计数据显示，我国文化消费潜在市场规模约为 4.7 万亿元，而实际文化消费规模仅超过 1 万亿元，存在着 3.7 万亿元的文化消费缺口。在人均 GDP 同等水平下，我国文化消费规模也仅为发达国家的 1/3 左右。① 这些数据既说明文化消费拥有巨大发展空间，我国居民潜在的文化消费需求并未得到满足，但也反映出我国文化消费有效供给和精准供给能力不足，难以有效满足文化消费需求。因此，必须加强文化消费引导和文化消费习惯的培育。目前，国内对文化消费的系统统计和科学监测尚处于“空窗”阶段。在丰富和深化适合中国国情、具有首都特色的文化消费理论研究的同时，北京有必要将文化消费列为经济运行的重要衡量指标，并在全国率先建立起文化消费统计监测体系，加强统计、监测、考核。② 围绕北京市全国文化中心的城市战略定位和“一核一城三带两区”文化中心建设总体框架，建立健全全国文化中心建设统计指标体系；利用指标体系，全面反映（监测评价）北京市全国文化中心建设进程。关注新兴业态和融合业态的发展，科学评测文化中心建设下的产业发展态势，建立健全北京文化创意产业统计监测体系，从统计制度和统计方法上完善对文化创意产业监测评价分析，完善文创功能区、文化消费、文创投资统计监测制度，为全国文化中心建设提供理论依据和建设指南。

提高文化消费和文化产业供给和需求的匹配度，既要发挥理论的先导作

① 梁达：《扩大文化消费加快文化产业转型升级》，《上海证券报》2016 年 07 月 12 日，第 9 版。

② 刘和华：《文化消费如何助推首都建设发展》，《光明日报》2016 年 12 月 8 日第 14 版。

用和统计数据监测的科学制度，又要发挥制度创新的政策支柱作用，处理好“看的见的手”和“看不见的手”之间的关系，实现社会效益优化和文化资源配置效率升级。这就需要统筹推进体制机制和政策体系的系统性优化，着力加强供给侧结构性改革，以更加完善的体制机制引导和规范文化市场的主体行为，推动形成节约、理性、绿色、健康的现代生产消费方式，努力构建新消费引领新投资、形成新供给新动力的良好环境和长效机制。实施更加积极主动的开放战略，更好利用全球文化要素和世界文化市场，推动文化产业创新驱动和文化消费结构升级，满足文化日益多元化、文化消费品质日趋高品质的消费需求，为把北京建设成为社会主义物质文明与精神文明协调发展，传统文化和现代文明交相辉映，历史文脉与时尚创意相得益彰，具有高度包容性和亲和力，充满人文关怀、人文风采和文化魅力的中国特色社会主义先进文化之都，进行创新探索和不懈努力，进而为全国做出文化样板和发展示范。

宗教文化旅游消费问题研究

——以吉林市为例

赵志英[①]

习近平总书记在全国宗教工作会议上强调：宗教工作在党和国家工作全局中具有特殊重要性，关系中国特色社会主义事业发展，关系党同人民群众的血肉联系，关系社会和谐、民族团结，关系国家安全和祖国统一。做好党的宗教工作，关键是要在“导”上想得深、看得透、把得准，做到“导”之有方、“导”之有力、“导”之有效。

吉林市作为全国历史文化名城、优秀旅游城市，宗教文化资源丰富而且厚重，有较高的历史、艺术、研究和旅游价值，它们不仅是人们旅游观光的胜地，而且是人们访古探幽，增长知识的博物馆。对宗教文化旅游资源的统筹规划，有效开发、合理消费，将有助于引导宗教为促进社会和谐发挥积极作用，推动我市旅游文化产业发展，服务我市地方经济社会发展。

一、宗教文化旅游的涵义、特点、意义

（一）宗教文化旅游的涵义

宗教旅游不仅仅包括那种拥有强烈或唯一宗教动机的一种旅游形式（GisbertRinschede，1992），也即朝觐旅行；还包括非朝拜目的的宗教景点景区观光、修学以及游憩行为（方百寿，2001）。

本文所指的宗教文化旅游是广义的宗教旅游。包括宗教朝圣旅游、宗教体验旅游、宗教观光旅游、宗教休闲旅游、宗教民俗旅游、宗教节日旅游、宗教庙会旅游和民间宗教旅游、综合旅游等。

---

① 赵志英（1969-），女，吉林舒兰人，中共吉林市委党校讲师团主任，研究员，研究方向：文化。

（二）宗教文化旅游的特点

1、参与程度高。旅游者不仅可以看到秀美的自然风光和人文景观，也能通过参观或参与健康积极的宗教法事、仪式，思考宇宙问题、人生意义，提升心灵高度，因而吸引了大量游客。

2、涉及范围广。宗教是具有历史延续性的传统文化模式，也是具有现实影响力的意识形态，在漫长的传播、发展、演化中，宗教渗透到了人类文明的政治、经济、社会、文化等各个领域，影响着国家、民族和个人。许多文化旅游形式都或多或少有宗教因素，比如说少数民族风情旅游、民俗旅游等。

3、开发潜力大。我们的宗教旅游资源不仅分布广，而且品位高、组合好。除了拥有优美的自然风光外，更有宗教历史文化的深厚积淀。山以佛称，境缘道胜；宗教因山秀而前趋，山岳因宗教而扬名，吸引大量国内外游客前来朝圣。

4、牵扯问题多。在看到宗教带来巨大旅游商机的同时，我们也不能忽视宗教旅游中潜在和现实的问题。比如过分商业化问题；利益分配的问题；宗教渗透问题；开发和保护的问题等。

（三）发展宗教文化旅游的意义

1、政治意义。有利于宣传党和国家的宗教信仰自由政策，扩大对外文化交流；有利于宗教文化的传承、借鉴、提高，有利于营造良好的和平发展环境。

2、经济意义。宗教旅游以其独特的旅游价值，特色的旅游产品，开拓了新的旅游市场，吸引了众多的信徒和游客，带动了宗教旅游景区的发展，促进了地方经济的发展。同时宗教旅游也带动了其他行业的发展，以此为中心形成产业链，宣传地方产品、大力发展地方经济。

3、社会意义。合法有序的宗教活动，能够引导宗教为促进社会和谐发挥积极作用。宗教对现实世界人类的启迪、安慰、寄情的作用则满足了现代人对精神生活的强烈需求，满足人们的求知、审美、猎奇的心理需求。宗教具有强烈的平等博爱、帮助他人、劝恶扬善、圆融和谐的思想，对我们现在倡导民主、树立集体主义观念、反对个人极端主义、促进和谐社会建设有重要的意义。

4、文化意义。宗教旅游资源中蕴含深厚的文化积淀，集文学、艺术、语言、民俗、哲学、史学等之大成，对旅游者具有强大吸引力的除了建筑、雕塑、绘画、园林等艺术或者仪式本身，还有它们背后所蕴含的思想文化。宗教文化与旅游的融合是传播我国民族传统文化的重要途径。我国传统的宗教无论是道教还是佛教，一向宣扬慈悲为怀、积德行善、助人利他、无我牺牲等思想，在漫长的传播和演化过程中积累了丰富的优秀文化，与儒家教化一起共同塑造了中华民族勤劳、勇敢、善良、和平的民族性格和重智尚真的真善美精神。优质宗教文化资源与健康旅游活动充分良性互动，能够更好地弘扬传统宗教文化的精华，发挥宗教净化人心灵、规范人行为、提升人境界的积极作用。对宗教文化资源进行开发，有利于引导民众对我们优秀的传统文化的关注，有利于增强我们的民族凝聚力。

5、生态意义。宗教为旅游活动提供了秀美的自然风光和深层次的生态智慧，深山古刹、曲径通幽、松风水月、晨钟暮鼓、塔林壁画、石窟雕塑洋溢着超凡脱俗、返朴归真、静谧祥和、庄严神圣的宗教美感，最大限度调动人们的主观情感与直觉顿悟。宗教文化蕴含着丰富深刻的生态哲学思想及生存智慧，禁杀护生、善待生命、众生平等、天人合一，维护人与人、人与己、人与自然的平衡和谐统一。此外宗教还有蕴涵丰富的养生资源，诸如气功、药膳、武术等。

二、吉林市宗教文化旅游资源优势

吉林市地处中国东北中部地区，历史上多种民族、多种文化在此交融，多元的地域文化传承和蕴育了多元的宗教文化。目前，吉林市佛教、道教、伊斯兰教、基督教、天主教五大宗教都有。正式批准登记的宗教活动场所400余处，信教群众近27万人。宗教活动悠久的历史、多元的个性、所承载的丰饶的地域民俗文化，以及所占之灵山秀水，使吉林市的宗教资源颇具旅游观赏价值。

（一）艺术文化丰富珍奇。吉林北山古称九龙山，古庙成群，佛道儒三教杂糅相处，特色鲜明。三百余年前建的关帝庙有乾隆御书“灵若豳岐”。历史上两代清朝皇帝均驾临北山，为此增添神圣留下美丽传说。“胡仙堂”、老郎殿，玉皇阁东北地方特色集中体现。玄天岭上近年新建的玄帝观前身“真武庙”拥有全国三悬之一“玄关吊柱”景观，吉林八景之一“坎卦孤悬”（避火图）亦于此山中。位于越山路上的“船厂拱北寺”体现了西北伊斯兰教文化特点。这些都是优秀的旅游资源。

（二）教规教仪玄虚神秘。龙潭山“龙王庙”进香，祈求风调雨顺。玄天岭上拜祭避火图，希冀打破“火烧船厂”的宿命。灵仙府（“胡仙堂”）拜狐仙，人们用传统的神秘方式祈福避祸，消灾避难。萨满教传统的隆重祭祖仪典，全体氏族或部落成员参与祈祷人畜平安、农牧丰收；跳大神、祈雨、祈福的活动，都是可以开发的宝贵资源。

（三）隐形文化富有魅力。小白山满语意为“祭祀板”，源于此处曾是清王朝遥祭满族发祥地长白山的地方。雍正十一年（1733 年）在小白山上修建望祭殿。乾隆皇帝爱新觉罗弘历于乾隆十九年（1754 年）亲临小白山祭祀。乾隆帝东巡乌拉驻足龙潭山龙凤寺，乌拉街“圆通楼”……留下许多美丽传说，都是亟待整理的旅游资源。

（四）自然环境得天独厚。“青山簇胜地，松水绕江城”，关东名城吉林市得天独厚，享山水之钟灵毓秀。吉林城地处长白山余脉，四周群山环峙层峦叠嶂。人们出于对家乡眷恋之情，又把这些青山叠嶂涂上了东青龙（龙潭山）、西白虎（小白山）、南朱雀（朱雀山）、北玄武（玄天岭）、左辅（东团山）、右弼（西团山）及八卦、九星（帽儿山、平顶山、大青山、南楼山、猴石山、锅盔山、望云山、桃源山、杨家岭、西石砬子等吉林城周边群山）据有中国传统文化特点的神秘色彩。人们又把发源长白山绕城而过的松花江，赋予了“松阿里乌拉”“天河”的奇异光环。这山钟水毓的自然环境，为宗教文化增添色彩。南有五龙宫、弥勒寺北玄武北山古庙群玄帝观风景区，东龙潭山风景区西白虎小白山望祭殿，不一而足。除伊斯兰、基督教、天主教择居民区修建之外，大多宗教场所踞风水宝地，是自然环境优美，文化底蕴深厚的宗教旅游资源。

三、宗教文化旅游消费问题的对策建议

（一）明确消费原则

1、科学性原则。以科学的态度对待历史上和现实中的宗教现象和宗教问

题；正确贯彻党的宗教政策，既尊重宗教组织和宗教信徒的宗教感情，保护其合法权利和利益，又要防止非法宗教、伪宗教及迷信因素借机渗透；科学分析论证和建设，决不能盲目地、想当然地去操作。

2、历史性原则。开发前首先应判定该资源在历史地位上的高低和宗教影响范围的大小；对宗教建筑的修复或重建，应尽可能忠于历史原貌；开发工作不能破坏长期历史形成的宗教景观文化生态；尤其应重视对宗教旅游资源历史文化艺术内涵的挖掘与展示，提升其文化品位。

3、效益性原则。宗教旅游资源开发既要追求经济效益，有严肃的市场调查、投资效益与风险评估、论证等，更要重视社会效益和环境效益。注意开发活动的社会影响，展示优秀的宗教文化和精湛的宗教艺术的同时，努力传播其健康的思想和文化知识；充分挖掘并弘扬宗教理论本身所含的积极的生态环境保护思想，保护、提升宗教景观的环境魅力。

4、可持续性原则。切实处理好保护与开发的关系，避免破坏性开发；是否可以开发、能开发到何种程度、何种范围等问题都要尽可能多地征求相关宗教组织，充分地考虑到宗教组织、宗教信徒的宗教情感。

（二）理清消费思路

1、解放思想，提高认识。消除提倡宗教文化旅游是宣传、提倡宗教、甚至把它与迷信等同起来的错误观念。正确处理世俗的经济性、佛教的神圣性和出世修身、入世建设的关系。以出世的态度、入世的行动，把宗教场所办成文化的圣地、修学和修行教化的道场，积极回应现代人的心灵困惑的诉求。

2、加强宏观调控。政府统筹协调、加强管理、综合开发；注重文化价值，塑造我市总体的宗教文化旅游形象；充分调动政府和民间两个投资积极性，对内激活，对外吸引，开发好内外两个市场；研究和把握宗教事务管理的方针政策，处理好宗教旅游资源开发与保护、弘扬文化与破除迷信的关系。

3、完善相关法律法规。目前面对具体的景区场所管理上还缺乏细致的法制规范。在立法上充分考虑宗教因素，制定既适合宗教信仰旅游者修习参拜，又能够很好地规范引导非宗教信仰者行为的法制规范。通过出台法规来划分各方权责，协调好景区内部管理部门与宗教场所的关系，共同构建和谐的，符合传统宗教发展的文化氛围。

4、优化人才引进机制。目前，宗教文化旅游大多留在低层次的静态展示阶段，没有深入地发掘旅游资源所蕴涵的深厚的历史文化内涵，各个旅游点的历史文化氛围不够浓郁，游客不能体会到应有的历史文化魅力。这些问题最终归咎于人才资源的缺乏上，加大专业人才的培养和引进是当务之急。只有具备优质的专业人才才能开发出更好的高附加值的宗教旅游产品，策划人员的宗教资源开发定位、宣传人员的宣传以及管理人员对宗教景观的修缮管理，还有导游讲解的广度、深度（由景点展现出来的更为深层次的文化含义或普遍规律），总之人才是提升宗教文化资源旅游开发层次的一个重要方面。

（三）拓宽消费方式。

宗教是人类的文化成果，我们应当深入挖掘宗教文化内涵，积极开发多样化的旅游项目而不满足既有的浅层次开发。宗教圣地朝觐游，宗教文化体验游，修心养性度假游，民俗文化娱乐游。宗教文化旅游资源的开发涉及文学艺术、音乐、绘画、戏曲、影视、动漫等领域，医疗康复养生业、工艺品业、餐饮业、教育培训业、节庆会展业，这中间每一个都有很大的挖掘潜力。利用传统文化、宗教文化来进行心灵的启迪、开导，对当代人的生活品质来讲也是极有益处的。

（四）凸显地域文化特点、内涵

旅游的本质是文化，“单纯的山水即使再漂亮，也难以长久地吸引游人，只有把文化的内涵渗入其中，山水才有灵性，才有内容。”随着人们对精神文化需求的增强，具有独特人文内涵的文化旅游越来越受到人们的青睐，宗教文化旅游便是其中的一个热点。只有不断开发具有地方特色的高附加值的旅游产品，才能增加游客的游览兴趣和购物消费兴趣。

在玄帝观道教文化园，每天打打太极，读一读《老子》等道家经典，彻底放松身心，自然景观、人文景观和宗教文化内涵有机结合在一起，会产生意想不到的良好结果。

现代的健全观点重视身、心、灵三者同时健康，与萨满的生命观和疗愈观相通。萨满之道主要在于强调与自然力量和谐相处，也包括了人类潜能的发掘、自我的完成或大我的实现，而非追求彼岸世界。

“先有乌拉，后有吉林”乌拉街满族镇是满族主要发祥地之一，满族宗教、民俗文化的开发与宣传是吉林市的地方特色品牌，应当进一步挖掘、提炼，再加工、再创造，使旧文化焕发新活力，即文化重构。

（五）加大营销宣传力度

宣传不仅是旅行社对旅行线路的宣传广告，更是地方特色文化的传播。充分利用书籍、报刊、杂志、电视、网络等媒体渠道多层面、多角度、全方位的宣传，特别应该加大网络营销宣传力度，建立健全各种关联的网站网页。景区内也要见到相关的辅助宣传讲解设施，比如电子视频，电视录像，书籍、画报、手册，标语等等，让游客不只看到念经、法事等外在形式，而是主动去深入思考宗教的文化内涵及饱含智慧的哲学思想。。

通过调研我们认为，宗教文化资源是一种独具特色的人文旅游资源，它的境界神奇玄妙、文化底蕴深厚，具有巨大的商业价值和人文价值，宗教文化旅游消费可以推动旅游业的发展，还可以宣扬传统文化，具有重大现实意义。

八、北京文创

北京市文化创意产业发展现状、问题与对策分析

景俊美　李明璇①

摘要：北京市文化创意产业发展整体向好，产业结构、空间发展格局和相关政策体系逐渐完善，但发展中也存在产业集聚区知名度低、古都文化利用率低、知识产权意识与法律保障薄弱等问题，建议应在加大宣传、鼓励文化与经济科技相融合、激励原创和特色精品研发、加强企业主体知识产权保护意识等方面持续着力。

关键词：文化创意产业；优秀传统文化；首都文化；国际竞争力

十九大报告指出："文化是一个国家、一个民族的灵魂。文化兴、国运兴，文化强、民族强。"经济新常态背景下，发展文化创意产业不仅有利于弘扬北京古都文化，也成为北京经济发展的重要支柱产业。近年来，北京市文化创意产业发展总体上稳中有升，产业结构和空间布局不断优化，外部宏观政策环境也更加有利。但是北京文创产业发展仍存在缺乏国际竞争力、历史文化资源利用率低、知识产权缺乏保障等问题，因此应在加大宣传、鼓励文化与经济科技相融合、激励原创和特色精品研发、加强企业主体知识产权保护意识等方面进一步改进提升。

一、首都文化视野中的创新文化

（一）创新文化是对优秀传统文化的继承和弘扬

北京作为有3000多年建城史和850多年建都史的六朝古都，拥有极其深

① 景俊美，博士，北京市社会科学院副研究员，主要研究方向为民族艺术与文化产业研究；李明璇，北京师范大学新闻传播学院2017级硕士研究生。

厚的历史文化底蕴和丰富的文化遗产资源。2017年2月，习近平总书记考察北京，对北京历史文化提出了“更加精心保护好”的新要求。北京历史文化是中华文化源远流长的伟大见证，必须精心保护好，增强北京这座历史文化名城的国际影响力和辐射力。

北京作为古都城市，是闻名世界的历史文化名城；另一方面，北京作为中国的首都，有着建设现代国际大都市的新定位。因此，在新时代的新要求下，对于北京古都文化，一方面需要保护，另一方面则需要创新。党的十九大报告提出了发展“面向现代化、面向世界、面向未来的，民族的科学的大众的社会主义文化”的要求和在本世纪中叶把我国“建成富强民主文明和谐美丽的社会主义现代化强国”的目标。为了实现这样的目标和要求，我们需要推动中国优秀传统文化不断创新，深入挖掘优秀传统文化中的人文理念和精神内涵，加以补充、完善，以新的形式呈现出来，赋予其新的时代内涵。对北京古都文化进行创新，一方面是新时期文化强国战略的内在要求，另一方面则有利于提升首都公共文化服务能力和北京文化国际竞争力。

（二）文化形式创新与传播手段创新是文化创意产业的重要创新形式

文化创意产业是创新文化在产业上的表现形式之一，文化创意产业是20世纪90年代发达国家提出的一个新概念，后来逐渐演变成一种全新的发展理念，北京市是中国内地最先引用这一概念的地区。文化创意产业强调主题文化依靠个人或团队通过技术、创意和产业化的方式开发、营销知识产权。文化创意产业本质上是以创意和知识为核心的产业。文化创意产业主要包含三个因素：创意、知识、技术。[①]其中以“创意”为核心，以“知识”为资本运作，“技术”是其支撑。2006年，北京市统计局、国家统计局北京调查总队研究制定了《北京市文化创意产业分类标准》（京统发【2006】154号），对文化创意产业的概念和范围进行了界定。文化创意产业是指以创作、创造、创新为根本手段，以文化内容和创意成果为核心价值，以知识产权实现或消费为交易特征，为社会公众提供文化体验的具有内在联系的行业集群。北京市

① 张亚敏，崔瑜．北京文化创意产业的关键影响因素分析［J］．中国商论，2017（29）：149-151.

文化创意产业的统计范围主要包括九大领域：文化艺术，新闻出版，广播、电视、电影，软件、网络及计算机服务，广告会展，艺术品交易，设计服务，旅游、休闲娱乐，其他辅助服务。①

文化创意产业中的文化创新可以分为文化形式创新与传播手段创新。文化形式创新主要包括将传统文化中的精髓以现代的方式呈现出来，使其更容易为观众所接受。例如2018年中央电视台综合频道和央视创造传媒联合制作推出的大型文化节目《经典咏流传》，便是通过“以诗和歌”的新形式，将传统诗词经典与现代流行音乐相融合，让传统更具现代化属性。其中，元代王冕的《墨梅》、唐代王之涣的《登鹳雀楼》等，都很好地通过新的形式为观众解读了经典背后的文化内涵。诗词曲赋是传统文化的重要组成部分，现在仍保留下了大量的精品。文化创意产业可以创新性地将这些诗词曲赋与现代音乐形式相结合，发展成观众更加喜闻乐见的文化形式。

互联网时代，信息传播具有快速、互动、实时、海量等特点，文化创意产业可以利用这些特点，对传播手段进行创新。2016年年初，纪录片《我在故宫修文物》于央视纪录频道首播，之后在弹幕视频分享网站“bilibili（哔哩哔哩）”上线并引起巨大轰动。新媒体环境下，传统媒体无法达到的传播效果，依靠互联网媒体则可以实现。因此文化创意产业可以通过互联网技术对文化传播手段进行创新，构建一个互联互通、覆盖广泛、传输快捷的网络文化传播体系。

（三）文化创意产业是繁荣首都文化的重要力量

在经济新常态背景下，中国的文化产业步入新的历史发展机遇期和战略调整期。文化产业总体规模持续上升，结构布局不断优化，新兴业态层出不穷，文化创意产业日益成为驱动经济发展的重要组成部分。

就北京而言，发展文化创意产业首先有利于首都文化的国内传播。具体包括发挥首都文化在全国文化中的示范作用、增强首都文化的国内影响力与辐射力。以电影产业为例，2017年北京电影朝着更加理性和良性的方向发展。以《战狼2》《羞羞的铁拳》为代表的北京电影，为拉动全国票房和观众

---

① 参照北京市统计局官网，网址：http：//tjj.beijing.gov.cn/cyhd/cjwt1/201601/t20160120_338425.html

增长及国产影片占比发挥了决定性作用。文化创意产业的发展增强了首都文化在全国的影响力，在全国文化发展中起到了模范带头作用。发展文化创意产业同时也有利于中华文化“走出去”，促进首都文化的全球传播。2017年11月28日，中国文化娱乐行业协会信息中心与中娱智库联合发布的《2017年中国游戏行业发展报告》显示：“2017年，中国自主研发网络游戏海外市场实际销售收入达82.8亿美元，同比增长14.5%。相比2008年的0.7亿美元，十年暴增百倍以上。”[①] 窥一斑而见全豹，游戏行业不仅成为中国文化“走出去”的领军者，也是文化自信的代表行业。特别是首都北京旗下的各大创新创意游戏厂商，它们不仅推动了国内优秀的自研游戏产品在国际市场上崭露头角，而且招揽了越来越全球化的游戏用户群体。与此同时，在VR、AR等新兴技术面前，国内特别是首都北京的互联网公司及上下游企业与国外拥有先进技术的大公司几乎同步进入这些新的领域，并致力于“用游戏创建世界”和“在生活中创造游戏”的深入探索。

二、北京文化创意产业发展现状

（一）文化创意产业发展概况

近两年北京市文化创意产业总体发展稳中有升，在拉动北京经济增长、促进首都经济转型升级的过程中，发挥了重要的作用。北京市国有文化资产监督管理办公室和中国传媒大学文化发展研究院联合编制的《北京文化创意产业发展白皮书（2017）》显示，2016年，北京文化创意产业总体发展持续向好、稳中有升，文化创意产业实现增加值3581.1亿元，比上年增长10.1%；占地区生产总值的比重达到14.0%，比上年提高0.3个百分点。全市规模以上文化创意产业法人单位8033个，资产总计24919.2亿元，收入合计15224.8亿元，从业人员125.7万人。全市文化创意产业法人单位创造地方税费收入417.9亿元，占全市地方税费的10.7%；上缴国税791.9亿元，占全市上缴总量的8.9%。经过近几年来的持续快速发展，北京文化创意产业的规模不断扩大，结构不断优化，发展质量和效益不断提升，支柱地位更加巩固，

① 腾讯研究院.2018游戏业前瞻：“吃鸡”后续如何？二次元向游戏是趋势？参见网址：http：//www.sohu.com/a/215395828_455313，2018-01-08.

成为拉动首都经济发展的重要增长极。[①]2017 年北京市规模以上文化创意产业收入合计 16196.3 亿元，同比增长 10.8%。从业人员平均人数为 125.1 万人，同比增长 0.3%。

（二）产业结构不断优化，“文化+”类产业引领行业发展

2107 年，北京市文化创意产业在保持稳中有升的总趋势的同时，积极与数字技术、互联网相融合，发展各类“文化+”企业，产业结构得到优化升级（详见表 1）。通过分析“2017 年 1–12 月北京市规模以上文化创意产业情况”表可以看出，2017 年软件和信息技术服务行业创收最多，增速明显，成为北京市文化创意产业中的支柱，引领文化创意产业发展。软件和信息技术服务行业的发展符合文化与科技融合发展的要求，体现出互联网环境下，北京市文化创意产业依靠科技引领、与科技融合的趋势越来越明显，“互联网+文化”的产业结构模式逐渐体现出优势。

表 1　2017 年 1–12 月北京市规模以上文化创意产业情况

项目	收入合计（亿元）		从业人员平均人数（万人）	
	2017 年 1–12 月	同比增长（%）	2017 年 1–12 月	同比增长（%）
合计	16196.3	10.8	125.1	0.3
文化艺术服务	323.4	11.1	5.7	0.6
新闻出版及发行服务	853.2	8.2	7.7	–1
广播电视电影服务	867.2	3.9	5.5	–0.8
软件和信息技术服务	7015.8	16.7	68.1	0
广告和会展服务	1998.1	8.1	6.5	–5.6
艺术品生产与销售服务	1249.2	2.1	1.9	1.3
设计服务	335.6	20.9	9.3	21.7
文化休闲娱乐服务	1051.6	1.0	8.4	–2.3
文化用品设备生产销售及其他辅助	2502.2	6.7	12.0	–5.6

设计服务业、文化艺术业、新闻出版及发行服务业、广告和会展服务业

① 详见北京市国有文化资产监督管理办公室官方网站，网址：http：//www.bjwzb.gov.cn/xxdt/tzgg/ff8080816145dde6016145edf37f0001.html

发展态势较好，尤其是设计服务行业，积极适应“文化创意+”融合发展趋势，同比增长率高达20.9%。广播电视电影服务业、艺术品生产与销售服务业、文化休闲娱乐服务业、文化用品设备生产销售及其他辅助业四类行业稳步发展，收入增速虽然较其他行业相对缓慢，但是行业创收总值仍维持在一个较高的水平。

（三）空间发展格局日益改善，区域联动继续加强

1. 文化创意产业集聚化发展

2017年，北京文化创意产业空间布局进一步优化，产业功能区发展突出，形成了更多功能互补、特色鲜明的文化创意产业集群。北京文化创意产业功能区规模稳步扩大，规模化、专业化、集聚化特征日益明显，为带动区域经济发展、推动北京市产业结构转型作出了重要贡献。

建设文化创意产业集聚区，以产业集聚的方式来推动文化创意产业发展，是北京市政府实现“人文北京、科技北京、绿色北京”社会建设目标的重要途径之一。为进一步推动文化创意产业集聚化发展，自2016年起，北京认定了30个文化创意产业聚集区。截至2017年年底，利用老旧厂房、批发市场改造，累计完成占地面积达40万平方米的21个文化园区的建设工作，引进并孵化了包括“开心麻花”在内的文创企业。据最新数据显示，全国文创企业中上市公司达58家，其中北京就有21家，市值累计达3000多亿元。

自2014年朝阳区国家文化产业创新实验区揭牌以来，新增文创企业近两万家。其中，新增注册资本1亿元以上的196家，现已聚集50余个文化产业园区（基地），形成错位、协同、融合发展格局，在服务疏解非首都功能、提升环境品质、构建“高精尖”经济结构方面的作用越来越凸显。2016年，全区规模以上文化创意企业实现收入3136.0亿元，同比增长12.9%。截至8月底，朝阳区文化创意产业企业82058家，2017年1–8月新增9811家。其中，新增注册资本1亿元以上120家。将原有老旧厂房改造为文化园区，不仅实现了资源的合理利用，而且在提升环境品质、构建“高精尖”经济结构方面发挥了重要作用。2017年朝阳区新转型了7个文创园区，大望路电影产业园原为国华热电厂储运站，园区重点发展电影产业，是爱工厂品牌系列园区之一；启城空间前身为始建于1957年的北京供销社库房，园区定位为影视主题

文化产业园；创联社前身为生物制品研究所主楼，未来将打造集内容制作、发行、营销、活动、服务为一体的产业生态系统。除此之外还有伊莎文心广场、DREAM2049 国际文创产业园（双桥园区）、DREAM2049 国际文创产业园（广渠园区）和中国电影产业孵化基地等，这些园区以产业集聚化发展的态势，引领了文化创意产业新的发展方向。

2. 区域联动加强，京津冀文化产业协同发展进一步推进

2014 年 2 月 26 日，习近平总书记听取专题工作汇报时强调，实现京津冀协同发展，是一个重大国家战略。推动京津冀协同发展是党中央、国务院在新的历史条件下作出的重大决策部署，对于深入实施国家区域发展总体战略、全面建成小康社会以及实现中华民族伟大复兴的中国梦具有重要现实意义和深远历史意义。对北京来说，推动京津冀协同发展，是实现可持续发展、提高发展质量和效益前所未有的历史性机遇。2016 年 2 月，《“十三五”时期京津冀国民经济和社会发展规划》印发实施，推动京津冀协同发展进入实质阶段。推进京津冀协同发展，首先要重视文化的协同发展。通过文化协同能够实现三地文化资源优势互补，既能够打造区域文化特色，又能够带动全国文化改革发展。北京市应积极发挥辐射带动作用，在多领域、多层面上推动三地文化创意产业的协同发展。

2017 年京津冀文化战略协作进一步加深。5 月，在京津冀人才一体化发展部际协调小组第二次会议上，京津冀六区市签署人才合作框架协议，从人才培养与交流、跨区域人才流动机制等多个方面达成合作协议。12 月，京津冀特色文化产业研讨交流会在石家庄举办，参会专家围绕“新时代”京津冀文化产业当前面临的问题、发展趋势及未来前景等话题展开了深入的研讨。研讨会上，京津冀三地签署了《京津冀文化产业协同发展行动计划》，此计划书的签署有利于京津冀三地文化产业资源优势互补、融合发展。

2017 年京津冀文化交流活动丰富。2017 年以京津冀文化协同发展为大原则，三地联手举办诸多文化活动，在文化合作与交流方面迈上新台阶。9 月，“喜迎十九大，京津冀手拉手”文化交流活动启动，举办了文化志愿服务交流展、京评梆邀请赛、书画影交流展、京剧《南海子》巡演、京津冀精品节目展演和京津冀曲艺邀请赛六项主题活动。10 月，2017 中国（廊坊）首届中华传统文化艺术节暨京津冀文化消费季开幕，通过文化消费季整合廊坊红木、

民俗、核雕、乐器、动漫、工艺美术、非遗产品等文化资源，为京津冀群众搭建特色文化消费平台，为推动京津冀协同发展作出了新的贡献。

（四）文创产业相关政策体系逐渐完善，宏观环境持续改善

1. 市级层面文化创意产业政策解读

近年来，立足于北京经济文化发展现状，结合北京市文化创意产业发展过程中不断出现的情况与问题，北京市从产业主体、发展方式、发展内容、市场拓展等多个层面，不断完善文化创意产业相关政策体系，并为各文化企业提供了良好的服务平台，文创产业发展的宏观环境得到持续改善。2017年，北京市紧密结合文化创意产业发展过程中出现的新形势、新趋势，出台一系列政策措施，助力文创企业发展。

为鼓励引导文化消费，促进文化消费增长，北京市实施惠民文化消费电子券项目，用于补贴大众文化消费，提升文化产品及服务质量。继2016年制定《北京惠民文化消费季项目活动管理办法（试行）》《北京惠民文化消费季项目资金管理办法（试行）》等一系列优惠政策之外，2017年继续制定《北京市惠民文化消费电子券合作单位规则（2017年）》，便于合作单位使用核算文惠券，相关政策的出台更显人性化。为推动全民阅读，构建书香社会，满足人民群众多样化的文化消费需求，促进实体书店健康发展，北京市制定《北京市实体书店扶持资金管理办法（试行）》和《北京市实体书店扶持项目评审细则（试行）》，助力全国文化中心建设，巩固先进文化传播阵地。为促进北京市高层次专业技术人才队伍发展，加快推进具有全球影响力的科技创新中心建设，制定《北京学者计划实施办法》，旨在培养一批在自然科学、工程科学技术、哲学社会科学领域具有国际先进水平、富有创新能力、取得重大成果的科学家、工程师和名家大师，推动北京市科技产业发展。为发展文化创意产业，建设新型城市文化空间，有利于提升城市文化品质，推动城市风貌提升和产业升级，增强城市活力和竞争力，北京市人民政府办公厅印发《关于保护利用老旧厂房拓展文化空间的指导意见》，在保护好、利用好老旧厂房的基础上，充分挖掘其文化内涵和再生价值，兴办公共文化设施。诸多政策的出台进一步完善了文化经济政策体系，为北京市文化创意产业的发展提供了更加良好的宏观环境。

2. 部分区文化创意产业政策解读

2016 年 12 月，西城区制定了《西城区促进全民阅读建设“书香西城”的若干意见》，“意见”有利于进一步规范和推进“书香西城”的建设，有利于激发社会力量参与公共文化建设的热情，也有利于推进创新型公共文化服务场所。2017 年 8 月，海淀区发布了《海淀区文化创意产业投资引导基金实施办法》，海淀区文化创意产业投资引导基金（以下简称引导基金）由区政府主导设立，采用参股基金的方式对外合作投资。《实施办法》的制定有利于规范海淀区文化创意产业投资引导基金的设立和运作，从而促进海淀区文化创意产业整体水平的提升。2017 年 10 月，朝阳区制定了《文化创意企业申请高新技术企业认定指南》，以帮助文化创意企业申请高新技术企业认定，享受高新技术产业相关优惠政策。《指南》的制定为推进国家文化产业创新实验区在政策环境、市场体系、发展模式等领域的改革创新营造了良好的政策发展环境，有利于推动文化与科技融合发展，培育新兴文化业态，构建“高精尖”文化产业结构。2017 年 12 月，东城区印发了《东城区文化创意产业发展专项资金管理办法（试行）》，为深入实施“文化强区”战略，统筹推动文化创意产业持续健康发展，东城区设立文化创意产业发展专项资金。《管理办法》的实行，有利于规范和加强资金管理，科学有效使用专项资金。综上，各区文化创意产业政策具有更加具体、有针对性和有效落地的特点，在推动北京文化创意产业发展方面，提供了越来越优质的政策保障。

三、北京市文化创意产业问题分析与对策建议

（一）文创产业集聚区知名度低，国际竞争力仍然较弱

推动产业集聚区建设一直是北京市文化创意产业工作的重点，全市文化创意产业集聚区在 2010—2015 年间发展为 20 个，遍布全市 16 个区县之中。[①]前文提到，自 2016 年起，北京认定了 30 个文化创意产业聚集区。截至 2017 年底，利用老旧厂房、批发市场改造，完成 21 个文化园区的建设工作，北京形成了更多功能互补、特色鲜明的文化创意产业集群。这些文创产业集聚区

① 卫志民 . 文化创意产业发展的现状、制约与突破——一项基于北京文化创意产业发展的研究［J］. 河南大学学报（社会科学版），2017，57（02）：15-21.

为带动区域经济发展、推动北京市产业结构转型作出了贡献。但是北京市的几十个文创产业集聚区只有中关村、798 艺术区等发展较为成熟、知名度较高，为人们所熟知。其他集聚区虽发展到一定规模，但由于宣传不力、曝光度不高、品牌力不强等原因，知名度普遍较低，其价值未能得到合理利用。如琉璃厂历史文化产业集聚区、平谷“中国乐谷”音乐产业集聚区等，在专业领域和大众宣传两重维度都有待继续加强。

从国际范围上看，由于北京文创产业集聚区起步较晚，与纽约、巴黎、东京等城市相比仍存在一定差距。文化创意园区作为一种产业集聚的形式最早兴起于欧美国家，欧美发达国家的产业集聚区的发展模式多样，如“艺术联姻商业”的模式、政府引导为核心的模式、“文化底蕴助推创意区”的模式等等，具有很好的将文化转化为资本的能力，而且在国际上具有较高的知名度。相比之下，我国的文化创意产业集聚区形式较为单一，知名度不高。如何提升文化竞争力和国际知名度，是北京文创产业发展必须要考虑的问题。

针对此，北京市文创产业集聚区应通过塑造知名品牌提升核心竞争力，加大本地、国内与国际的宣传力度，明确各集聚区布局与定位，提升知名度与国际竞争力。首先要塑造自身的知名品牌，培育核心竞争力。不同文化创意园区的功能与特色不同，明确的品牌定位是塑造自身品牌的第一步，要注意以差异化的眼光进行市场拓展，尽量避免和消除“同质化”竞争。例如 798 艺术区以科技和文化为支撑，定位为艺术展示和创意活动，如今不仅成为北京的代表性艺术区之一，同时也成为全球性的文化交流平台。

其次要重视对于自身品牌的传播，创建有效的传播机制，增强消费者的品牌认同。互联网环境下，新媒体的传播不受时间和空间的限制，对于文化创意集聚区的宣传不仅要借助广播、电视、报纸等传统媒体，也要充分发挥新媒体受众量大、互动性强等优势，将新媒体纳入到传播机制中去。借助微信公众号、微博等社交媒体平台，利用“H5”、图片、视频等形式，产生最大效度的传播效果，提升文化品牌的知名度和美誉度。除了本地和国内的宣传，也要注重文化产业“走出去”。我国具有悠久的、具有中国特色的文化底蕴，同时中国经济稳步发展、优惠政策不断提出，为文化产业发展提供了良好的政治和经济环境，我国的文化创意产业有实力和资本走出去，从而在世界范围内产生影响。

（二）古都文化利用率低，缺乏具有北京特色的精品

前文提到，北京作为有3000多年建城史和850多年建都史的六朝古都，拥有极其深厚的历史文化底蕴和丰富的文化遗产资源，北京市文化创意产业的发展也正是建立在北京深厚的文化底蕴与历史底蕴之上的发展。北京独特的皇家文化、寺庙文化、士大夫文化和市井文化等使其具有其他地区无法比拟的先天优势，而这些文化资源尚未得到文化创意产业的充分利用和开发。即使是已经得到开发利用的文化资源，也存在大同小异、缺乏创新等问题，且目前市场上特别缺乏的正是具有北京特色的精品。

因此，北京文化创意产业发展应重视从优秀传统文化中汲取营养，对优秀传统文化进行合理开发与利用，将文化与经济、科技相融合。充分挖掘、整合、转移和利用北京丰富的历史文化资源，通过创新性、开拓性的创意把丰富深厚的历史文化资源转化为文化创意资本，发展具有北京特色和中国特色的首都文化创意品牌。充分利用历史文化资源不仅能够使文化创意产业具有北京的地域特色，而且能够提升北京文化的自身竞争力。同时，还有利于宣传推广首都文化，有利于传统文化的继承和发扬。

在此可以借鉴第七届深圳文博会的创意大奖，一幅反映明代南昌民俗风情的大型壁画，通过创意设计，“变身”成为一套精美茶具，实现了实用性和艺术性的融合，将民俗文化通过创意进入大众生活。北京具有悠久的茶文化与茶馆文化，同时反映北京风土人情的名画更是数不胜数。将文化转化为产品，与当代人的生活、需求结合起来，不仅可以实现相关文化产业的产品创新，而且让传统文化“活”了起来。

（三）知识产权意识与法律保障薄弱，文化创新缺少内在动力

文化创意产业以文化为基础，以创意为核心生产要素，以知识产权为核心资产，保护其创新成果需要知识产权法。我国文化创意相关企业多为中小企业，发展经验不足，缺乏对于知识产权保护的意识与能力，忽视了对创新产品商标与专利的申请保护，不仅损害了自己的利益，也为他人的剽窃盗取行为提供了可乘之机。同时与西方发达国家相比，我国对于文化创新作品的知识保障力度较为薄弱，缺乏完整的法律保障体系。对知识产权的保护缺

乏完善的法律体系，造成了文化创意市场抄袭、剽窃之风盛行，这使得原创类文化作品得不到及时有效的保护，文化产品质量难以提升，也削弱了原创作者的积极性，同时也是导致文化创意产品雷同严重，缺乏创新的重要原因之一。

党的十九大报告提出，加快建设创新型国家，要“倡导创新文化，强化知识产权创造、保护、运用”，强调了强化知识产权各项工作对于倡导创新文化的重要意义。人才兴则事业兴。文化创新首先要加快知识产权人才培养，为事业发展提供基础支撑。目前我国知识产权人才培养严重不足，部分高校知识产权人才培养能力较弱，全国知识产权人才评价机制尚未建立。因此需要积极推动高校知识产权学科专业建设，建立产学研联合的人才培养模式，为事业发展提供更加牢固的基础支撑。文化创意企业要加强知识产权保护意识，主动学习相关知识，构建知识产权保护机制。其中，重点要完善企业的法律风险方法机制，建立独立、有话语权的合规部门，严格执行合规制度，在企业尤其是管理层中建立规则意识，综合提升企业在全球竞争中的软实力。政府方面，要充分发挥好组织、引导作用，要通过多种途径与方式，向企业普及法律知识以及保护知识产权的重要性。其中，相关部门应加快制定文化创意产业知识产权保护的政策与法律法规，广泛开展知识产权普及教育和普法工作，提高创新主体自觉依法维权的积极性和主动性，打击盗版剽窃行为，保护知识产权，营造良好的市场竞争环境。总之，企业是创新主体，市场是有效调配各种资源的主导方式，不断推动有利于发挥企业主体地位的创新体制是治本之道。

参考文献：

[1] 张亚敏，崔瑜. 北京文化创意产业的关键影响因素分析 [J]. 中国商论，2017（29）：149–151.

[2] 卫志民. 文化创意产业发展的现状、制约与突破——一项基于北京文化创意产业发展的研究 [J]. 河南大学学报（社会科学版），2017，57（02）：15–21.

[3] 北京文化创意产业发展白皮书 [R]. 北京市国有资产监督管理办公室，中国传媒大学文化发展研究院，2017.

北京市文化产业供给侧改革研究

宫艳辉[①] 杨丽青[②] 孙文琛[③]

北京作为全国的文化中心，近年来大力实施文化创新、科技创新“双轮驱动”发展战略，文化产业发展势头强劲，但依然面临文化产品和服务高端供给不足、低端供给过剩的问题，迫切需要转型升级，以供给端为抓手，深入贯彻落实文化产业供给侧改革，全面改善文化要素供给质量，优化企业生态系统，实现文化产业合理化和高度化发展。

一、北京市文化产业供给侧改革现状

在产业制度方面，2015 年 5 月，《北京市服务业扩大开放综合试点总体方案》以及《北京市服务业扩大开放综合试点开放措施》正式印发，对演出经纪、旅游等行业产生重大影响。2017 年 11 月，北京市出台《关于深化市属国有文化企业改革的意见》，推动国有文化企业改革，构建有文化特色的现代企业制度和国有文化资产监管体制。在产业用地方面，2016 年北京市出台专门针对戏曲演出场所和旅游业用地的政策措施。2017 年 12 月北京市出台《关于保护利用老旧厂房拓展文化空间的指导意见》，明确指出要扎实做好老旧厂房普查登记、评估认定、规划编制、多元利用等基础工作。在产业人才方面，2016 年北京市提出了针对戏曲、旅游等行业的人才发展措施。在产业资本方面，北京在全国率先搭建起文创信贷、股权投资、企业上市、保险保障等九大文化金融服务体系，并安排专项资金支持文化产业和事业发展。在技术创新方面，北京市文化产业技术应用不断升级，以数字内容产业为重点的科技

① 宫艳辉：北京蓝色智慧管理咨询中心政府咨询部总经理
② 杨丽青：北京蓝色智慧管理咨询中心政府咨询事业一部主任
③ 孙文琛：北京蓝色智慧管理咨询中心高级经济研究员

文化融合企业发展水平全国领先。

表 1　北京市文化创意产业供给侧改革主要行动（2014-2017）

类别	改革要点	文件名称	发布时间
产业制度	1.建立健全国有文化资本进退机制，对国有文化资本存量进行优化配置。 2.在国有控股上市文化公司开展股权激励制度试点工作，在混合所有制文化企业中开展员工持股试点工作。 3.指导国有文化企业建立内部产权管理制度，不断加强国有产权管控。 4.建立完善企业产权保护机制及资产定价机制，建立健全国有文化企业经常性审计机制，推行企业负责人离任必审、任中审计、任期轮审制度。	《关于深化市属国有文化企业改革的意见》	2017.11.8
	1.鼓励国内外著名文化创意、制作、经纪、营销机构与北京市文化企业合资合作。 2.在石景山区国家服务业综合改革试点区、天竺综合保税区文化保税园、朝阳区国家文化产业创新实验区和平谷区中国乐谷园区，允许外商投资者独资设立演出经纪机构，在全市范围内提供服务。 3.试点著作权、专利权、商标权等无形文化资产的融资租赁。 4.鼓励外商投资旅游业，参与商业性旅游景区（景点）开发建设。推动出台中外合资旅行社开展出境旅游业务试点管理办法，支持在京设立并符合条件的中外合资旅行社从事除台湾地区以外的出境旅游业务。	《北京市服务业扩大开放综合试点实施方案》	2016.1.13
	1.全市范围内禁止新建和扩建"图书出版中采用丝网印刷技术的出版物印刷，以及作为主营业务的其他丝网印刷"；禁止新建和扩建休闲健身活动中的高尔夫球场。 2.在城六区范围内，禁止新建会议及展览服务中的展览类设施；禁止新设立或新迁入报社、出版社、杂志社等非紧密型行政辅助服务功能的群众团体、社会团体和其他成员组织。	《北京市新增产业禁止和限制目录（2015 年版）》	2015.8.25
产业用地	1.扎实做好保护利用基础工作。开展普查登记，科学评估认定，编制专项规划，促进多元利用。 2.完善保护利用相关政策。保护利用老旧厂房要严格按照分级分类标准实施。对保护利用老旧厂房发展文化创意产业项目，且不改变原有土地性质、不变更原有产权关系、不涉及重新开发建设的，经评估认定并依规批准后，可实行继续按原用途和原土地权利类型使用土地的 5 年过渡期政策，过渡期内暂不对划拨土地的经营行为征收土地收益。	《关于保护利用老旧厂房拓展文化空间的指导意见》	2017.12.31
	研究制定支持国有文化企业发展的房屋土地处置政策，解决国有文化企业房屋土地历史遗留问题	《关于深化市属国有文化企业改革的意见》	2017.11.8

续表

类别	改革要点	文件名称	发布时间
	允许农村集体经济组织利用集体经营性建设用地，进行休闲农业和乡村旅游所必须的配套设施建设。鼓励利用村内的建设用地发展休闲农业和乡村旅游，支持开展城乡建设用地增减挂钩试点。支持有条件的村通过盘活农村闲置房屋、集体建设用地、四荒地、废弃矿山、水面等资产资源发展休闲农业和乡村旅游。	《关于加快休闲农业和乡村旅游发展的意见》	2017.9.12
	1. 鼓励有条件的历史建筑、工业遗址等，通过改造利用形成特色鲜明的戏曲演出场所和戏曲演出集聚区。2. 支持有条件的区规划建设具有戏曲演出功能的剧院。	《关于支持戏曲传承发展的实施意见》	2016.8.5
	1. 鼓励农村集体经济组织依法以集体经营性建设用地使用权入股、联营等形式与其他单位、个人共同发展旅游业。 2. 支持利用荒山荒坡和废旧工矿用地发展旅游业。	《北京市人民政府关于促进旅游业改革发展的实施意见》	2016.3.8
产业人才	1. 提高戏曲专业人才培养能力，完善职业教育戏曲表演专业学生免学费制度，建立完善“多向授课”机制和“双向进入”机制，在北京戏曲艺术职业学院与中国戏曲学院之间设立“专升本”渠道。 2. 实施戏曲艺术人才百人培训计划，完善戏曲艺术青年表演人才培养机制。 3. 畅通引进优秀戏曲专业人员的渠道。 4. 切实保障戏曲从业人员社会保障等相关权益。	《关于支持戏曲传承发展的实施意见》	2016.8.5
	1. 建立国有文化企业与高等院校、科研机构合作培养人才机制，着力培育一批专业化技术人才和高层次复合型文创人才。 2. 加强人才引进工作，企业从海内外引进的高级文创人才和经营管理人才，符合政策的经批准可办理在京落户。	《关于深化市属国有文化企业改革的意见》	2017.11.8
产业资本	1. 依托北京市文创金融服务平台（文创金服）、北京市文创企业股权转让平台（文创板）等文化金融服务类平台实施“投贷奖”联动。 2. 鼓励建设并认定一批文化金融服务中心，加大服务文化企业力度。	《北京市实施文化创意产业“投贷奖”联动推动文化金融融合发展管理办法（试行）》	2017.11.27
	强化文化投融资服务。做优做强市文资投资基金，搭建文化金融服务平台，对通过文化金融服务平台融资的优质文化创意企业予以支持。	《关于政策支持疏解非首都功能构建高精尖结构的意见》	2017.9.21

续表

类别	改革要点	文件名称	发布时间
	1. 引导社会资本参与建立旅游产业发展基金，推动旅游项目开发建设。 2. 建立健全面向小微旅游企业和乡村旅游经营单位的担保和再担保体系，降低企业经营风险。 3. 支持符合条件的旅游企业上市，利用企业债、短期融资券、中期票据、中小企业集合票据等债务融资工具促进旅游企业发展，开发旅游项目资产证券化产品。	《北京市人民政府关于促进旅游业改革发展的实施意见》	2016.3.8
技术创新	发展数字内容产业，鼓励互联网企业以并购、股权合作等形式进入传统文化传媒领域，打造以数字化产品、网络化传播、个性化服务为核心的国家级数字内容文化产业集群，培育一批具有国际竞争力的互联网文化企业。	《关于积极推进“互联网 +”行动的实施意见》	2016.2.14
	1. 鼓励科技型中小企业与骨干文化创意企业进行多层次合作。 2. 支持建设以创意设计、动漫游戏、数字出版、新闻媒体、文化信息服务等为重点的文化产业众创空间。 3. 加快建设科技文化融合基地，积极推进北京“设计之都”建设；加强中关村国家级文化和科技融合示范基地建设。	《北京市人民政府关于大力推进大众创业万众创新的实施意见》	2015.1.19

二、北京市文化产业供给侧发展的不足

（一）高端文化产品供给严重不足

近年来，随着文化产业的迅速发展，各类文化产品层出不穷，在数量上增势明显。但北京市优质产品和服务依旧缺乏，呈现低端产品“结构性过剩”，优秀产品“实质性短缺”的状态，故宫“千里江山图展览”的火爆、《琅琊榜》等影视作品的走红，都暴露出文化精品供给与公众需求之间的矛盾。北京作为全国领先的文化企业聚集地，缺乏具有优质原创 IP、开发及运营能力的企业，文化产品生产方面依然面临着从增量到提质的严峻考验。

（二）文化要素供给体系有待完善

从文化要素投入来看，北京市在文化产业的土地供应、资本投入、人才利用等方面依然有进一步提升的空间。土地空间资源稀缺，部分土地供给与产品产出的关联性不强；尚未建立起一整套集文化银行、文化小贷公司、文交所、担保公司、保险公司、版权评估公司、产业基金等各类金融业态于一

体的文化金融服务链，在评估、担保、流转以及后续管理等核心环节仍然缺乏统一规范的操作流程；高端文化人才集聚度依然较低，尤其是领军拔尖型人才、文化商务人才、名家大师、创新创业人才等相对不足，在文化人才的户籍、居住、交通、奖励扶持、居留、投融资、创业等领域的服务体系完善度仍然不够。

（三）文化企业运行成本不断攀升

北京作为全国的首都，区位优势明显，但企业的租金成本、人力成本等高居不下。以当前发展迅猛的影视行业为例，随着近年来演员价格的暴涨，每部剧上亿元的片酬，带动了全行业成本的提高。受这些因素的影响，文化企业的运行成本不断攀升，在经济持续下行的背景下，原本就过高的税费负担，连同近几年持续上升的人工成本、融资成本、地租成本，大幅度侵蚀企业的利润，利润率持续下降，投资与经营的信心受到严重打击，这在一定程度上影响企业的创新创业的积极性。

（四）文化产业供给结构发展失衡

从区域结构来看，北京市各城区文化产业发展失衡，朝阳区、东城区、海淀区等区域文化产业特色明显，发展活力强劲，而远郊城区文化产业发展水平相对滞后，占当地 GDP 比重较低，城区之间发展差距显著。从产业结构来看，除了上述文化产业发展领先的几个城区外，其他城区的数字创意等新兴业态在整个产业中占比较低，依然以传统行业为主，新兴业态还处于萌芽和培育阶段。从市场主体结构来看，部分国有文化企业对市场变化的理解仍不到位，对市场的适应能力较弱，在文化产业日新月异的竞争态势下发展趋缓。

三、北京市推进文化产业供给侧改革的对策建议

（一）加快文化体制机制改革，释放发展活力

推进文化领域全面深化改革。优化调整文化相关部门职能，充分发挥政府的服务导向作用以及市场的优化资源配置功能。积极落实国务院关于取消和调整行政审批项目的决定，取消和下放新闻出版业、旅游业等领域的相

关审批以及演艺娱乐业、电影业等领域工商登记前置审批改为后置审批的变更。落实广告师、影视木偶制作员等多项文化类职业资格证许可和认定事项取消的相关规定。推进国有文化企业和文化事业单位改革，鼓励转企改制的出版社、非时政类报刊社重组整合，组建若干出版传媒集团。推动文化文物单位开展文化产品开发，收入可用于加强公益文化服务、藏品征集、继续投入文化产品开发、对符合规定的人员予以薪酬奖励等。

建立统一的文化市场体系。按照《北京市文化创意产业发展指导目录》的要求，严格产业准入，聚焦高端发展，按照鼓励类、限制类和禁止类进行分类管理和引导。其中，鼓励类为鼓励发展的业态，优先享受文化产业相关优惠政策；限制类业态和禁止类业态均不享受文化产业相关优惠政策。打破区域壁垒，鼓励大型文化集团在横向、纵向维度开展跨区域并购重组，形成规模化经营优势，整合区域内文化资源，提升产业综合竞争力，逐渐形成有序竞争、充分合作的文化市场体系。同时，完善以随机抽查、重点检查为主的日常监管制度，稳步开展文化市场黑名单管理工作，加强对文化产品黑名单和经营主体黑名单的监督管理。重点加强对旅游市场、互联网文化市场的监管。

（二）健全文化要素供给体系，推进要素升级

创新土地供给机制。落实北京市支持旅游、戏曲等重点行业发展的相关意见，鼓励农村集体经济组织创新集体土地使用权开发使用模式，与社会资本开展多种形式合作，形成协同优势共同发展旅游业，鼓励有条件的区域规划建设具有戏曲演出功能的剧院。积极探索推进文创产业用地政策试点及推动国有企业用地盘活利用领域率先突破。加快释放利用老旧厂房拓展文化空间的政策红利，鼓励和支持通过旧工业厂房改造的方式，疏解非首都功能，转型发展文化产业。

完善文化金融体系。充分发挥文化产业引导资金和文化产业基金的杠杆效应，提高产业扶持效率；创新间接融资渠道，鼓励银行业、保险业、新兴金融业等开发面向文化产业的金融产品和服务；鼓励企业直接融资，对在境内外新上市的文化企业进行资金奖励支持；着力打造政府引导型文化金融服务平台，推进信用制度、信用服务产品的创新，加快整合多方资源，满足处

于初创期、成长期、成熟期不同发展阶段的文化企业差异化的金融服务需求。

强化创意人才培养。加快旅游、影视等重点行业人才培育，积极组织申报“万名旅游英才计划”，强化电影人才培训，建立电影人才使用激励机制，完善优秀电影人才引进政策。针对大型国有文化企业，优化调整高级管理人员薪酬制度，改革业绩考核机制，提高国有文化企业高管的创新积极性，开展国有文化企业职业经理人制度试点。进一步贯彻落实《北京市文化创意产业人才培养基地认定和管理办法》，加快开展北京市文化产业人才培养基地的认定工作，建设文化人才高地。落实国家“千人计划”、北京市“海聚工程”的服务政策，加强对国际文化商务、高级精英管理、创意创新及技术研发等高端文化产业人才的引进和培养。

（三）强化创新驱动核心引领，提升供给能力

孵化文化产业新兴业态。鼓励“文化+”多元融合新模式的培育，积极推进传统文化企业吸收新的元素与功能，重构产业生态环境，打造更多个性化、分众化、多样化的产品和服务，推动相关业态融合发展。推动文化产业与科技、金融融合发展，对于文化科技融合重点企业和重大项目，争取在所得税、技术开发费用等方面给予同高新技术企业相同的政策优惠；促进文化金融融合，充分利用金融资本推进文化产业发展壮大的倍增功能，满足文化产业发展的融资、投资、交易、风险管理等需求。

创新文化产业商业模式。促进传统文化领域的互联网转型，借助多媒体技术、网络技术、通信技术等技术革新浪潮，搭建及时性、交互性、个性化的融合媒体平台，形成多种媒介形态融合发展的全平台文化产业商业布局。建立网络消费渠道，引导新的文化消费习惯，通过优质内容吸引用户，建立社群组织，形成差异化的社区文化，实现文化消费的精准化、定制化和参与性。积极推进文化产业的生产经营方式变革，鼓励文化产业的产品设计创新、业务模式创新，丰富文化业态表现形式，引领二次元经济、移动电竞、VR/AR+文化等新兴文化产业商业模式的发展革新。

优化创新创业环境。发挥文化资源、创意人才、科技创新优势，打造国内领先的文化产业创新创业中心，完善中小企业服务体系，建立以市场为主导的培育政策，积极盘活闲置空间资源，为创业者提供办公场所和居住条

件。着力建设创新创业服务平台，积极与国内外社会资本合作，借鉴国外先进的孵化模式，加快打造众创空间、孵化器等创业平台，通过空间补贴、政策扶持等方式对已经运作成熟的新型创业孵化机构进行支持，为成长期小微企业创造全方位创业环境，实现创业服务的全流程化、规范化和定制化。

（四）完善企业公共服务平台，优化发展环境

推进版权交易市场发展。强化政府在版权交易市场发展中的引导作用，加快发展经纪、代理、评估、鉴定、推介、咨询、拍卖等中介机构，建立全国性或区域性的版权服务业自律性组织。建设涵盖艺术品交易、新闻出版等重点文化产业领域的版权交易平台，逐渐形成以文化资产评估、确权、结算、交易、投融资为重点的文化产权交易产业链。推动交易模式创新，积极打造线下与线上双容的竞价拍卖平台，支持互联网快速授权机制等版权交易电子化平台发展。

完善公共服务平台建设。加快建设文化人才服务平台。提供公租房、廉租房配额，完善人才引进、交流与培育机制，探索建立文化人才在财税、股权激励、居留与出入境、落户、医疗、配偶安置等方面的一揽子政策体系。依托首都国际化资源优势，系统策划文化交流活动，搭建文化产业发展的国际交流合作平台，拓展国际影响力，传播中国文化产业创新发展理念。大力培育文化中介组织和文化社会团体等组织机构，鼓励开展对外交流活动，发挥社团和中介机构在保障行业权益、促进行业健康发展方面的积极作用。

北京市落实中央文化经济政策情况分析

仇博[①]

文化经济政策是国家经济政策在文化领域的具体体现。国务院办公厅《关于印发文化体制改革中经营性文化事业单位转制为企业和进一步支持文化企业发展两个规定的通知》（国办发［2014］15号），修订完善了一系列推动文化改革发展的重要经济政策，结合文化改革发展的新实践新要求，对2008年国务院办公厅印发的支持经营性文化事业单位转制为企业和文化企业发展的政策文件进行调整和补充，明确有关政策再继续执行五年，为深化新一轮文化体制改革提供了有力支撑。文件涉及财政、税收、国土、工商、社保等多方面支持政策，总体看来，2016年北京市政策执行情况较好，全面落实了各领域文化经济政策。

一、落实税收优惠政策

北京市以大力支持、积极促进、充分用准用足用好现有税收政策为指导思想，准确把握政策执行口径，以转制文化企业为重点，认真贯彻落实文化领域税收政策。

1. 支持转企改制。宣传、财政、税务部门研究印发符合免税条件的转制文化企业名单，对经营性文化事业单位转制为企业，自转制注册之日起免征企业所得税和房产税，享受相应的增值税税收优惠。针对文化单位改制涉及环节多、情况复杂的特点，文资部门编制《企业改制工作政策汇编和指引》，建成首都文化经济政策平台，为文化企业提供政策宣讲服务，税务部门深入文化企业开展个性化辅导，收集企业适用政策中遇到的难点和问题，认真研究解决，准确把握政策执行口径，确保政策执行的准确性、及时性。

① 仇博：北京市社会科学院传媒研究所所长助理、硕士。

2016年，市属转制文化企业享受企业所得税、增值税、房产税优惠合计超过2亿元，中央在京转制文化企业享受企业所得税、增值税、房产税优惠合计达5亿元以上。

2. 支持文化企业发展。落实非转制文化企业税收优惠政策，向文化企业提供更为优质快捷的纳税服务，加强政策宣传和辅导，收集各税种相关税收优惠政策编写《文化创意产业税收优惠政策汇编》，引导企业用好税收优惠政策。对经认定的动漫企业，享受获利年度起两免三减半企业所得税优惠政策等。2016年，非转制文化企业享受企业所得税、增值税优惠合计达350亿元以上。

二、加大财政政策扶持力度

北京市认真贯彻落实国家对经营性文化单位转制为企业的财政扶持政策，加快政策创新，为文化体制改革不断深化提供了有力的资金保障。

1. 确保原正常事业费、转制经费拨付。为保障经营性文化事业单位转制为企业顺利进行，北京市落实国办发［2014］15号文，对转制企业的住房公积金、原正常事业费、转制经费等拨付解决。

2. 设立文化产业发展专项资金。北京市从2006年起每年安排5亿元市级文化创意产业发展专项资金，采取贴息、补助、奖励等方式，支持文化企业发展。通过市级文化经费支持市文联的“网上剧本超市”和“剧本推介会”项目，为优秀的戏曲剧本创作搭建平台。支持电影业发展，每年安排一定数额专项资金用于支持农村公益电影放映。积极组织文化企业申报中央财政资金支持，2016年获得中央文化产业发展专项资金7亿元以上，用于支持重点文化产业项目，助推全国文化中心建设。

3. 加大政府购买力度。北京市近年来通过市级文化经费安排演出低票价补贴、促进文化消费的文惠卡、消费券等，通过政府购买服务的形式，搭建文化供需对接桥梁平台。2013–2016年，四届文化消费季累计消费人次近2亿，直接消费金额达400亿元以上，促进了首都市民文化消费意愿释放，也促进了文化企业经营发展。

三、健全金融服务体系

北京市鼓励金融机构开展金融产品和服务方式创新，推动文化产业发展工作。2012年出台了《关于金融促进首都文化创意产业发展的意见》，构建投融资服务体系，不断促进金融资源与文化资源的全面对接。

1. 完善文化投融资服务体系。成立文创投资基金、文化担保公司、文化小额贷款公司、文化融资租赁公司和文化创新工场，建立起以北京市文化投资发展集团为平台，涵盖文化基金、担保、小额贷款、融资租赁、创新工场、文化置业等为一体的文化投融资体系。文化租赁在全国首创无形资产融资，截至2016年年底，帮助100余家文化企业获得融资发展，获评北京市服务业扩大开放试点政策创新案例。文创基金公司募集子基金16只，总规模超过160亿元。

2. 支持挂牌上市。积极推动文化企业上市融资，支持北京文资控股有限公司采取“定向增发、企业并购、资产重组、借壳上市”的组合方式，控股上市企业松辽汽车，2016年更名“文投控股”，注入优质文化资源，市值从15亿元增至400亿元以上，稳居影视传媒板块前列，成为文化发展的坚实资本平台。

3. 发展综合性金融服务。完善政银企战略共建体系，与北京银行等16家银行签订战略合作协议，为文化创意企业授信额度超过1600亿元。发挥市文化创意产业专项资金作用，试点推出“补、贷、投”联动模式，2014年以来带动社会投资200多亿元。

四、促进文化与科技融合

促进文化和科技双向融合，《北京市关于推进文化创意和设计服务与相关产业融合发展的行动计划（2015–2020年）》等，明确鼓励各类高新技术与文化结合。举办中国设计红星奖、首都文化科技融合展等品牌活动，积极组织文化企业国家高新技术企业资质认定工作，已有4家文化企业获得国家高新技术企业认证。

五、做好资产处置和工商登记

按照国办发［2014］15号文要求，北京市严格执行了经营性文化事业单位转企改制的资产处置政策，保障文化设施项目用地。在工商登记中落实改制政策，文化事业单位以设立形式改制为公司，允许保留原名称，后缀“有限（责任）公司”或“股份（有限）公司”字样，同意由出资人将评估确认后的原事业单位的全部净资产投入新成立的公司，确保转企改制顺利进行。降低文化企业集团登记门槛，支持文化企业集团化发展，保护“老字号”企业和知名文化企业名称及简称。

六、做好收入分配和社会保障

按照国办发［2014］15 号文要求，北京市全面落实经营性文化事业单位转企改制的收入分配和人员分流安置政策，为中央在京和市属转制文化企业相关人员办理社保手续。转制时在职人员按国家规定计算的连续工龄，视同缴费年限，不再补缴基本养老保险费。离退休人员待遇中符合企业职工基本养老保险基金支付范围的，企业职工基本养老保险基金按时、足额发放，保障其基本养老金。按照国家有关规定规范国有文化企业收入分配制度，制定实施国有文化企业负责人绩效考核、薪酬管理办法，加快推进企业负责人薪酬制度改革，建立与选任方式相匹配、与企业功能相适应、与经营业绩相挂钩的差异化薪酬分配体系。